趙平安　著

說文小篆研究

修訂版

上海古籍出版社

圖書在版編目(CIP)數據

《説文》小篆研究 / 趙平安著. —修訂版. —上
海：上海古籍出版社，2022.1（2025.1重印）
ISBN 978-7-5732-0224-6

Ⅰ.①説… Ⅱ.①趙… Ⅲ.①小篆－研究 Ⅳ.
①H123

中國版本圖書館 CIP 數據核字(2022)第 007429 號

《説文》小篆研究(修訂版)

趙平安 著

上海古籍出版社出版發行

（上海市閔行區號景路 159 弄 1－5 號 A 座 5F　郵政編碼 201101）

（1）網址：www.guji.com.cn

（2）E-mail：guji1@guji.com.cn

（3）易文網網址：www.ewen.co

常州市金壇古籍印刷廠有限公司印刷

開本 890×1240　1/32　印張 11.25　插頁 9　字數 233,000

2022 年 1 月第 1 版　2025 年 1 月第 4 次印刷

印數：3,351—4,400

ISBN 978-7-5732-0224-6

H·251　定價：68.00 元

如有質量問題,請與承印公司聯繫

般若臺銘

縉雲縣城隍廟碑

三墳記碑陽

三墳記碑陰

怡亭銘

唐寫本說文口部殘頁

予生從口言

聲詩云歸唁
衞侯言逝

也從口䖒聲

歐臾也從口殼聲

春秋傳曰口將
殼之火木

宋也從口真

使犬也從口族
春秋傳曰公羡夫
敎為先

吧也從口皂

宊口也從口丘
省聲右文廁

大鳴從口犬

譚長說嘽緩

豕驚也從口
孝聲

鵝聲也從口
屋聲

唐寫本説文木部殘卷

許真人井銘

序

王　寧

　　趙平安教授的專著《〈説文〉小篆研究》1999 年出版後，經過 20 年的思考和不斷的積累，2021 年重新出版。這是一本以嚴謹的、扎實的考據爲基礎，從古文字的角度對《説文》小篆進行深入研究的好書。

　　小篆是秦代的規範字體，但小篆並不是秦代纔有的，也不是秦代的通行文字，秦書八體中，隸書纔是當時官方的通用字體。《説文》的小篆，只是許慎選擇的一種用來建構漢字構形系統的字體，很多字，是其他字體的形體用小篆轉寫的。因此，研究《説文解字》的小篆，有兩個不同的角度：一個是《説文》學的角度，一個是古文字學的角度。這兩個角度是有一定關係的，但出發點和所用的方法並不一樣。

　　從《説文》學的角度來看，自清代以來，對它就有很高的評價。清代吳派考據學大家王鳴盛在《説文解字正義序》中説：“文字當以許氏爲宗，必先究文字，後通訓詁。故《説文》

爲天下第一種書。讀遍天下書,不讀《説文》,猶不讀也。但能通《説文》,餘書皆未讀,不可謂非通儒也。"我國近代國學家黄侃,曾列出古代"小學"10部專書,包括字書、韻書和義書。他明確表示,這10部書裏,若論重要性,《説文解字》是第一部。現代古文字學家姜亮夫先生在《古文字學》中説:"漢字的一切規律,全部表現在小篆形體之中,這是自繪畫文字進而爲甲、金文以後的最後階段,它總結了漢字發展的全部趨向、全部規律,也體現了漢字結構的全部精神。"這些評價都是從《説文》學的角度來説的。許慎只是在他看到的不同時代和不同字體漢字字形中,選擇一種合適的字形,用小篆字體描述出來,建構一種形音義結合的體系,用部首來統帥9 353個漢字形體,從而用字形分析來證明古代傳世經典的詞義,來解讀傳世經典的文意,以便客觀地吸收經史文獻中的歷史文化和精神思想。從"小學通經史"這個意義來説,清代學者和近現代學者對它的評價,應不算過分。

　　《説文》作爲一部雜取不同時代字形以周全總體形義系統的字書,所收字形本不在一個時代平面上,也不是客觀窮盡搜集實用文字的字典或字符集。從文字發展的現實看,漢字發展到東漢,來源多途,各種字體時代疊置,不同載體所用的字形繁雜,必然會也確實已經出現了很多寫法不同、形體結構不同的異體字,但《説文》所收的正篆僅僅一個,加上重文中的小篆,也很有限,它所收入的字形顯然是經過選擇的。許慎選擇文字形體的標準,與他所要建構的漢字形音義系統有關，與現實古文字自然是有差別的。所以，《説文》學研究的重點，在許慎的漢字構形系統建構的成果，在書中所呈現出的關於漢字的構形規律，在許慎從所收字中發掘出的歷史文化信息，也在《説文》體例中反映出的具有潛在理論價值的概念。經過上千年幾十代人的研究，否定之否定以後，它的價值不容忽視，局限和錯誤也在所難免。

　　20世紀80年代以來，由於考古學的發展，出土文獻與出土古文字不斷面世，古文字學成爲人文社會科學的一個重要的領域。古文字經過考據、識讀、斷代、整理和辨析，漢字發展的真實面貌日漸顯現，歷史資料也有大量的補充，極大地推進了中華民族歷史文化的考查、梳理與還原。在和真實古文字的對比中，《説文》小篆的字形受到質疑，這是學術發展的必然，是一件值得高興的事。古文字學取得的令人矚目的成就，使漢字學和漢字史有了新的進展，但是，在這個過程中，《説文》的性質和它展示漢字構形特點和規律的不可取代的作用，也因此被忽略。其實，在古文字的識讀過程中，《説文》由於精準地把握了漢字的表意特點，有效地展示了字與字之間的聯繫，發掘了漢字構形的基本規律，並以傳世文獻豐富的語言環境和歷史文化記載驗證了很多考證的真僞，這部重要的著作對古文字考據所起的作用，也是不能否認的。古文字學與《説文》學之間存在着一些隔閡，這與傳統《説文》的研究者學習古文字不够、跟不上形勢有關，也與古文字的研究者對《説文》性質的理解不十分準確有關。

　　在古文字學取得如此成就的環境下,《説文》學的研究必須面對出土文獻與出土文字,它的性質纔能得到進一步的明確,它的作用纔能得到更準確的發揮。趙平安教授的《〈説文〉小篆研究》,正是在如此明確的學術理念下,做了十分有意義的工作。他以《説文》小篆爲參照,采用古文字學的研究方法,廣泛收集材料,把小篆字體在各種載體上的真實字形搜集起來,與《説文》現有的字形對照,並且判斷現有《説文》字形真實的來源和在漢字發展序列中的實際地位。在進行了這個基礎工作之後,他進一步證實了我們前面所説的《説文》的性質,並從發掘的小篆異體字中證實了許慎對諸多字形的優選,也從這些異體字和《説文》所收字的比較中更準確地理解《説文》。做了這些工作後,他又以自己的眼光審視了許慎在《説文》中體現出的理念,對分析小篆提出了自己的一些意見。這就是説：在從古文字學角度研究《説文》小篆之後,趙平安教授又回到了《説文》學的角度。

　　想起清代乾嘉學者對《説文》極大的關注和頻繁地運用所取得的重要成就,再想起近現代的先輩學者在《説文》研究中做出的巨大貢獻,再加上現代著名的古文字學家對《説文》一書新的關注,本以爲《説文》的研究已經十分高遠;讀完趙平安教授的這本書,我相信,在把《説文》放到古文字學背景下之後的《説文》學研究,還有很多新的問題需要更加深入的討論。

　　趙平安教授年輕時接受過正宗的《説文》學教育,後來又認真學習過現代古文字學，他能够將傳統文獻文字學與近現代古文字學融爲一爐去討論，對《説文》和古文字相互比較、彼此勘正的方法運用純熟，並由中總結出一些規律性的條例來，也給我們一些啓發——今天的漢字學研究，知識結構非常重要。一個時代有一個時代的學術，因爲新的材料和新的方法引發的新課題，都是不容忽視的。《〈説文〉小篆研究》一書中提出的問題，很有討論的價值，需要以正確的方法認真思考，深入探究。書中提供的小篆異體字，更是一批寶貴的材料，也要特別關注，進入研究的視野。現在，我們已經做成了《説文解字》數字化的研究平臺，在研究手段更新以後，對討論這些問題、吸收這批材料，都會更加有利。

《〈説文〉小篆研究》從 1999 年出版後，引起了學界的重視。2001 年，我爲這本書的評獎寫過推薦，2021 年整整 20年後再版，當我同樣以對這本書欣賞的態度寫下上面這些話的時候，作者又補充了很多新的材料和論斷，可以看出趙平安教授對一個有價值的課題不離不棄堅持進取的治學精神，這在今天浮躁風氣泛濫的環境下，更是值得贊許的。

2021 年 3 月 1 日

目　　録

序 ……………………………………………… 王　寧（ 1 ）

第一章　《說文》小篆與漢字演進序列 ………………………（ 1 ）

第二章　《說文》中的秦篆和漢篆 ……………………………（ 40 ）

第三章　《說文》所收小篆異體 ………………………………（ 64 ）

第四章　《說文》小篆與《說文》未收的小篆異體 …………（ 96 ）

附錄一　《說文》未收小篆異體 ………………………………（127）

附錄二　《說文》未收小篆異體錄補 ………………魏　棟（140）

附錄三　《說文》未收小篆異體再補 ………………陳夢佳（154）

第五章　《說文》小篆的結構 …………………………………（171）

第六章　傳抄刊刻對《說文》小篆的影響 …………………（191）

第七章　《說文》小篆字源探索 ………………………………（224）

索引 ……………………………………………………………（333）

後記 ……………………………………………………………（346）

修訂版後記 ……………………………………………………（349）

第一章 《説文》小篆與漢字
演進序列

　　隨著出土古文字資料的日漸豐富，時至今日，我們已能給許多單字排出清晰的演進序列。這些演進序列，或比較完整，或比較零碎，或比較細密，或比較疏朗。但都有一個共同點，就是能不同程度地昭示漢字的發展歷程，並具有一定的標尺作用。後者主要表現爲兩方面，一是斷代，二是辨類。我國傳世的文字資料十分龐雜，整理和研究的任務相當繁重，只有充分利用出土資料，廓清其本來面目，纔能使之發揮更大的價值。從這個層面上説，演進序列的標尺作用具有重要的實際意義。

　　大家知道，《説文》是傳世文獻中收羅小篆形體最多的一部字書。書中所收小篆情形十分複雜。有些直接來源於史籀大篆，或是由史籀大篆省改而來的。這在《説文·敘》和《漢書·藝文志》中説得很清楚。也有一些來源於六國古文，這在清代就有學者零星指出，近人黃焯先生又撰《篆文中多古文説》一文專論此事。[①]

---

① 　黃侃《説文箋識四種》，上海古籍出版社，1983 年。黃焯先生的文章附於該書之後。

這些篆文，或是直接來源於古文，或是根據古文改造而來的。例如：

竢　立部："，待也。从立，須聲。，或从竢聲。"

　　因爲从立，《説文解字繫傳》解釋爲："立而待也。"[①]從目前資料看，這個字最早見於清華簡《越公其事》，作之形，只是部件位置略有不同而已。《越公其事》簡 64—65 簡共出現三個表示等待的字，如"及昏，乃命右（左）軍監（衛）枑（枚）鮴（溯）江五【六四】里以須，亦命右軍監（衛）枑（枚）渝江五里以須，麥（夜）中，乃命右（左）軍右軍涉江，鳴鼓，中水以竢"。[②] 前兩個寫作、，不从立，只有最後一個从立作。查包山簡、郭店簡、上博簡等戰國楚簡表示等待的須也都作須，戰國晚期至秦代的秦系簡牘也是如此。傳世文獻中表示等待的須一般也只作須，《説文句讀》："經典率借須爲竢。"[③]可以肯定，表示等待的竢原來借鬚髮的須（有時也借需字）表示，立旁是後來纔加上去的。從現有資料看，小篆的竢可能是來源於戰國楚文字的。這也可以看作書同文吸收六國文字的一個例證。

兵　収部："，械也。从収持斤，并力之皃。，古文兵，从人、収、干。，籀文。"

① 　徐鍇《説文解字繫傳》，中華書局，1987 年，第 207 頁。
② 　清華大學出土文獻研究與保護中心編、李學勤主編《清華大學藏戰國竹簡（柒）》，中西書局，2017 年，第 145 頁。
③ 　王筠《説文句讀》，上海古籍書店，1983 年，第 1435 頁。

兵字,戰國秦虎符作🔲,繹山碑作🔲,與籀文同。這種寫法還爲秦漢簡帛文字所繼承。小篆🔲與楚文字🔲(酓忎鼎)、🔲(子彈庫楚帛書)結構相同,與秦文字不類。

　　惪　心部:"🔲,外得於人,内得於己也。從直,從心。🔲,古文。"

此字分爲簡式與繁式兩路:簡式作🔲(陳侯因𦭖錞)、🔲(者沪鐘)、🔲(子彈庫楚帛書)、🔲(《老子甲本卷後古佚書》274),繁式作🔲(令狐君壺)、🔲(《侯馬盟書》3・7)、🔲(三體石經古文)。秦系文字惪作簡式,繁式屬六國文字的寫法。從從惪(悳)的字來看,德,秦公簋作🔲,詛楚文作🔲,泰山刻石作🔲,兩詔橢量作🔲;聽,泰山刻石作🔲,也作簡式。

　　七　七部:"🔲,陽之正也。從一,微陰從中衺出也。"

兩周金文作🔲(秦公簋作🔲),由一長橫一短豎構成。在秦系文字中,秦代以前,都這麽寫。《説文》小篆七和六國文字🔲、🔲(信陽楚簡、古幣、三體石經古文)結構相似。

　　公　八部:"🔲,平分也。從八,從厶。八猶背也。韓非曰:背厶爲公。"

甲骨文作🔲(《明》376),毛公鼎作🔲,秦公簋作🔲,《睡虎地秦簡》25・39 作 ❡。秦系文字中，公皆从口作。六國文字裏多从口，少數簡率寫法（如齊國陶文）作 ❡（《古陶文字徵》26・1）。小篆公與六國古文的簡率寫法相合。

　　夸　大部："夸，奢也。从大，于聲。"

　　白夸父盨作 夸，秦印作 夸（《漢印徵補遺》10・4），秦陶文作 夸（《古陶文字徵》66・2，原爲反書），《睡虎地秦簡》52・14 作 夸，皆从于作。此字齊陶文作 夸、夸、夸（均見於《古陶文字徵》66・1），《説文》小篆與其中之一結構相同。

　　尃　寸部："尃，布也。从寸，甫聲。"

　　毛公鼎作 尃，繹山碑作 尃，阜陽漢簡《蒼頡篇》26 作 尃。《説文》小篆與之寫法不同，而與信陽楚簡 尃、三體石經古文 尃 結構相似。

　　癸　癸部："癸，冬時，水土平，可揆度也。象水從四方流入地中之形。癸承壬，象人足。凡癸之屬皆从癸。癸，籀文从癶，从矢。"

　　癸的寫法分爲兩支，都承甲骨文而來，到春秋時期開始分化。一支作 癸（郜公鼎）、作 癸（《包山楚簡》2・131），與《説文》小篆寫法一致。另一支作 癸（石鼓文），作 癸（《睡虎地秦簡》5・19），與

《説文》籀文一致。代表著秦系文字的寫法。《説文》小篆 ※ 應是來源於古文,時間不會晚於戰國晚期。

　　胄　冃部:"胄,兜鍪也。从冃,由聲。𩊚,《司馬法》胄从革。"

　　胄之異體𩊚與楚系文字結構相同。如《包山楚簡》2·269 的 𩊚,《荀子·議兵》的軸,均从由从革。荀子本爲趙人,晚年至楚爲蘭陵令,並家於蘭陵,著書數萬言。因此《荀子》一書出現楚文字的寫法是很自然的事情。

　　臭　亣部:"臭,大白澤也。从亣,从白。古文以爲澤字。"

　　此字金文作 𦥑(牆盤)、𦥑(毛公厝鼎)、𦥑(南宮乎鐘)、𦥑①(許臭鼎)諸形,都用爲"無斁"的"斁"。據《説文》臭"古文以爲澤字",而澤从睪聲,斁也从睪聲,聲符相同,知金文用臭爲斁屬於假借。在六國文字中,臭字還在使用,如楚文字懌作 𢙏(《包山楚簡》2·176)、澤作 𣶗(《包山楚簡》2·133),用它作爲偏旁。而在秦系文字中,尚未見此類用法,表明臭應爲戰國古文之一。《説文》小篆 𦥑 是從古文訛變而來的,其中矢訛變爲大。

---

① 容庚《金文編》把前三字隸於斁,陳漢平《金文編訂補》認爲"當於卷十大部增立 𦥑 字字頭,收入此四字",我們同意這一看法。

圖　口部:"圖,畫計難也。从口,从啚。啚,難
意也。"

在秦系文字中,吕不韋戟作圖,阜陽漢簡《蒼頡篇》作圖,這
種寫法承西周文字圖(《金文編》第 425 頁)而來,並爲後世文字所
繼承。小篆圖的寫法與此不同,卻與三體石經古文圖相近。

敢　殳部:"敢,進取也。从殳,古聲。敢,籀文敢。
敢,古文敢。"

詛楚文作敢,與籀文寫法相近,同屬於一路。《説文》小篆敢
與《侯馬盟書》3·6敢、《説文》古文敢結構相近。張舜徽先生説:
"篆體作敢,則又古文敢之變形也。"[1]極是。

烏　烏部:"烏,孝鳥也。象形。孔子曰:'烏,盱呼
也。取其助氣,故以爲烏呼。'凡烏之屬皆从烏。於,象
古文烏省。"

繹山碑有於字,則於亦爲小篆。《説文》既云於"象古文烏
省",則於當脱胎於古文。

有一些字,按照《説文》"今敍篆文,合以古籀"的體例,處在小
篆的位置上,但釋文已指出它是古文,並在後面附有篆文,這樣的

---

[1]　張舜徽《説文解字約注》卷八,河南人民出版社,1983 年,第 10 頁。

字,本來就是古文,只是爲了某種需要(如解釋字義、統轄屬字等)纔提到前面,不能視爲來源於古文。如丄部:"丄,高也。此古文上。指事也。凡丄之屬皆从丄。𐩑,篆文丄。"丄字見於古幣文,是可靠的古文字形。段玉裁據丄部所轄之字"从古文上",改古文爲二,①也與戰國古文相合。要之,不論首字是作二還是作丄,本都是古文。此字小篆作𐩑,與嶧山碑寫法相同。

也有一些字,由於弄不清哪個是古文,哪個是篆文,錯誤地把古文當作篆文,這樣的字,本來是古文,也不得視爲來源於古文的篆文。如要字,臼部:"𦥽,身中也。象人要自臼之形。从臼,交省聲。𦥽,古文要。"三體石經要字篆文作𦥽,古文作𠎤,與《說文》相反。秦寫本《足臂十一脈灸經》3(此爲馬王堆漢墓出土的醫書之一,論者以爲秦寫本)要作𤳉,承𦥽而來,又爲後世所沿用。從出土材料和要字的行用狀況看,𦥽當爲古文,𦥽當爲篆文。《說文》顯然是把古文和篆文的角色弄混了。

三、合乎早期古文字,不合乎後期古文字

《說文》小篆有些和早期古文字的寫法相合,而與後期古文字不同。這類字應該是來源於早期古文字,或參照早期古文字的寫法省改而來。有的可能是後人改篆與早期古文字偶合。

---

① 段玉裁《說文解字注》,上海古籍出版社,1981年,第1頁。

例如:

疑　子部:"[字形],惑也。从子止匕,矢聲。"

此字早期金文作[字形](伯疑父簋)、[字形](齊史疑觶),人形可朝左,也可朝右。以後,爲書寫順手,人形一律朝右。如秦金文作[字形](廿六年詔權)、[字形](二世詔版),秦簡作[字形](《睡虎地秦簡》24・33),等等。《説文》小篆疑中人形(已有訛變)的朝向與西周金文的某些寫法相同,而與其後的寫法不類。

戚　戉部:"[字形],戉也。从戉,尗聲。"

此字甲骨文作[字形](《屯南》2194),[1]西周金文作[字形](戚姬簋),詛楚文作[字形],分爲象形和形聲兩類。象形一類形體不斷簡省訛變,從甲骨文到秦漢文字一直廣爲流傳。形聲一類始見於西周,此後長期不見行用。《説文》小篆顯然繼承了其形聲的寫法。

達　辵部:"[字形],行不相遇也。从辵,羍聲。《詩》曰:挑兮達兮。[字形],達或从大。或曰迭。"

達字牆盤作[字形],泰山刻石作[字形],銀雀山漢簡《孫臏兵法》43作[字形],與《説文》字頭篆文屬於一路。所收小篆異體達和甲骨文

<hr>

①　參看林澐《説戚、我》,載《古文字研究》第十七輯,中華書局,1989年。

徉(《存》2011)寫法相同。

四、不合漢字演進序列

《說文》小篆有一些不合漢字演進序列，這一類字多半發生了訛誤或竄改。裘錫圭先生在《文字學概要》中曾舉過戌、早、卓、走、欠、非等例子。如果根據現有的古文字資料橫向系聯，就會發現從早的草，從卓的悼、淖、綽、逴、趠，從走的起、趌、趲、趨、越、趣、赴、趣、趦、趁、趙、趨、越、趡、趌、趩、趨、趄、趄、越，從欠的歇、欽、歎、欣、款、欲、歌、歔、歡、欺、歐、欶、歔、欨、歠、飲、歛、歉、㰤、歌、坎、濱、熺、茨、資、姿、㗊、既、懿、詬、㝐、次、恣、欺、歆、歠、歠、羨、盜、炊、吹、暨、㮤、慨、溉、塈、瘷、厥、闋、撅，從非的排、扉、靡、斐、匪、俳、菲、棐、暜、罪、裴、蜚、斐、悲、輩、篚、擁也同樣不合漢字演進序列。這類例字還可以舉出很多。如：

（一）斗和从斗的字

斗　斗部："兂，十升也。象形，有柄。凡斗之屬皆从斗。"

斗字夒脁鼎作兂，《睡虎地秦簡》23·5作夊，馬王堆漢墓帛書《老子乙本卷前古佚書》5上、馬王堆一號漢墓竹簡148、漢代龍淵宮鼎與之結構相同。上林鼎二作 ⿰ 𠦄，石門頌作 𠦄，都由它演變而來。

　　斛　斗部："⿰𠧪斗，十斗也。从斗，角聲。"

十一年盧鼎作 ⿰ ，平都犁斛作 ⿰ ，光和斛二作 ⿰ 。

　　料　斗部："⿰米斗，量也。从斗，米在其中。讀若遼。"

《睡虎地秦簡》23・11 作 ⿰米斗，魏受禪表作 ⿰米斗。

　　斞　斗部："⿰斗，量也。从斗，臾聲。《周禮》曰：黍三斞。"

斛半小量作 ⿰ 。

　　斠　斗部："⿰斗，蠡柄也。从斗，𣪏聲。楊雄、杜林説皆以爲輻車輪斠。"

《漢印徵》14・16 作 ⿰ 。

　　魁　斗部："⿰斗，羹斗也。从斗，鬼聲。"

古璽文作 ⿰（《甲金篆隸大字典》第 992 頁），《漢印徵》14・6

作<ruby>鸜</ruby>。

　　斣　斗部："<ruby>鸜</ruby>,挹也。从斗,<ruby>戹</ruby>聲。"

阜陽漢簡《蒼頡篇》11 作<ruby>鸜</ruby>。

　　斜　斗部："<ruby>𣪠</ruby>,杼也。从斗,余聲。讀若荼。"

寶雞漢印作<ruby>斜</ruby>。

　　料　斗部："<ruby>料</ruby>,量物分半也。从斗,从半,半亦聲。"

戰國銅器銘文多作：<ruby>㪵</ruby>、<ruby>㪵</ruby>、<ruby>㪵</ruby>、<ruby>㪵</ruby>、<ruby>㪵</ruby>之形。

　　斟　斗部:"<ruby>斟</ruby>,勺也。从斗,甚聲。"

袁博殘碑作<ruby>斟</ruby>。

　　科　禾部:"<ruby>科</ruby>,程也。从禾,从斗,斗者,量也。"

阜陽漢簡《蒼頡篇》30 作<ruby>科</ruby>。

　　枓　木部:"<ruby>枓</ruby>,勺也。从木,从斗。"

《居延漢簡乙編》438·1作𣂏。

從出土文字資料看，知道漢代還没有出現𣁬的寫法，可見小篆斗和從斗的字都不合漢字演進序列。

(二) 升和从升的字

升　升部："𣁷，十龠也。从斗，亦象形。"

金文友簋作𣁷，秦公簋作𣁷，連迁鼎作𣁷，《睡虎地秦簡》23·4作𣁷（馬王堆一號漢墓竹簡180、漢龍淵宫鼎、新嘉量結構同），曹全碑作升。

扟　手部："�，上舉也。从手，升聲。《易》曰：扟馬壯吉。𨂂，扟或从登。"

《侯馬盟書》156·22作𣁷，194·11作𣁷。

升字和扟中的升皆不作𣁷，知小篆升、扟不合漢字演進序列。

(三) 朝和从朝的字

朝　倝部："𣆶，旦也。从倝，舟聲。"

利簋作𣆶，矢令彝作𣆶，盂鼎作𣆶，朝訶右庫戈作𣆶，子彈庫楚帛書作𣆶，古璽作𣆶，馬王堆漢墓帛書《老子甲本》138作朝,《老子甲本卷後古佚書》374 作 **𣍘**,朝陽少君鍾作 **𣍘**,《漢印徵》7‧4 作 **朝**,史晨碑作 **朝**。

廟 广部:"**廟**,尊先祖皃也。从广,朝聲。**庙**,古文。"

吳方彝作 **廟**,免簋作 **廟**,虢季子白盤作 **廟**,馬王堆漢墓帛書《老子乙本卷前古佚書》11 上作 **廟**,孝文廟甀鋘作 **廟**,《漢印徵》9‧10 作 **廟**,禮器碑作 **廟**。

漢代以前,朝、廟皆不从人作,从人的寫法始見於禪國山碑(吳孫皓天册元年,275 年)。《說文》小篆朝、廟不合漢字演進序列。

(四) 髟及从髟的字

髟 髟部:"**髟**,長髮猋猋也。从長,从彡。凡髟之屬皆从髟。"

此字甲骨文作 **𠂕**(《合集》14294)、金文作 **髟**(髟生鼎)等形。[①]

髮 髟部:"**髮**,根也。从髟,犮聲。**髺**,或从首。**頖**,古文。"

---

① 參看林澐《說飄風》,載《于省吾教授百年誕辰紀念文集》,吉林大學出版社,1996 年,第 11 頁。

戕者鼎作🔲，《睡虎地秦簡》36・82 作🔲，馬王堆漢墓帛書《老子乙本卷前古佚書》104 下作🔲。

　　🔲　髟部：“🔲，髮至眉也。从髟，孜聲。《詩》曰：紞彼兩髮。🔲，髮或省。漢令有髫長。”

《漢印徵》9・4 作🔲。

　　🔲　髟部：“🔲，女鬢垂皃。从髟，前聲。”

《漢晉西陲木簡彙編》39・1 作🔲。

　　🔲　髟部：“🔲，鬙髮也。从髟，兀聲。🔲，或从元。”

《睡虎地秦簡》37・103 作🔲，《居延漢簡甲編》2333A 作🔲。

　　🔲　髟部：“🔲，髮好也。从髟、差。”

秦印作🔲，[1]馬王堆漢墓帛書《老子甲本卷後古佚書》226 作🔲，《老子乙本卷前古佚書》160 上作🔲。

　　🔲　髟部：“🔲，髮也。从髟，从毛。”

---

① 羅福頤《故宮博物院藏古璽印選》411 號，文物出版社，1982 年，第 74 頁。原釋“差”，誤。

鄭固碑作**髟毛**。

　　髯　　髟部："**髯**，亂髮也。从髟，茸省聲。"

馬王堆漢墓帛書《五十二病方》342 作**髯**。

　　鬃　　髟部："**鬃**，桼也。从桼，髟聲。"

《睡虎地秦簡》25·45 作**鬃**，馬王堆一號漢墓竹簡 172、《居延漢簡甲編》919A 結構同。

　　現有資料表明，髟的寫法是東漢時代出現的。如婁壽碑的髮，白石神君碑的髦，史晨碑的髯，校官碑的鬃，史晨碑的髣，《流沙墜簡補遺》2·8 的髭、鬢等。在東漢以前，髟都不从彡。它本象人的長髮焱焱之形，隸變以後，失去了原有的象形意味，漢人已不識其廬山真面目，故在原字旁加彡。在《説文》裏，凡與毛髮有關的字，形旁大多作髟。髟部下僅收與毛髮没有直接聯繫的肆、爾、髮三字。以上所舉《説文》篆文皆不合漢字演進序列。

　　（五）卑及从卑的字

　　卑　　ナ部："**卑**，賤也，執事也。从ナ、甲。"

徐鍇曰："右重而左卑，故在甲下。"段玉裁注："古者尊又而卑ナ,故从ナ在甲下。甲象人頭。"卑字散盤作▨,或簋作▨,余卑盤作▨,馬王堆漢墓帛書《老子乙本》248 上作▨,定縣竹簡 83 作▨,所从甲或作▨,形義來源不詳,但肯定不是甲字。甲字本作十、田,戰國時代始作甲（戰國秦虎符）、中（詛楚文）,秦漢時代演變爲甲（《睡虎地秦簡》23・4）,始與卑字所从相混。

　　椑　木部:"▨,圓榼也。从木,卑聲。"

《睡虎地秦簡》53・22 作▨、《漢印徵》6・8 作▨、▨,《流沙墜簡・屯戍》14・5 作▨。

　　脾　肉部:"▨,土藏也。从肉,卑聲。"

古陶文作▨,馬王堆漢墓帛書《足臂十一脈灸經》作▨,馬王堆一號漢墓竹簡 52 作▨,《武威漢簡・儀禮・有司》60 作▨。

　　鞞　革部:"▨,刀室也。从革,卑聲。"

靜簋作▨,番生簋作▨,馬王堆一號漢墓竹簡 234 作▨,《漢印徵》3・14 作▨,《流沙墜簡・小學》2・4 作▨。

　　粺　米部:"▨,毇也。从米,卑聲。"

《睡虎地秦簡》12‧43 作![字],江陵鳳凰山 167 號漢墓遣策作![字]。

　　俾　人部:"![字],益也。从人,卑聲。一曰,俾,門侍人。"

馬王堆漢墓帛書《老子甲本》160 作![字],銀雀山漢簡《孫臏兵法》61 作![字],史晨碑作![字]。

　　埤　土部:"![字],增也。从土,卑聲。"

《睡虎地秦簡》30‧41 作![字],馬王堆漢墓帛書《老子乙本卷前古佚書》155 上作![字],銀雀山漢簡《晏子》555 作![字]。

　　捭　手部:"![字],兩手擊也。从手,卑聲。"

《漢印徵》12‧4 作![字]。

　　郫　邑部:"![字],蜀縣也。从邑,卑聲。"

《漢印徵補遺》6‧6 作![字]。

　　稗　禾部:"![字],禾別也。从禾,卑聲。琅邪有稗縣。"

《睡虎地秦簡》18・83 作【字形】。

　　裨　　衣部："【字形】，接益也。从衣，卑聲。"

戔簋作【字形】，《漢印徵補遺》8・4 作【字形】。

　　錍　　金部："【字形】，鎞錍也。从金，卑聲。"

土匀錍作【字形】，《武威漢簡・儀禮・泰射》4 作【字形】。

　　婢　　女部："【字形】，女之卑者也。从女，从卑，卑亦聲。"

甲骨文作【字形】（《寧滬》1・231），馬王堆漢墓帛書《老子甲本卷後古佚書》433 作【字形】，《漢印徵》12・12 作【字形】。

　　庳　　广部："【字形】，中伏舍。从广，卑聲。一曰屋庳。或讀若逋。"

馬王堆漢墓帛書《春秋事語》49 作【字形】，《相馬經》28 上作【字形】。

　　陴　　𨸏部："【字形】，城上女牆，俾倪也。从𨸏，卑聲。【字形】，籀文陴，从𩫖。"

甲骨文作【字形】（《前》2・8・4）。

萆　艸部:",雨衣,一曰衰衣。从艸,卑聲。一曰萆蘸,似烏韭。"

中山王墓宮堂圖作。馬王堆漢墓帛書《養生方》109 作。從卑及含卑諸字看,卑从而不从。、本是不同的字,秦漢時代,演變爲,導致、混同。東漢以後有人把卑中誤解成甲,並將它改爲。因此《説文》小篆卑及从卑之字都不合漢字演進序列。

(六) 婁和从婁的字

婁　女部:",空也。从母、中、女,空之意也。一曰婁務也。,古文。"

婁簋作,隨縣戰國墓漆二十八宿匰作,馬王堆漢墓帛書《陰陽十一脈灸經》甲 44 作,汝陰侯墓二十八宿圓盤作,婁壽碑作。

數　攴部:",計也。从攴。婁聲。"

詛楚文作,繹山碑作。秦漢簡帛文字結構大同小異。

樓　木部:",重屋也。从木,婁聲。"

《睡虎地秦簡》53·22 作。

　　　寠　宀部：“，無禮居也。从宀，婁聲。”

《睡虎地秦簡》14·82 作。

　　　蔞　艸部：“，艸也。可以亯魚。从艸，婁聲。”

　　馬王堆漢墓帛書《戰國縱橫家書》323 作，馬王堆一號漢墓竹簡 225 作。

　　　僂　人部：“，尫也。从人，婁聲。周公韈僂，或言背僂。”

《睡虎地秦簡》53·22 作，銀雀山漢簡《孫子兵法》102 作，《漢印徵》8·8 作、。

　　　縷　糸部：“，線也。从糸，婁聲。”

　　信陽楚簡作，《居延漢簡甲編》1374A 作，侍其繇墓木方作。

　　　螻　虫部：“，螻蛄也。从虫，婁聲。一曰蠜，天螻。”

馬王堆漢墓帛書《養生方》92 作 。

　　鏤　金部："鏤,剛鐵,可以刻鏤。从金,婁聲。《夏書》曰:梁州貢鏤。一曰鏤,釜也。"

陽信家銂鏤作 。

　　簍　竹部:"簍,竹籠也。从竹,婁聲。"

馬王堆漢墓帛書《五十二病方》203 作 。
　　婁字本从女从 ,秦代篆文作 (繹山碑數字所从),漢代出土材料大體相同,與《説文》小篆寫法有別。上舉《説文》小篆諸字不符合漢字演進序列,應屬於後出的寫法。三體石經篆文婁與《説文》同,表明《説文》小篆婁的寫法不會晚於三體石經的製作年代。

(七) 喬和从喬的字

　　喬　夭部:"喬,高而曲也。从夭,从高省。《詩》曰:'南有喬木。'"

　　于省吾先生曰:"許説殊誤。據古文字則喬字既不从夭,也不从高省。喬字東周金文邵鐘作 。曾伯陭壺的鐈字从喬作 或 。喬字的造字本義,係於高字上部附加一個曲畫,作爲指事字的標誌,以別於高,而仍因高字以爲聲。"[1]喬字古文字形,大致可分

---

[1]　于省吾《甲骨文字釋林》,中華書局,1979 年,第 457—458 頁。

爲三類：一從高從 ⌐乙⌐，如于省吾文所述；一從高從↓，如邵鐘作 ，《侯馬盟書》156・21 作 ；一從高從又，如中山王鼎作 ，《侯馬盟書》156・20 作 。三者之間正展示出喬的演進過程：指事符號逐漸向聲符演變，進而演變爲從高從又的形聲字。喬的後一種寫法，在秦漢簡帛、印文中廣泛使用著。

　　　　驕　　馬部：" ，馬高六尺爲驕。從馬，喬聲。《詩》曰：‘我馬唯驕。’一曰野馬。"

　　《睡虎地秦簡》53・25 作 ，漢代銅骰作 ，《漢印徵》10・2 作 。

　　　　獢　　犬部：" ，猲獢也。從犬，喬聲。"

　　《漢印徵》10・5 作 。

　　　　僑　　人部：" ，高也。從人，喬聲。"

　　古璽作 (《古璽文編》8・1)，《睡虎地秦簡》35・55 作 ，《漢印徵》8・2 作 。

　　　　蟜　　虫部：" ，蟲也。從虫，喬聲。"

　　《漢印徵》13・7 作 、 。

矯　矢部：",揉箭箝也。从矢,喬聲。"

《睡虎地秦簡》8‧2 作,馬王堆漢墓帛書《天文氣象雜占》末‧下作。

橋　木部：",水梁也。从木,喬聲。"

青川木牘作,《睡虎地秦簡》47‧40 作,橋鈁作,石門頌作。

趫　走部：",善緣木走之才。从走,喬聲。讀若王子趫。"

此字齊趫父鬲作,《漢印徵》2‧8 作。

撟　手部：",舉手也。从手,喬聲。一曰,撟,擅也。"

銀雀山漢簡《孫臏兵法》382 作。

繑　糸部：",絝紐也。从糸,喬聲。"

古璽文作(《甲金篆隸大字典》第 910 頁)。

青川木牘作 ![字], 《睡虎地秦簡》13・66 作 ![字], 馬王堆漢墓帛書《五十二病方》52 作 ![字]。

　　鞣　革部:"![字],奚也。从革,从柔,柔亦聲。"

馬王堆漢墓竹簡《十問》77 作 ![字]。

　　潏　水部:"![字],涌出也。一曰,水中坁,人所爲爲潏。一曰,潏,水名,在京兆杜陵。从水,矞聲。"

秦封宗邑瓦書作 ![字]。

　　桼　木部:"![字],車歷録束文也。从木,叕聲。《詩》曰:'五桼梁輈。'"

銀雀山漢簡《孫臏兵法》282 作 ![字], 《漢印徵》6・9 作 ![字]。

　　務　力部:"![字],趣也。从力,敄聲。"

中山王壺作 ![字], 《睡虎地秦簡》15・97 作 ![字], 馬王堆漢墓帛書《老子甲本卷後古佚書》425 作 ![字], 銀雀山漢簡《孫臏兵法》143 作 ![字]。

　　瞀　目部:"![字],氐目謹視也。从目,敄聲。"

《漢印徵》6・9 作,《流沙墜簡・屯戍》13・15 作。

鍪 金部:",鍑屬。从金,敄聲。"

馬王堆漢墓木簡《雜禁方》9 作,十六年鍪作。

從上面的例子可以描繪出矛的演進序列:—————。由矛的演進序列可以判明《説文》小篆矛在演進階段上處於古隸之後。

因此,小篆矛和从矛的字都不合乎演進序列。

(九) 賣及从賣的字

賣 貝部:",衒也。从貝,𦣻聲。𦣻,古文睦,讀若育。"

又,

贖 ",貿也。从貝,賣聲。"

賣、贖本爲一字。曶鼎作,《睡虎地秦簡》13・61 作,《漢印徵》6・18 作,武梁祠畫像題字作,字从㞷、㞢(或省),不从𦣻。

竇 穴部:",空也。从穴,瀆省聲。"

段注作"从穴,賣聲"。此字《睡虎地秦簡》42・197作🔲,滿城漢墓銅印作🔲,《漢印徵》6・18作🔲。

續　糸部:"🔲,連也。从糸,賣聲。🔲,古文續,从庚、貝。"

戰國古璽作🔲(《古璽文編・附録》22),[1]馬王堆漢墓帛書《戰國縱橫家書》161作🔲,《相馬經》13上作🔲,尹續有盤作🔲,《漢印徵》13・2作🔲。

瀆　水部:"🔲,溝也。从水,賣聲。一曰邑中溝。"

段注作"一曰邑中曰溝",依玄應補。戰國古璽作🔲(《古璽文編・附録》26),[2]《漢印徵》11・9作🔲。

犢　牛部:"🔲,牛子也。从牛,瀆省聲。"

段注作"从牛,賣聲"。此字犢共臾戟作🔲,戰國古璽作🔲(《古璽文編・附録》60),宜牛犢鈴作🔲,《武威漢簡・儀禮・少牢》1作🔲,《漢印徵》2・3作🔲。

讀　言部:"🔲,誦書也。从言,賣聲。"

---

① 參看朱德熙《古文字考釋四篇》,載《古文字研究》第八輯,中華書局,1983年;又收入《朱德熙古文字論集》,中華書局,1995年。
② 參看朱德熙《古文字考釋四篇》。

銀雀山漢簡《孫臏兵法》作🈁，魏上尊號奏作🈁。

　　讟　詰部："🈁，痛怨也。从詰，賣聲。《春秋傳》曰：'民無怨讟。'"

三公山碑作🈁。

　　櫝　木部："🈁，匱也。从木，賣聲。一曰木名。又曰大梡也。"

詛楚文作🈁，《睡虎地秦簡》17·14作🈁。

　　遺　辵部："🈁，媟遺也。从辵，賣聲。"

石鼓文作🈁。

　　僓　人部："🈁，賣也，从人，賣聲。"

君夫簋作🈁。

　　藚　艸部："🈁，水舃也。从艸，賣聲。《詩》曰：'言采其藚。'"

熹平石經《魯詩》殘碑作🈁。

從上面的例子看,賣和从賣之字至少在《説文》成書之前均已从目,不从囧作。其中嚞的演進序列是 ![字形]—![字形]—![字形]。

(十) 猒和从猒的字

猒　甘部:"![字形],飽也。从甘,从肰。![字形],猒或从目。"

西周沈子簋作![字形],毛公厝鼎作![字形],商叡簋作![字形],古陶文作![字形],[1]馬王堆漢墓帛書《老子甲本》63 作![字形],《老子乙本》210 下作![字形],均从口作,當分析爲从口从肰,肰亦聲(猒、肰同爲元部字)。此字婁壽碑作![字形],與《説文》小篆寫法近似。

厭　厂部:"![字形],笮也。从厂,猒聲。一曰合也。"馬王堆漢墓帛書《戰國縱横家書》136 作![字形],《相馬經》15上作![字形],《流沙墜簡·屯戍》1·8、《武威漢簡·儀禮·服傳》43 結構同。

猒和从猒的字本只从口作,古文字中口、甘形近,改口爲甘。婁壽碑(漢靈帝熹平三年,174 年)猒已作![字形],表明改口爲甘可能在《説文》成書以後。

(十一) 琴和从琴的字

琴　琴部:"![字形],艸木華也。从巫,亏聲。凡琴之屬

①　見高明、葛英會《古陶文字徵》,中華書局,1991 年,第 152 頁。原釋狷,誤。

皆从琴。琴，琴或从艸，从夸。"

西周命簋作華，石鼓文作華，古陶文作華（《古陶文字徵》3·11），上象草木花葉垂掛，下从于得聲。

華　　琴部："琴，榮也。从艸，从琴。"

古璽文作華（《甲金篆隸大字典》第 401 頁），《睡虎地秦簡》5·14 作華，《漢印徵》6·34 作華。

曄　　日部："曄，光也。从日，从琴。"

段注："鍇本日在琴上。《玉篇》云：《說文》作曅。大徐日在旁，非也。"張舜徽《說文解字約注》："此由後人以字體過長，書寫不便，移日於旁耳。"《漢印徵》7·2 作曅，可證其日在琴上。

東漢以前，琴及从琴諸字與《說文》小篆有所不同，如花葉與花莖不分離，聲符于的豎筆穿過下橫與上橫相連。魯峻碑（熹平二年，173 年）琴作琴，上部花葉與花莖已經分開。由此看來，《說文》小篆琴上部的寫法，很可能受到隸書的影響。

（十二）弘及从弘的字

弘　　弓部："弘，弓聲也。从弓，厶聲。厶，古文肱字。"

此字西周金文盥弘卣作【圖】，亳父乙鼎作【圖】，弘鬲作【圖】，馬王堆漢墓帛書《老子甲本卷後古佚書》345 作【圖】，346 作【圖】，《漢印徵》12・20 作【圖】或【圖】。

　　强　虫部："【圖】，蚚也。从虫，弘聲。"

繹山碑作【圖】，《睡虎地秦簡》17・127 作【圖】，馬王堆漢墓帛書《老子甲本》37 作【圖】，銀雀山漢簡《孫子兵法》36 作【圖】，《漢印徵》13・7 作【圖】。

　　繈　糸部："【圖】，缿纇也。从糸，强聲。"

王筠《説文句讀》："《説文》無缿，段氏改爲桶，是也。"《廣韻》："繈，絲有纇；纇，粗絲也。"曹全碑作【圖】。

　　泓　水部："【圖】，下深皃。从水，弘聲。"

《漢印徵》11・7 作【圖】或【圖】。

　　宖　宀部："【圖】，屋響也。从宀，弘聲。"

牆盤作【圖】。

弘是从弓从口的表意字。到秦漢時代，弘中的口大多作□，偶有異體作△，這樣就和厶混同起來了。《説文》小篆【圖】是把△

誤爲乙而改造的結果。

（十三）贊及从贊的字

贊　貝部：“贊，見也。从貝，从兟。”

段注：“此以迭韻爲訓，疑當作‘所以見也’，謂彼此相見，必資贊者。《士冠禮》‘贊冠者’，《士婚禮》‘贊者’，注皆云：‘贊，佐也。’《周禮・大宰》注云：‘贊，助也。’是則凡行禮必有贊，非獨相見也。”朱駿聲《說文通訓定聲》：“玉帛雉羔雁之屬皆貝類，貝者佐見之具。又古士相見禮賓必有紹介，主必有將命者，皆佐見之人。故《小爾雅・廣詁》：‘贊，佐也。’”張舜徽《說文解字約注》云：“贊之本義爲行禮之佐，引申爲凡佐之稱。”秦陶文作贊（《秦代陶文》1088），馬王堆漢墓帛書《戰國縱橫家書》208 作贊，銀雀山漢簡《孫臏兵法》26 作贊，張壽殘碑作贊，華山廟碑始作贊。

酇　邑部：“酇，百家爲酇。酇，聚也。从邑，贊聲。南陽有酇縣。”

《漢印徵》6・20 作酇，郃休碑陰作酇。

纉　糸部：“纉，繼也。从糸，贊聲。”

池陽令張君殘碑作纉，《漢印徵》13・2 作纉。

鑽　　金部："鑽，所以穿也。从金，贊聲。"

　　馬王堆漢墓帛書《戰國縱橫家書》27 作鑚，武榮碑作鑽。

　　從上面的例子看，到西漢時代，贊字都只作賛。作贊的寫法始見於華山廟碑（漢桓帝延熹八年，165 年），這種寫法可能形成於《説文》成書前後。

（十四）其他

乏　　正部："乏，《春秋傳》曰：'反正爲乏。'"

　　中山王壺作 、中山王兆域圖作 、《睡虎地秦簡》16・115 作 ，馬王堆漢墓帛書《老子乙本卷前古佚書》105 上作 。上部作一撇，與《説文》小篆"反正爲乏"不同。

卅　　卅部："卅，三十并也。古文省。凡卅之屬皆从卅。"

　　西周金文作 或 ，秦陶文作 （《秦代陶文》183），《睡虎地秦簡》15・95 作 ，元申屠駉藏秦會稽碑作 。馬王堆漢墓帛書《老子甲本》110、《戰國縱橫家書》141、《天文氣象雜占》4・4、《老子乙本》225 下，銀雀山漢簡《孫臏兵法》91，漢金文新鈞量，長安鋗，滿城漢墓銅鋗與秦簡寫法同。一直到韓仁銘仍作 。《説文》小篆的寫法與上述寫法明顯不同。

牟　牛部："牟,牛鳴也。从牛,象其聲气从口出。"

高奴權作牟,馬王堆漢墓竹簡《合陰陽》104 作牟,銀雀山漢簡《守法守令》899 作牟,《漢印徵》2·3 作牟、牟。上部皆不作厶。作厶的寫法見於《説文》成書前後,如熹平石經《春秋》昭公五年作牟,曹全碑(漢靈帝中平二年,185 年)作牟。

皆　白部："皆,俱詞也。从比,从白。"

皆壺作皆,江陵楚簡作皆,廿六年詔權作皆,馬王堆一號漢墓竹簡 165 作皆,孔龢碑作皆,都从日作。《説文》小篆从白,與此不合。

偕　人部："偕,彊也。从人,皆聲。《詩》曰:'偕偕士子。'一曰俱也。"

此字《睡虎地秦簡》15·92 作偕,馬王堆漢墓帛書《老子甲本卷後古佚書》246 作偕,西晉齊太公呂望表作偕,所从皆都作皆,不作皆。

魯　白部："魯,鈍詞也。从白,煮省聲。《論語》曰:'參也魯。'"

此字魯侯鬲作魯,秦公鐘作魯,馬王堆漢墓帛書《春秋事語》

66 作 ![字形]，史晨碑作 ![字形]，皆从曰作。而曰是從甲骨文和早期金文的 ![字形] 演變而來的。《説文》小篆从白，不合演進序列。

市　冂部："![字形]，買賣所之也。市有垣，从冂，从乁，乁，古文及，象物相及也。之省聲。"

此字古璽文作 ![字形]（《甲金篆隸大字典》第 343 頁），《睡虎地秦簡》13·65 作 ![字形]，南陵鍾作 ![字形]，張遷碑作 ![字形]。《説文》小篆从 ![字形]，是由南陵鍾一類寫法中的曲筆改造而來的。它出現比較晚，大約不會早於漢代。因此《説文》小篆市的寫法不合演進序列。

糞　華部："![字形]，棄除也。从廾推華棄采也。官溥説：似米而非米者，矢也。"

此字古璽文作 ![字形]（《古璽文編》4·4），《睡虎地秦簡》14·86 作 ![字形]，《居延漢簡甲編》1802 作 ![字形]。皆从米作，不从采。

柳　木部："![字形]，小楊也。从木，丣。丣，古文酉。"

甲骨文作 ![字形]（《簠遊》109），金文作 ![字形]（柳鼎），石鼓文作 ![字形]，《睡虎地秦簡》17·131 作 ![字形]，魏元丕碑作 ![字形]，皆从木丣聲。《説文》小篆的寫法不合漢字演進序列。

我們之所以不厭其煩地把《説文》小篆置於漢字演進序列中進行考察，就是爲了廓清《説文》小篆的基本類型，而廓清它的基本類型則是爲了正確地利用《説文》。

我們研究隸變時曾經談到，"拿《説文》小篆作'參照體'，不一定能反映隸變的真實過程，甚至會出現錯誤。因爲《説文》小篆已不全是隸變前原樣"。① "《説文》共收小篆九千餘個，目前能確知不是隸變前原樣的有數百個，這個比例是不能低估的。如果在研究隸變時，用到了其中的任何一個，都會違背隸變的真實"。② 當時所指的主要就是"不合漢字演進序列"的小篆。除此之外，"合乎六國文字，不合乎秦文字""合乎早期古文字，不合乎後期古文字"的小篆也是不能用作隸變研究的，這是因爲隸變始於秦文字，隸變是漸次進行的。《説文》小篆中真正可以用來研究隸變的，只是"合乎漢字演進序列"的部分。

在對秦文資料進行辨僞和斷代時，常常要用到《説文》小篆，如果誤用，就會導致錯誤的結論，歷史上曾經有過這方面的教訓。通過分析，我們終於明白，能用來辨僞和斷代的是"合乎漢字演進序列"的小篆，而"合乎六國文字，不合乎秦文字""合乎早期古文字，不合乎後期古文字"的小篆，不能作爲秦文字辨僞和斷代的依據。

《説文》一書通過分析小篆字形來解釋字的本義，爲我們保留了許多珍貴的材料，但是《説文》一書中對字義的解釋有時是靠不住的。其中相當一部分就是因爲是以"不合漢字演進序列"的篆形爲依據而造成的。引用《説文》對字義的解釋，應以弄清小篆在漢字演進序列中的類型爲前提。同樣，我們運用《説文》篆形對字義進行新的解釋時也應當如此。

---

① 參見趙平安《隸變研究》，河北大學出版社，1993年，第34頁。
② 見《隸變研究》，第37頁。

第二章 《説文》中的秦篆和漢篆

《説文》中有秦篆,也有漢篆。秦篆是指秦代篆文,漢篆指漢代篆文。

一、秦　　篆

班固説:

> 《史籀篇》者,周時史官教學童書也,與孔氏壁中古文異體。《倉頡》七章者,秦丞相李斯所作也;《爰歷》六章者,車府令趙高所作也;《博學》七章者,太史令胡母敬所作也;文字多取《史籀篇》,而篆體復頗異,所謂秦篆者也。[1]

---

① 見班固《漢書·藝文志》,中華書局,1962 年。

許慎也有類似的説法：

> 秦始皇帝初兼天下，丞相李斯乃奏同之，罷其不與
> 秦文合者。斯作《倉頡篇》，中車府令趙高作《爰歷篇》，
> 太史令胡母敬作《博學篇》，皆取《史籀》大篆，或頗省改，
> 所謂小篆者也。[①]

這兩段都指出《倉頡》《爰歷》《博學》三書出現於秦初，取材於《史
籀》大篆。但它們是否亡佚，未能説明。《漢書・藝文志》："漢興，
閭里書師合《倉頡》《爰歷》《博學》三篇，斷六十字以爲一章，凡五
十五章，并爲《倉頡篇》。"這表明，三種書漢初還在流傳。可能正
是由於新編《倉頡篇》的出現，纔加速了它們的亡佚。[②] 大家都知
道，《史籀篇》東漢建武時尚存九篇（共十五篇）。若考慮到新舊字
書的繼替有一個較長的過程，《漢書・藝文志》又没有關於三書亡
佚的記述，那麽，可以認爲許慎看到過這三種書。

當然，許慎見到的秦篆資料除字書之外，還有秦刻石、印章等
實物以及書籍、文書等。總之，應該是相當豐富的。

《説文》字頭九千三百五十三個，《史籀篇》收字九千，數量十
分相近，大概不會是偶然的巧合。説《説文》小篆字數大致本於
《史籀篇》，《説文》小篆九千左右屬於秦篆，應是合乎事實的。

---

① 見許慎《説文解字・叙》，中華書局，1963 年。
② 近年出土的安徽阜陽漢簡、甘肅玉門花海漢簡、敦煌馬圈灣漢簡裏，都有《倉頡篇》的資
料，表明在漢代《倉頡篇》已廣爲流傳。有關情況，可參看阜陽漢簡整理組《阜陽漢簡
〈蒼頡篇〉》（《文物》1983 年第 2 期）、胡平生《漢簡〈蒼頡篇〉新資料的研究》（《簡帛研
究》第二輯，法律出版社，1996 年）。

　　秦篆對《史籀篇》進行省改,主要是圍繞以下幾個方面進行的。

　　第一,改換籀文的部分形體。如:

(一) 改紎爲約

　　　詛楚文:"今楚王熊相康回無道,淫失甚亂,宣奓競嘩,變輸盟紎,内之則暴虐不姑,刑戮孕婦,幽紎敖戚,拘圍其叔父,寘者冥室櫝棺之中。"

　　當中从束从勺的字,郭沫若先生曾詳加考證:"紎當是古約字,从束勺聲。舊多不識而任意改變字形,不具論。又此字亦見毛公鼎,鼎銘中言車上飾物有'紎𣪘'二字。下字孫詒讓釋爲《考工記·匠人》'白盛'之盛,塗飾也。甚是。《楚辭·九歌·湘夫人》'播芳椒兮成堂'成一本作𣪘,即此字。'成堂'言塗塈之堂。上字舊未識,案亦約字。'約𣪘'者即約革而加塗飾。"[①]紎,小篆作約,"纏束也。从糸,勺聲"。秦系文字先有紎,後有約,約是秦初省改紎的結果。古文字裏糸束可以通作,他如純作紝(中山王壺)。

(二) 改𩙿爲翼

　　　飛部:"𩙿,翅也。从飛,異聲。翼,篆文𦐣,从羽。"

---

①　見郭沫若《郭沫若全集·考古篇》第九卷,科學出版社,1982 年,第 305—306 頁。

六國文字如中山王壺、隨縣曾侯乙墓漆二十八宿匫作翼，而秦公及王姬鐘作羅，知羅爲籀文。小篆翼把籀文中的飛換成羽（秦漢出土文物翼字結構與小篆同）。從現有資料看，翼字始見於秦，把飛換成羽在秦初。古文字形符飛羽通作，石鼓文 ，《説文》小篆作翰，與羅作翼類同。

（三）改觴爲觴

　觴　角部："，觶實曰觴，虛曰觶。从角，殤省聲。，籀文觴，从爵省。"

籀文的寫法見於秦景公石馨。[1] 西周觴仲多壺觴从爵易聲，籀文在此基礎上省改而來。小篆把爵換成角，爵、角都爲酒器，作偏旁可以通用。

（四）改習爲習

　習　習部："，數飛也。从羽，从白。凡習之屬皆从習。"

甲骨文作 （《甲》920），从羽从日，會習飛之意。戰國文字作 （江陵楚簡），定縣竹簡 44 作 。作 始於會稽刻石，是秦

---

① 王輝、焦南鋒、馬振智《秦公大墓石磬殘銘考釋》，"中研院"《歷史語言研究所集刊》67本 2 分，1996 年。

初改造習的結果。

　　第二,調整籀文部件的位置。如：

(一) 調整𦢻作臠

　　　臠　肉部:"𦢻,臞也。从肉,䜌聲。一曰,切肉臠也。《詩》曰：棘人臠臠兮。"

石鼓文作𦢻,肉在䜌上,小篆將肉移到䜌下。

(二) 調整䅌作穆

　　　穆　禾部:"𥞕,禾也。从禾,𠏔聲。"

甲骨文作𥝌(《甲》3636),金文作𥝌(牆盤),戰國秦系詛楚文作𥝌。《説文》穆字篆文、阜陽漢簡《蒼頡篇》5 皆左從禾右從𠏔。

(三) 調整駠作駕

　　　駕　馬部:"𩢃,馬在軛中。从馬,加聲。𩢃,籀文駕。"

石鼓文作𩢃,爲左右結構。《説文》小篆、秦漢簡帛文字作上下結構。

第三,改變籀文字詞之間的配置關係。即不改變籀文的形體,而是改變其功能。最典型的是辠和罪。

　　辠　辛部:"辠,犯法也。从辛,从自。言辠人蹙鼻苦辛之憂。秦以辠似皇字,改爲罪。"

辠字見於秦統一以前。

例如:

　　中山王鼎:"隹有死辠及參瑞亡不若。"
　　詛楚文:"又秦嗣王,敢用吉玉宣璧,使其宗祝邵鼛,布憼告于不顯大神厥湫,以底楚王熊相之多辠。"
　　睡虎地秦簡《效律》:"爲都官及縣效律:其有贏、不備,物直(值)之,以其賈(價)多者辠之,勿贏(累)。"
　　睡虎地秦簡《法律答問》:"士五(伍)甲盜,以得時直(值)臧(贓),臧(贓)直(值)百一十,吏弗直(值),獄鞫乃直(值)臧(贓),臧(贓)直(值)過六百六十,黥甲爲城旦,問甲及吏可(何)論? 甲當耐爲隸臣,吏爲失刑辠。甲有辠,吏智(知)而端重若輕之,論可(何)殹(也)? 爲不直。"

在屬於秦代的龍崗秦簡裏,只用罪。例如:

　　諸取禁中豺狼者毋罪。

吏弗劾論皆與同罪。

與闌入門同罪。

盜牧者與同罪。

智請入之與同罪。

罪　网部："，捕魚竹网。从网、非。秦以罪爲
辠字。"

和"辠"下一樣，並沒有説明調整辠、罪二字功能的確切時
間，只籠統地説是秦。從古文字中二字的使用情況看，調整的時
間應在秦初，也就是"書同文"的時候。書同文時用从"白"的皇
取代从"自"的皇也是這一禁忌的反映。秦初爲了維護皇帝的
尊嚴和權威，采取了兩個連續的步驟，用罪取代辠和用从"白"
的皇取代从"自"的皇。可以説，這個時候，皇帝對文字的敏感
達到了前所未有的程度，文字的政治化達到了前所未有的
程度。

小篆省改籀文的情況，許慎用"或頗省改"來描述，段玉裁加
以推闡："省者，減其繁重，改者，改其怪奇。……或之云者，不盡
省改也。不改者多，則許所列小篆，固皆古文、大篆。其不云'古
文作某'、'籀文作某'者，古、籀同小篆也；其既出小篆，又云'古文
作某'、'籀文作某'者，則所謂或頗省改者也。"段氏這些話，一向
被奉爲經典，很少有人懷疑過。實則除前兩句外，其他幾句都存
在問題。

先來看"許所列小篆，固皆古文、大篆"。依現在的認識，我們

知道《説文》小篆主體來源於籀文，即大篆，少數來源於古文，還有很少一部分屬於漢篆（詳見下文）。漢篆是漢代産生的篆文，決不能説就是古文、大篆，甚至也不能説來源於古文和大篆。因此，説"許所列小篆，固皆古文、大篆"，顯然過於絶對。

下面一段："其不云'古文作某'、'籀文作某'者，古、籀同小篆也；其既出小篆，又云'古文作某'、'籀文作某'者，則所謂或頗省改者也。"在段氏看來，《説文》每字一小篆、一籀文、一古文均齊配置，如彼此寫法不同形體就互見，否則只列小篆。這把許書的體例想象得過於單純、整飭，對許慎能見到的古、籀數量估計過大。如果這樣説還比較籠統的話，那麽分析兩個具體的例子會有助於獲得清晰的認識。

安　宀部："，靜也。从女在宀下。"

不列古文和籀文。按段氏的意思，屬於古、籀與小篆同形。按安字秦石鼓文作，石鼓文與籀文字體相同，《説文》未收。戰國古文字如齊系的、，楚系的，燕系的、，三晉的、都不同於小篆，①《説文》也未收錄。可見"不云'古文作某'、'籀文作某'者，古、籀同小篆也"，與事實不符。

囿　口部："，苑有垣也。从口，有聲。一曰禽獸曰囿。，籀文囿。"

---

①　朱德熙、裘錫圭《秦始皇"書同文字"的歷史作用》，《文物》1973 年第 11 期。

　　《説文》籀文與石鼓文同,小篆與秦公簋同。秦公簋爲春秋時秦器,也屬於大篆,因此,也爲大篆寫法之一,小篆囿只是選擇了大篆中較簡單的一種。並不像段氏所説:"其既出小篆,又云'古文作某'、'籀文作某'者,則所謂或頗省改者也。"

　　《説文》所收秦篆雖然主要來源於《史籀篇》,但秦篆作爲一種字體卻是古文字自然演進的結果。這一點,只要回顧一下秦文字的歷程,就能看得清清楚楚。

　　我們知道,秦國最早的有銘青銅器,是秦莊公時的不其簋。它的製作年代在公元前 820 年左右,當爲西周晚期。[①] 不其簋和同期其他青銅器書寫風格相同,還不具備秦文字的特點。

　　1978 年,陝西寶雞太公廟出土幾套秦公及王姬編鐘、編鎛,作於公元前 697 年以後不久。[②] 與不其簋相比,字體瘦長,用筆均齊,整飭嚴謹,在西周晚期文字的基礎上,漸漸形成自己的個性。

　　到了春秋晚期秦文字特徵更加突出。民國初年出土於甘肅的秦公簋和近年陝西鳳翔南指揮村秦公一號大墓出土的多枚石磬,同爲景公時器。[③] 銘文字體比秦公及王姬編鐘、編鎛更爲均齊整飭。就個體字符而言,明顯反映了漸進的趨向。

字例	秦公及王姬編鐘	秦公簋	石磬
皇			
繼			

---

① 李學勤《秦國文物的新認識》,《文物》1980 年第 9 期。
② 盧連成、楊滿倉《陝西寶雞縣太公廟村發現秦公鐘、秦公鎛》,《文物》1978 年第 11 期。
③ 王輝、焦南鋒、馬振智《秦公大墓石磬殘銘考釋》,"中研院"《歷史語言研究所集刊》67 本 2 分,1996 年。

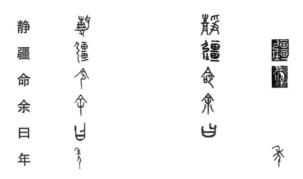

這些字例,明顯是朝著秦篆的方向演進的。

　　需要説明,秦公簋和石磬中的一些字形,如曰、絲等,實際上早在西周就已經有了。曰字見於盂鼎,絲字見於班伯簋,秦公簋只是選擇了這些寫法而已。這種選擇反映了秦人對自己使用的文字進行優化的一面。

　　能够確認爲春秋晚期到戰國早期的秦文資料很少。唐代發現的石鼓文,大致屬於這一時期,[①]字體仍是大篆。從戰國中期開始,秦系文字的發展分爲兩路,一路是所謂古隸,如青川木牘、睡虎地秦簡;一路是篆書,如宗邑瓦書、杜虎符、新郪虎符、詛楚文等。這些篆書和《説文》秦篆屬一種字體。徐無聞先生曾統計,詛楚文《大沈厥湫文》全文 318 字,僅有 15 字不同或不見於今本《説文》,寫法相同的占 95%。這表明戰國晚期秦篆作爲一種字體已趨於成熟。我們可以設想,戰國晚期到秦統一之前所行用的秦篆和《説文》所反映的秦篆就總體和本質而言,應是彼此認同,彼此暗合的。

---

① 關於石鼓文的年代,眾説紛紜,但越來越多的學者傾向於春秋晚期到戰國早期。詳細情況可參看《論石鼓文的相對年代》(陳昭容《秦系文字研究》,私立東海大學中文研究所博士論文,1996 年)。

二、漢　篆

漢代並没有漢篆這個名稱，王莽時代的"六書"，與篆有關的是篆書、繆篆、鳥蟲書，漢篆應當就涵蓋在其中。

從文物上的文字資料看，漢篆有金文、玉石文字，也有簡帛、陶文等，這些均有重要的研究價值，但過去未引起足够的重視。現在不妨利用這些資料來考察一下漢篆的形成狀況。

絶大多數漢篆來源於秦篆。

有的省減秦篆的部分形體，如：

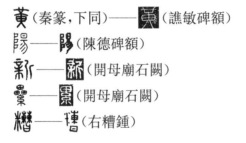

黄（秦篆，下同）——黄（譙敏碑額）

陽——陽（陳德碑額）

新——新（開母廟石闕）

靁——靁（開母廟石闕）

糟——糟（右糟鍾）

有的增加部分形體，如：

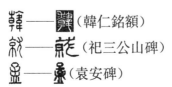

韓——韓（韓仁銘額）

龍——龍（祀三公山碑）

盇——盇（袁安碑）

城——城（張遷碑額）

山——㞶（祀三公山碑）

鼎——鼎（昆陽乘輿鼎）

有的改變部分形體，包括改變筆畫和偏旁，具體情況比較複雜。筆畫方面，或延長：

高——高（祀三公山碑）

或縮短：

車——軍（馮緄碑額）

或變連爲斷：

素——素（甘泉山題字）

季——季（開母廟石闕）

或變不連爲連：

岑——岑（開母廟石闕）

骹——骹（開母廟石闕）

或變曲爲直：

昪——昪（祀三公山碑）

位——位（祀三公山碑）

或變直爲曲：

蓮——蓮（開母廟石闕）

故——故（譙敏碑額）

偏旁方面，或調換：

其——其（祝其卿墳壇題字）

箄——箄（祀三公山碑）

相——相（漢郎邪相劉君墓表）

或移位：

翿——翿（開母廟石闕）

秌——秌（開母廟石闕）

　　以上描述的只是秦篆演變爲漢篆的粗略情況。在漢代，當語言中出現新詞，在特別需要的前提下，也會偶爾新造篆文，而且這種新造往往是先有隸書，再根據隸書"翻譯"過來。不過，和源於秦篆的漢篆相比，這一部分所占比例是很小很小的。

　　比之秦篆，漢篆有自己顯著的特點，主要表現在多種異體並存、偏旁單字混用、與隸書關係密切等方面。

先看多種異體並存。

廟字,可以寫作■(華山廟碑)、■(少室石闕)等形,道可以寫作■(開母廟石闕)、■(祀三公山碑)、■(《漢印徵》2・15)、■(《漢印徵》2・15)等形,同一個字,寫法很不穩定。

再看偏旁單字混用。

如漢安殘碑王作玉,袁安碑正作匹,是單字混用。袁安碑閏作■,所從王與■混用;開母廟石闕符作■,所從竹與艸混用;條作■,所從彳與亻相混;歷作■,所從厤與麻相混,是偏旁混用。

最後來看看漢篆與隸書之間的密切關係。

漢篆和隸書絕大多數都來源於秦篆,本是同根所生,加之字符之間相互影響,所以結構往往相似。如:

　　　■(孔君墓碑額)和■(王孝淵碑)
　　　■(少室石闕)和■(禮器碑)
　　　■(開母廟石闕)和■(晉辟雍碑陰)
　　　■(馮緄碑額,宋大觀摹刻本)和■(西狹頌)
　　　■(祀三公山碑)和来(熹平石經)

左排漢篆結構與秦篆相去已遠,而與右排隸書相近。

我們曾經運用隸書的形體資料考釋未識的漢篆,就是基於對漢篆和隸書關係的這種認識。

許慎所處的時代,是漢篆流行之時。爲了編撰《說文》,許慎在秦、漢篆的甄別上下過一番真功夫,是不容置疑的事實。但是,有時由於甄别上的困難，或是由於設立字頭的需要，或是由於其他什麽原因，他在《説文》裏也有意無意地收録了一些漢篆。雖然只是很小的一部分。

憑現有條件，要把《説文》中的漢篆統統區分開來是不可能的。儘管如此，研究者們還一直在努力進行這項工作，因爲這對於研究《説文》有著重要的意義。

王筠在《説文釋例》一書中，曾從古今音變的角度來區别漢篆，他説：

> 或體有數種，或廣其意，或廣其聲，廣其意者無可議，廣其聲者則有古今之辨，此種蓋不盡出秦篆，而亦有漢人附益之者。如营，司馬相如作芎；蔆，司馬相如作蘧；芰，杜林説作茤，此皆或體。芎，則明言或以發其例，餘可類推也。然以古音部分考之，营，宫聲，屬東部，芎，弓聲，則屬蒸部矣；蔆，陵聲，屬蒸部，蘧，遴聲，則屬真部矣；芰，支聲，屬支部，茤，多聲，則屬歌部矣，雖皆一聲之轉，而與周秦之音不合，斯爲漢人附益之明證。類此者，鬄，易聲，或體作髢則也聲，易，支部，也，歌部也；囮，化聲，或體作圝則繇聲，化，歌部，繇，幽部也，此蓋亦漢人附益，不知何人所説，則該之以或而已。即此可明制字之先後，聲音之變遷。要於六書之旨無乖，故許君録之。①

① 王筠《説文釋例》，武漢古籍書店，1983年，第229頁。

　　從古今音變的角度來區分漢篆,不失爲一種行之有效的辦法,因爲音變具有時代特徵,而且往往通過字的構形(主要是形聲字)反映出來。除了這種方法以外,我們還可以根據古文字形體演進序列和古文獻資料及有關記述來進行識別。

　　從古文字演進序列看,甯、臚、恩、㞋、荆、巍、丕、邳、引、同、銅、興、受、授、羞、野等應屬於漢篆。

　　甯　用部:"㽞,所願也。从用,寧省聲。"

　　《漢印徵》3·22作㽞,與《説文》小篆寫法相同。甯與寧實爲一字。段玉裁曰:"此與丂部寧音義皆同。"①秦簡寧作寍(《睡虎地秦簡》50·94),漢印承之作㽞(《漢印徵》3·23),省簡作㽞。

　　臚　肉部:"臚,皮也。从肉,盧聲。膚,籀文臚。"

　　段玉裁曰:"今字皮膚从籀文作膚,膚行而臚廢矣。"②臚字從西周金文開始,到《説文》籀文,到秦漢簡帛文字,皆从肉膚聲。在六國文字中,从盧之字多从膚,或从慮得聲。③惟漢印臚作臚(《漢印徵》4·12)。臚是漢代出現的寫法。

　　恩　囡部:"恩,多遽恩恩也。从心、囡,囡亦聲。"

<hr>

① 段玉裁《説文解字注》,上海古籍出版社,1981年,第128頁。
② 段玉裁《説文解字注》,第167頁。
③ 可參看吳振武《釋戰國文字中从"膚"和从"朕"之字》,《古文字研究》第十九輯,中華書局,1992年。

西周金文作 （克鼎），戰國古璽作 （《甲金篆隸大字典》第 705 頁），馬王堆漢墓帛書《老子甲本卷後古佚書》183 作 。容庚先生説："恩，从 在心上……《説文》云'从心、囟'，囟當是 之變形。又云'囟亦聲'，乃由指事而變爲形聲矣。"①結合从恩諸字看，蔥字《武威漢代醫簡》64 作 。可見，恩是漢代出現的寫法。

㢱　户部："，陡也。从户，乙聲。"

彔伯簋作 ，虢鐏作 ，秦漢早期簡帛文字一般作 （《睡虎地秦簡》41・179）、（銀雀山漢簡《孫臏兵法》103），漢印作 （《漢印徵》12・2）。《流沙墜簡・小學》2・4 作 。在西漢早期以前，均寫成車軛之形，西漢中期以後訛變成从户乙聲，因此《説文》小篆㢱應是漢篆。

荆　艸部："，楚木也。从艸，刑聲。，古文荆。"

周代以來，荆皆从荆作，如古璽作 （《甲金篆隸大字典》第 37 頁），漢帛書作 （馬王堆漢墓帛書《春秋事語》78），漢印作 （《漢印徵》1・14）。从刑是漢代纔出現的寫法，如元始鈁作 。

巍　嵬部："，高也。从嵬，委聲。"

---

① 容庚《金文編》，中華書局，1985 年，第 692 頁。

古璽作🖾(《甲金篆隸大字典》第 637 頁),秦漢簡帛作🖾(馬王堆漢墓帛書《春秋事語》29),漢碑結構一般與之相同,惟石門頌作🖾。石門頌刻於東漢桓帝建和二年(148 年),是爲東漢時代的産物。把"山"移到字上,與把它理解爲"从嵬,委聲"有關。我們認爲魏當从山魏聲,魏其侯盆作🖾,从田魏聲,絶不可以分析爲从畾委聲。形符山换成田,與型作酆(邾大宰簠、酆簠鐘等)相同。

丕 一部:"🖾,大也,从一,不聲。"

頌鼎作🖾,詛楚文作🖾,與不字寫法相同。不字有於中筆上加點者(如鄙侯少子鐯),點又演變爲一短横(如楚帛書)或🖾(《漢印徵》1·1)。東漢碑刻,這種寫法仍在使用(如魯峻碑陰)。《説文》小篆丕是從中筆上加短横的寫法演變而來的,它出現於東漢。

邳 邑部:"🖾,奚仲之後,湯左相仲虺所封國。在魯薛縣。从邑,丕聲。"

邳伯罍作不,古璽加邑作邳(《古璽彙編》2153),漢印(《漢印徵》6·24)、漢碑(禮器碑陰、孔廟碑陰)皆作邳。从丕的邳是漢代纔出現的。

引 弓部:"🖾,開弓也。从弓、丨。"

臣鉉等曰:"象引弓之形。"頌鼎作🖾,秦公簋作🖾,秦漢早期簡帛文字一般作⚡️(如《孫子兵法》188),尚存構形本義。左右兩部分離析的寫法見於譙敏碑(漢靈帝中平五年,188 年),是東漢纔出現的。由於古文字資料中的引字與小篆引的差別較大,因而長期被誤釋爲弘,馬王堆漢墓帛書出土後,纔徹底糾正了這宗錯案。①

　　同　冃部:"⿰冃口,合會也。从冃,从口。"

　　先秦古文字一般寫作从口凡聲。從秦系石鼓文、詛楚文、睡虎地秦簡同字,推知秦篆應作⿵冂口。《説文》小篆同的結構與古隸和漢篆(開母廟石闕)相同,是晚起的寫法,應屬於漢篆。

　　銅　金部:"銅,赤金也。从金,同聲。"

　　戰國時期已出現此字,所从同一律作⿵冂口,秦代仍然如此。漢代銅字分化爲兩路,一路與此前古文字相同,一路與《説文》相同,所从同作⿵冂口,如元始鈁、萬歲宮高鐙、綏和雁足鐙、上林鋗等。《説文》小篆銅應屬於漢篆。

　　興　収部:"⿰𦥑同,起也。从舁,从同。同力也。"

　　泰山刻石作⿰𦥑同,所从同作⿵冂口,與詛楚文相同。《説文》小篆的寫法與漢少室石闕、開母廟石闕相近,所从同作⿵冂口,屬於漢篆。

<hr />

①　參見于豪亮《説引字》,載《于豪亮學術文存》,中華書局,1985 年。

受 受部:"受,相付也。从受,舟省聲。"

石鼓文作 受,从受舟聲。上承早期甲骨文而來。秦漢時期,一般作 受,《説文》小篆作 受,就是在這種基礎上省簡而來的。它的出現在漢代,上林雁足鐙、《武威漢簡·儀禮·燕禮》20 可以證明。《説文》小篆受應爲漢篆。

授 手部:"授,予也。从手,从受,受亦聲。"

秦漢篆文一般作 授(如袁安碑、禪國山碑等),《説文》小篆作 授,有所省略。《説文》小篆的寫法始見於漢代(如《武威漢簡·儀禮·士相見》13),也是漢篆。

羞 丑部:"羞,進獻也。从羊,羊,所進也;从丑,丑亦聲。"

秦代以前,羞都从羊从又(或收),以手牽羊,是會意字。漢代,羞有兩種寫法,一種从又,繼承了此前古文字的寫法,一種从丑,是在从又的基礎上訛變而來的,如《武威漢簡·儀禮·有司》53、《漢印徵》14·17 等。《説文》小篆羞與後一種寫法結構相同,屬於漢篆。

野 里部:"野,郊外也。从里,予聲。壄,古文野,从里省,从林。"

此字標準秦篆作田�（繹山碑），秦漢簡帛文字（如馬王堆漢墓帛書《老子甲本卷後古佚書》185、《武威漢簡・儀禮・服傳》20）、石刻文字（熹平石經）、漢印文字（《漢印徵》13・12）大多承繼這一寫法。《説文》小篆野與《漢印徵》13・12、白石神君碑之野結構相同，是漢代纔出現的寫法。

從古文獻資料及有關記述看，祰、祂、犧、扞、攗、厤、遅、桓應屬於漢篆。

　　祰　示部：" 𥛱 ，告祭也。从示，告聲。"

張舜徽先生説："古但作告，或作造。从示之祰，乃後出新體，故不見於經傳。"[1]段玉裁曰："當許時，禮家造字，容有作祰者。"[2]

　　祂　示部：" 𥛱 ，以豚祠司命。从示，比聲。《漢律》曰：祠祂司命。"

張舜徽先生説："祠司命之禮，雖所起甚早，而祂之名則始於漢。馬敘倫謂此字不見經傳，而《漢律》有之，蓋晚作者，其説是也。"[3]

　　犧　牛部：" 犧 ，宗廟之牲也。从牛，義聲。賈侍中

①　張舜徽《説文解字約注》卷一，中州書畫社，1983年，第11—12頁。
②　段玉裁《説文解字注》，上海古籍出版社，1981年，第4頁。
③　張舜徽《説文解字約注》卷一，第12頁。

説：此非古字。"

段玉裁曰："犧牲、犧尊，蓋本祇假義爲之，漢人乃加牛旁，故賈云非古字，許廁諸部末。"[①]秦詛楚文犧牲之字作義。

　　拜　収部："𠬞，竦手也。从屮，从又。……𠬜，楊雄説廾从兩手。"

出土古文字資料中，収皆不作拜。所謂拜，是據"廾从兩手"一類説法演繹出來的。

　　攀　𠬞部："引也。从反廾。凡𠬞之屬皆从𠬞。攀，𠬞或从手，从樊。"

攀字見於漢碑，如竹邑侯相張壽碑："老弱相携，攀換持車。"劉脩碑："扣馬攀輪。"此字先秦文獻未見，出現於漢，黃綺先生認爲是漢時字。[②]

　　鬲　鬲部："鬲，鼎屬，實五觳。斗二升曰觳。象腹交文，三足。凡鬲之屬皆从鬲。䰜，鬲或从瓦。䰞，《漢令》鬲，从瓦，厤聲。"

---

① 段玉裁《説文解字注》，第 53 頁。
② 黃綺《説文解字三索》上卷，河北教育出版社，1994 年，第 426 頁。

　　黄綺先生説："許慎引《漢令》，从瓦，當是漢時字。瓦鬲較金屬賤易，漢以後就興用瓦鬲了，《家語·致思》：'瓦鬲煮食。'"①鬲字先秦古文字、古文獻未見，出現於漢，爲漢篆，黄説可信。

　　遲　辵部："𨒈，徐行也。从辵，犀聲。《詩》曰：'行道遲遲。' 𣥜，遲或从尼。 𨒈，籀文遲，从屖。"

　　西周金文到漢印文字，遲一般作遲（如仲叔父簋、伯遲父鼎、《漢印徵》2·13）。秦漢簡帛、石刻等有時也寫作遲（如《孫臏兵法》315、禮器碑），是由遲省變而來的。字頭篆文遲的寫法漢以前未見，應是漢代出現的，魏上尊號奏曾承用。

　　梪　豆部："梪，木豆謂之梪。从木、豆。"

此引《爾雅》爲訓。《爾雅·釋器》："木豆謂之豆。"只作豆。《爾雅》一書，歐陽修認爲是"秦漢之間學者纂集説《詩》博士解詁之言"②而成，羅常培先生則説是漢代解釋六經訓詁的彙集。③ 可見它的成書年代下限在西漢。梪字不見於《爾雅》，説明編書時很可能還没有此字。從文物資料看，《武威漢簡·儀禮·士相見》1、郭勃碑、禮器碑有梪字。其中《武威漢簡》年代最早，屬西漢晚期，因此梪應是漢篆。需要説明的是，戰國楚地出土的文字中有一個從

---

①　黄綺《説文解字三索》上卷，第 447 頁。
②　歐陽修《詩本義》卷十。
③　羅常培《〈方言校箋及通檢〉序》，載周祖謨、吳曉鈴《方言校箋及通檢》，科學出版社，1956 年。

木从豆的字,一般用爲樹。它和漢代出現的表示木豆的專字不是一個字,它們應是同形字的關係。

上面所舉字例,不論是作爲字頭,還是作爲重文,都是明録漢篆。但也有另一種情況。晶部:",楊雄説,以爲古理官決罪,三日得其宜,乃行之。从晶,从宜。亡新以爲疊从三日太盛,改爲三田。"

張舜徽先生説:"許書大例,必先説每字本義而後引通人説以廣異聞。此篆獨無本義,徑引揚説以釋之。然則許君於此字,亦闕所不知矣。"[1]揚雄死於公元 18 年,王莽死於公元 23 年,因此"亡新以爲疊从三日太盛,改爲三田"應是許慎的話。許慎在這裏給我們傳達了兩個信息:一、新莽對疊字構形的理解與揚雄不同,揚雄認爲"三日"是三天,新莽認爲是三個太陽;二、新莽認爲"三日"太厲害,改爲三田,新造異體疊。漢篆有(《漢印徵》7·6),用爲人名。這種寫法後爲晉張朗碑所繼承。可以證明許慎的話是有根據的。那麽"亡新以爲疊从三日太盛,改爲三田"實際上爲我們暗録了一個漢篆。可見《説文》收録漢篆的方式是很靈活的。

---

① 張舜徽《説文解字約注》卷十三,第 34 頁。

第三章　《説文》所收小篆異體

一、表現形式

據《説文·敘》,全書收録重文 1 163 個,明注古文和籀文的有七百多,其餘大體上是小篆。這些小篆附著在字頭後面,有時説解特別指出它是篆文,那麼,字頭便是古文或籀文。

　　宋審　采部:"宀……宀,篆文宋,从番。"
　　躲射　矢部:"躲……射,篆文躲,从寸。寸,法度也,亦手也。"
　　㐭亶　㐭部:"㐭……亶,篆文㐭。"
　　韋韋　㐭部:"韋……韋,篆文韋。"
　　饡饞　餌部:"饡……饞,篆文,省。"
　　内蹂　内部:"内……蹂,篆文,从足,柔聲。"

這些重文由於字頭不是篆文,不能稱之爲小篆異體。
《説文》所收小篆異體主要有以下幾種表現形式:

（一）用“或”

有“或”“或从某”“或从某，从某”“或省”“或从某省”等具體形
式。如：

　　瓊 璚、璂、琁　玉部：“璚，瓊或从矞。 璂，瓊或从
巂。 琁，瓊或从旋省。”
　　球 璆　玉部：“璆，球或从翏。”
　　壻 婿　士部：“婿，壻或从女。”
　　蓟 莶　艸部：“莶，蓟或从炎。”
　　菩 荇　艸部：“荇，菩或从行。”
　　哲 悊　口部：“悊，哲或从心。”
　　吟 訡、誇　口部：“訡，吟或从音。 誇，或从言。”
　　延 徎　辵部：“徎，延或从彳。”
　　退 徂　辵部：“徂，退或从彳。”
　　远 踄　辵部：“踄，远或从足，从更。”
　　徯 蹊　彳部：“蹊，徯或从足。”
　　跟 䟦　足部：“䟦，跟或从止。”
　　覍 弁　兒部：“弁，或覍字。”
　　囂 㗊　朤部：“㗊，囂或省。”

王筠説：“《説文》之有或體也，亦謂一字殊形而已。”[①]

___

① 王筠《説文釋例》，武漢古籍書店影印，1983 年，第 224 頁。

(二) 用"俗"

誐 諡   言部:"諡 ,俗誐,从忘。"
觵 觥   角部:"觥 ,俗觵,从光。"
𩡧 𩢲   马部:"𩢲 ,俗𩡧,从肉今。"
鼒 鎡   鼎部:"鎡 ,俗鼒,从金,从兹。"
枝 豉   末部:"豉 ,俗枝,从豆。"
居 踞   尸部:"踞 ,俗居,从足。"
先 簪   先部:"簪 ,俗先,从竹,从朁。"
歒 嗽   欠部:"嗽 ,俗歒,从口,从就。"
冰 凝   仌部:"凝 ,俗冰,从疑。"
肩 肩   肉部:"肩 ,俗肩,从户。"

姚孝遂先生指出:"俗體則是同一時期的不同形體。"[1]

(三) 引通人説

茮 茮   艸部:"茮 ,杜林説茮从多。"

杜林(? —47),杜鄴之子,師從其父學文字學,著有《蒼頡訓纂》《蒼頡故》。

---

①   姚孝遂《許慎與〈説文解字〉》,中華書局,1983 年,第 18 頁。

茵 鞇　艸部："鞇，司馬相如説茵从革。"

菠 蘧　艸部："蘧，司馬相如説菠从遽。"

鶠 鶠　鳥部："鶠……鶠，司馬相如説从妟聲。"

蠁 蛕　虫部："蛕，司馬相如：蠁从向。"

蟠 蠥　虫部："蠥，司馬相如説蟠从复。"

司馬相如(前 179—前 117)，西漢文學家、文字學家，著有《子虛賦》《上林賦》和《凡將篇》等。

舛 踳　舛部："踳，楊雄説舛从足春。"

肺 窒　肉部："肺，楊雄説窒从夰。"

楊雄(前 53—18 年)，即揚雄，少時博覽群書，晚年潛心治學，著有《訓纂篇》《方言》等著作。

嗥 獋　口部："獋，譚長説嗥从犬。"

段注："《公羊春秋經》：'趙盾試其君夷獋。'"[1]

(四) 引文獻資料

據吳玉搢《説文引經考》統計，《説文》全書引經 1 112 條，若加

---

[1] 段玉裁《説文解字注》，上海古籍出版社，1981 年，第 61 頁。

《左傳》昭公元年："天有六氣。"杜預注："謂陰陽、風雨、晦明也。"在古人的觀念裏，氣可以涵蓋雨。

士部：壻 𤲶（从士，胥聲）和婿 𪕌（从女，胥聲）

壻，丈夫。《左傳》文公十二年："趙有側室曰穿，晉君之壻也。"壻，爲男子，从士；爲"女之夫"，故从女。

屮部：芬 𡴎（从屮，从分，分亦聲）和芬 𦬇（从艸，从分，分亦聲）

屮和艸字形和意義都有聯繫，从艸的字常常省作屮。

艸部：蔦 𧁻（从艸，鳥聲）和樢 𣗏（从木，鳥聲）

《詩經·小雅·頍弁》："蔦與女蘿，施于松柏。"毛傳："蔦，寄生也。"《經典釋文》："蔦，寄生草也。"艸和木均爲陸地上生長的植物，類別相同，意義相近，古文字中常通用。

艸部：菹 𧆃（从艸，沮聲）和菹 𥁁（从皿，沮聲）

菹是醃菜。朱駿聲《説文通訓定聲》："此酢菜之名，細切者曰齏，全物若腜者曰菹，亦曰菹。"艸部："菜，艸之可食者。"菜包含在艸中，故菹从艸。又醃菜往往借助器皿，故或从皿。

艸部：茵茵（从艸，因聲）和鞇鞇（从革，因聲）

茵是車上的墊褥，或用艸編，或用革作。

口部：唾唾（从口，垂聲）和涶涶（从水，垂聲）

唾，口水，从口，或从水。

口部：哲哲（从口，折聲）和悊悊（从心，折聲）

哲，明智，聰明。古人認爲聰明和口辯有關係，如《史記·淮
南衡山列傳》：“有女陵，慧有口辯。”《晉書·華譚傳》：“好學不倦，
爽慧有口辯。”聰明與“心”之間的關係，如恖、慧从心，更爲大家所
熟知。

口部：嘖嘖（从口，責聲）和讀讀（从言，責聲）

嘖，大呼。可从口，也可从言。言从口作，意義與口有密切關
係，所以兩個偏旁常相通用。

口部：吟吟（从口，今聲）和䪩䪩（从音，今聲）、訡
訡（从言，今聲）

吟，呻吟。呻吟時從口裏發出聲音，故从口，从音，从言。

口部：嗥嗥（从口，皋聲）和獋獋（从犬，皋聲）

嗥，本義指野獸叫。《左傳》襄公十四年："狐狸所居，豺狼所嗥。"古代並不爲所有的獸類造象形專字，許多獸名包括獸字本身都从犬作，因爲犬在某種程度上成了獸類的代表。

口部：呦呦（从口，幼聲）和欨欨（从欠，幼聲）

呦，鹿鳴。鹿鳴必張口出气，故从口，或从欠，象張口出气之形。

辵部：徂徂（从辵，且聲）和徂祖（从彳，且聲）
辵部：延延（从辵，正聲）和征祉（从彳，正聲）
辵部：返頒（从辵，从反，反亦聲）和彶很（从彳，从反，反亦聲）

徂，往也；延，出征；返，返回，都跟走路有關。他們的異體都从彳作，彳和辵形體上有一定聯繫，意義都與走路有關。

辵部：遴遴（从辵，舜聲）和僯僯（从人，舜聲）

遴和僯都是舜的分化字，本象人行路艱難，後因字形訛變，字義不顯，在原字上加辵或人。①

————————————

① 參看本書第七章第二節對舜的考釋。

　　辵部：徯徯（从彳，奚聲）和蹊蹊（从足，奚聲）

徯，等待。等待往往要停下腳步，故字从彳，或从足。

　　足部：跟跟（从足，艮聲）和趾趾（从止，艮聲）

跟，腳後跟，故从足。止爲腳趾，與足是整體和部分的關係，作爲偏旁，古文字常通用。

　　足部：躧躧（从足，麗聲）和鞭鞭（从革，麗聲）

躧是舞鞋，故从足，鞋以革作，或从革。

　　龠部：籭籭（从龠，虒聲）和籭籭（从竹，虒聲）

龠是一種竹管編成的樂器。籭是橫吹的管樂器，與龠相類，故从龠。又以其常用竹管做成，又从竹。

　　言部：諎諎（从言，昔聲）和唶唶（从口，昔聲）
　　言部：詠詠（从言，永聲）和咏咏（从口，永聲）

諎，大聲；詠，念誦，歌唱，意義與言與口都有關係。

　　言部：訝訝（从言，牙聲）和迓迓（从辵，牙聲）

訝,相迎。相迎要走出去,故从辵;要問候,寒暄,故从言。

言部：詻 (从言,字聲)和悖 (从心,字聲)

和謬、誤一樣,詻从言,表示錯誤;荒謬,和惑一樣,或从心,表示惑亂、糊塗。

革部：鞪 (从革,軍聲)和鞪 (从韋,軍聲)

鞪,攻皮治鼓工。鞪的職責是把帶毛的獸皮去毛製成革,再把革加工成熟皮(韋)蒙覆到鼓上,故字从革,或从韋。

革部：鞀 (从革,召聲)和鼗 (从鼓,兆聲)

鞀,有柄的小鼓。爲鼓類,故从鼓;或以革蒙覆,故从革。

又部：叔 (从又,尗聲)和村 (从寸,尗聲)

叔,拾取。从又,表示動作。古文字形符又、寸往往通用,故叔或从寸。

(五) 同爲形聲,聲符不同

示部：祀 (从示,巳聲)和禩 (从示,異聲)

巳,之部邪母;異,職部喻母。

示部:祀 祀(从示,彭聲)和祊 祊(从示,方聲)

彭,陽部滂母;方,陽部幫母。

玉部:球 球(从玉,求聲)和璆 璆(从玉,翏聲)

求,幽部群母;翏,幽部來母。

玉部:璂 璂(从玉,綦聲)和璂 璂(从玉,基聲)

綦,之部群母;基,之部見母。

玉部:璊 璊(从玉,㒼聲)和玧 玧(从玉,允聲)

㒼,元部明母;允,文部喻母。

玉部:琨 琨(从玉,昆聲)和瓘 瓘(从玉,貫聲)

昆,文部見母;貫,元部見母。

艸部:蕙 蕙(从艸,憲聲)和薆 薆(从艸,煖聲)

憲,元部曉母;煖,元部泥母。

艸部:营 (从艸,宮聲)和芎 (从艸,弓聲)

宮,冬部見母;弓,蒸部見母。

艸部:蕾 (从艸,魯聲)和藺 (从艸,鹵聲)

魯、鹵,魚部來母。

艸部:菠 (从艸,淩聲)和蓮 (从艸,遴聲)

淩,蒸部來母;遴,真部來母。

艸部:芰 (从艸,支聲)和莎 (从艸,多聲)

支,支部章母;多,歌部端母。

艸部:菩 (从艸,杏聲)和荇 (从艸,行聲)

杏、行,陽部匣母。

艸部:蔝 (从艸,橑聲)和藔 (从艸,遼聲)

憭、潦,宵部來母。

口部:噍 (从口,焦聲)和嚼 (从口,爵聲)

焦,宵部精母;爵,藥部精母。

口部:喟 (从口,胃聲)和嘳 (从口,貴聲)

胃,物部匣母;貴,物部見母。

齒部:齰 (从齒,昔聲)和齚 (从齒,乍聲)

昔,鐸部心母;乍,鐸部崇母。

足部:蹶 (从足,厥聲)和蹷 (从足,闕聲)

厥,月部見母;闕,月部溪母。

足部:跀 (从足,月聲)和跐 (从足,兀聲)

月,月部疑母;兀,物部疑母。

舌部:舓 (从舌,易聲)和舐 (从舌,也聲)

易，錫部喻母；也，魚部喻母。

　　言部：誨𧮖（从言，匋聲）和詗𧮖（从言，包聲）

匋，幽部定母；包，幽部幫母。

　　言部：譀𧮖（从言，敢聲）和諓𧮖（从言，忘聲）

敢，談部見母；忘，陽部明母。

　　言部：詾𧮖（从言，匈聲）和詨𧮖（从言，凶聲）

匈、凶，東部曉母。

　　言部：訴𧮖（从言，斥聲）和謞𧮖（从言，朔聲）

斥，鐸部昌母；朔，鐸部生母。

　　言部：讕𧮖（从言，闌聲）和諫𧮖（从言，閒聲）

闌，元部來母；閒，元部見母。

　　言部：詬𧮖（从言，后聲）和詢𧮖（从言，句聲）

后,侯部匣母;句,侯部見母。

(六) 同爲形聲,聲符爲繁省或包容關係

　　示部:禱 禱(从示,壽聲)和祠 祠(从示,壽省聲)
　　艸部:薟 薟(从艸,僉聲)和蘞 蘞(从艸,斂聲)

斂从僉聲。

　　艸部:荊 荊(从艸,剡聲)和葵 葵(从艸,炎聲)

剡从炎聲。

　　艸部:蔎 蔎(从艸,臤聲)和堅 堅(从艸,堅聲)

堅从臤聲。

　　艸部:蘄 蘄(从艸,斬聲)和蘽 蘽(从艸,槧聲)

槧从斬聲。

　　艸部:蒸 蒸(从艸,烝聲)和菜 菜(从艸,烝省聲)
　　口部:嘒 嘒(从口,彗聲)和嚖 嚖(从口,慧聲)

慧从彗省聲。

辵部：邁（从辵，蠆省聲）和⿺辶蠆（从辵，蠆聲）
言部：讇（从言，閻聲）和諂（从言，閻省聲）
言部：詾（从言，匈聲）和訩（从言，匈省聲）
言部：詘（从言，出聲）和誳（从言，屈聲）

屈从出聲。

言部：讄（从言，纍省聲）和⿰言纍（从言，纍聲）
竹部：籱（从竹，靃聲）和籗（从竹，靃省聲）
木部：梓（从木，宰省聲）和榟（从木，宰聲）

（七）同爲形聲，形符聲符都不同

示部：禂（从示，周聲）和⿰馬𠷎（从馬，壽省聲）

禂，爲牲畜，特别是爲祈求馬的肥壯而舉行的祭祀。和祭祀有關，从示；和馬有關，或从馬。周，幽部章母；壽，幽部禪母。

玉部：玭（从玉，比聲）和蠙（从虫，賓聲）

玭，本是蚌名，用以表示珠名；蚌被視爲虫類，故或从虫。比，脂部幫母；賓，真部幫母。

　　　艸部：菔 𦶸（从艸，肥聲）和蘪 𪎭（从麻，賁聲）

　　菔，麻實。屬草類，从艸；與麻有關，或从麻。

　　　口部：吻 𠼦（从口，勿聲）和脗 𦚢（从肉，昏聲）

　　吻，嘴唇。肉質，从肉。勿，物部明母；昏，文部曉母。

　　　辵部：迹 𧗟（从辵，亦聲）和蹟 𧖟（从足，賁聲）

　　迹，腳印，故或从辵从足。亦，鐸部喻母；賁，錫部莊母。

　　　辵部：逶 𧗟（从辵，委聲）和蟡 𧖟（从虫，爲聲）

　　逶，逶迤邪去之貌。从辵，表示與足的動作有關；从虫，表示
逶迤之狀。委，微部影母；爲，歌部匣母。

　　　辵部：逃 𧗟（从辵，兆聲）和雚 𧖟（从兆，雚聲）

　　逃，逃逸。與足的動作有關，故从辵；或从兆，兆當爲逃之本
字。根據最新研究，甲骨文用肩胛骨上有卜紋的 𧖟（《鐵》2・7・
3）表示兆。也就是説卜兆的兆本只作 𧖟 形。後來用兆字表示卜

兆屬於假借。兆大約來源於兆（逃）。[①]　兆（逃）甲骨文作 ⚋⚋（《懷》1648），秦簡作 兆（睡虎地秦簡《日書乙種》169），象兩人相背，遇水而逃之形。楚文字中兆所從兩人訛作兩止，過去多以爲涉，是錯誤的。文獻中兆就有用爲逃的。如《莊子·天下》："以天爲宗，以德爲本，以道爲門，兆於變化，謂之聖人。"陸德明釋文謂"兆，本或作逃"，反而把兩字的關係搞顛倒了。《廣雅·釋詁》："兆，避也。"糶字所從兆應該來源於兆（逃），作形符。官、蘿，聲符，元部見母字。

　　辵部：远 訹（从辵，亢聲）和踁 𨀁（从足，更聲）

　　远，獸迹，故从辵或从足。亢、更，陽部見母。

　　言部：訴 訵（从言，斥省聲）和愬 𢛬（从心，朔聲）

　　訴，訴説，从言；言爲心聲，或从心。斥，鐸部昌母；朔，鐸部生母。

(八) 結構方法不同

1. 一爲象形，一爲形聲

　　谷部：谷 𠔂（从口，上象其理）和膔 臄（从肉，虖聲）

① 沈培《從西周金文"姚"字的寫法看楚文字"兆"字的來源》，武漢大學簡帛網，2007 年 4 月 21 日；季旭昇《説文新證》，福建人民出版社，2010 年，第 252—256 頁。

臚爲肉質,故从肉。

　　鬲部：鬲 🔲 (象腹交文,三足) 和鬵 🔲 (从瓦,麻聲)

鬵或爲瓦質,故从瓦。

2. 一爲會意,一爲形聲

　　珏部：珏 🔲 (二玉相合爲一珏) 和瑴 🔲 (从玉,殻聲)
　　行部：衒 🔲 (从行,从言) 和衒 🔲 (从行,玄聲)

衒,沿街叫賣,故从行从言。

　　目部：看 🔲 (从手下目) 和䀮 🔲 (从目,臥聲)

看,把手放在目上,是該動作形象的寫照。

　　羴部：羴 🔲 (从三羊) 和羶 🔲 (从羊,亶聲)

羴,从三羊會意,表示羊的气味;或从羊,亶聲。

(九) 縱向比較

從縱向看,字頭篆文和小篆異體有的是本字與增累字的關係。如:

又部：彗 ![彗] (从又持牲)和篲 ![篲] (或从竹)

彗，掃帚，原爲會意字，象以手持掃帚之形，後本義不顯，加竹旁，突出它的質地。

廾部：巩 ![巩] (从廾，工聲)和拲 ![拲] (或加手)

巩爲形聲字，形符字義不顯，後在原字上加手旁。

奴部：叡 ![叡] (从奴，从谷)和壑 ![壑] (或从土)

奴，殘穿也。叡从奴从谷，會溝壑之意。後加土旁。

兮部：智 ![智] (从兮，旬聲)和惸 ![惸] (或从心)

智訓驚辭，與心有關，後加心旁。

有的是本字與省體的關係。如：

晶部：曑 ![曑] (从晶，生聲)和星 ![星] (或省)

星，省略部分形符。

髟部：鬃 ![鬃] (从髟，秏聲)和髦 ![髦] (或省)

髟,省略聲符的一部分。

心部：懋 🈷（从心,楸聲）和悉 🈷（或省）

悉,省略聲符的一部分。

有的是本字與變體的關係。如：

我部：義 🈷（从我羊）和羛 🈷（从弗）

義字下部的弗字,是我字連筆訛變而來的。訛變軌迹如下：

🈷（牆盤）—🈷（秦公及王姬鐘）—🈷（戰國縱橫家書）—🈷（《説文》小篆異體）

水部：沙 🈷（从水,从少）和沙 🈷（或从尐）

沙字,師旂簋作🈷,象水中有沙子之形。爲了字勢的需要,右半下面一筆左曳,成爲沙字,但偶然也右曳,如“長沙都水”的🈷（《漢印徵》11·9）。後一種寫法因不太合乎手寫習慣,行用不如前一種廣泛。

糸部：綳 🈷（从糸,畀聲）和綦 🈷（或从其）

綳字,《睡虎地秦簡》48·62作🈷,和綳結構相同,但熹平石經《詩經》作🈷,和綦結構相同。秦漢時代畀、其形近,所以綳的異體訛變爲絫。

三、字頭篆文與小篆異體的出現先後

一部分字頭篆文比篆文異體出現得早，一部分比篆文異體出現得晚。前者比較典型的有三類，一類是本字與增累字的關係，如鬲作甂、巩作𢀜（丮部）、𦤶作簪（又部）、囱作窗（囱部）、它作蛇（它部）、圭作珪（圭部）、匟作篋（匚部）、匡作筐（匚部）等；一類是本字與省體的關係，如曐作星（晶部）、髳作髦（髟部）、戀作忞（心部）等；一類是本字與變體的關係，如義作羛（我部）、沙作沚（水部）、緢作綦（糸部）等。應該說，大多數字頭篆文比篆文異體出現得早。比篆文異體出現晚的例子只是其中的一小部分。如：

达 達 辵部："𨔶，行不相遇也。从辵，𡄩聲。《詩》曰：挑兮達兮。𧺡，達或从大。或曰迭。"

达，甲骨文作 𧺡（《存》2012），達則始見於金文如牆盤、師袁簋、保子達簋等，寫作 𨔶，从 土，小篆 𨔶 从大是根據秦漢時代的訛體（如銀雀山漢簡《孫臏兵法》48）改造而來的。

㿒 齵 牙部："𦘺，齒蠹也。从牙，禹聲。齵，㿒或从齒。"

齲，甲骨文作⬚（《鄴》3・35・2），象齒内有蠹蟲之形，孳乳爲齲。[1] 牙字始見於西周，齲則更爲晚出。

　　闢 闢　門部："闢，開也。从門，辟聲。⬚，《虞書》曰：辟四門。从門，从収。"

　　闢是會意字，象兩手開門之形。西周、東周時的金文（如孟鼎、彔伯簋、伯闢簋）都這麽寫，是闢的本字。闢是形聲字，出現在闢之後。

　　歺 朽　歺部："⬚，腐也。从歺，丂聲。⬚，歺或从木。"

　　西周⬚鼎已有朽字，而歺字始見於《睡虎地秦簡》24・22。

　　雛 隼　鳥部："⬚，祝鳩也。从鳥，隹聲。⬚，雛或从隹、一。一曰鶉字。"

　　隼字，古璽作⬚（《古璽彙編》3846）、⬚（《古璽彙編》3693），馬王堆漢墓帛書《老子甲本》63 作⬚，是在隹的豎筆上加點而來的。雛則是形聲字，出現在隼之後。

---

[1]　參看聞一多《聞一多先生全集》第二卷，上海開明書店，1948 年，第 557 頁；楊樹達《楊樹達文集》之五，上海古籍出版社，1986 年，第 17—18 頁。

四、字頭篆文與小篆異體在
秦漢時代的出現頻率

　　從出土的秦漢文字資料看，大多數字頭篆文比篆文異體出現頻率高。這類例子如祀和禩（示部）、球和璆（玉部）、玩和貦（玉部）、氛和雰（气部）、鬲和䰜（鬲部）等。比篆文異體出現頻率低的只是其中的一小部分。譬如：

　　　𤰞　𤔲　舁部：“𤰞，升高也。从舁，囟聲。𤔲，𤰞或从卪。”

　　很少見𤰞字行用，但睡虎地、龍崗秦簡中有許多𤔲字，多用爲遷。

　　　処　處　几部：“𠘯，止也。得几而止。从几，从夂。𤔲，處或从虍聲。”

　　秦漢出土文字中多數作處，少量作処。

　　　阱　窫　井部：“𨹟，陷也。从𨸏，从井，井亦聲。𤲒，阱或从穴。”

阜陽漢簡《蒼頡篇》13 作阱,與《説文》字頭篆文結構同,但秦漢出土文字資料大多作穽。

芬 芬 中部:"[篆],艸初生,其香分布。从屮,从分,分亦聲。[篆],芬或从艸。"

從秦漢簡帛文字和石刻文字看,芬多作芬。

訟 誘 厶部:"[篆],相訹呼也。从厶,从羑。[篆],或从言、秀……"

秦漢時代訟多作誘,如《睡虎地秦簡》10·1,長沙出土西漢印(《甲金篆隸大字典》第 637 頁)等。

耏 耐 而部:"[篆],罪不至髡也。从而,从彡。[篆],或从寸。諸法度字从寸。"

龍崗秦簡都作耐,如"耐爲隸臣妾""盜徙封,侵食塚廟,贖耐""人主弗得,皆贖耐"等。睡虎地秦簡也都寫作耐。

五、字頭篆文與小篆異體在後世的行用狀況

從後世的情況看,《説文》所收字頭篆文大多還在行用,它們

的異體也是如此。但是有一些字頭篆文後世不用了，如舁（舁
部）、冂（冂部）、盟（血部）、先（先部）、肩（肉部），而篆文異體卻在
行用，如𦥑（舁部）、坰（冂部）、朦（血部）、簪（先部）、肩（肉部）；有
一些篆文異體後來不用了，如螽（蚰部）、𦃃（系部）、綷（糸部）、繽
（糸部），而字頭篆文仍在使用，如蠱（蚰部）、系（系部）、紵（糸部）、
緃（糸部）。

六、《説文》對小篆異體的處理

從大量的實例看，《説文》對小篆異體的處理有兩個基本的趨
向，一是把出現較晚的寫法處理爲異體，一是把使用頻率較低的寫法
處理爲異體。但執行的並不嚴格，時有例外，可參看本章第三、四節。

《説文》對小篆異體處理上一個比較大的失誤是把異體處理
爲另一個字。如：

蕾 蓸　艸部："蕾，蓸也。从艸，富聲。"
　　　　艸部："蓸，蕾也。从艸，畐聲。"

朱駿聲曰："（蕾）即蓸之或體，方言稱謂微異耳。"[1]張舜徽先
生説："蕾从富聲，富仍从畐聲，故蕾蓸實即一字。徒以二體並行

① 朱駿聲《説文通訓定聲》，武漢古籍書店影印，1983 年，第 224 頁。

甚早,故兼存不廢。"①

　　蒹 廉　　艸部:",蘿之未秀者。从艸,兼聲。"
　　　　　　艸部:",蒹也。从艸,廉聲。"

　　馬敍倫《説文解字六書疏證》:"廉从艸廉聲,廉亦从兼得聲也,當爲兼之重文。"張舜徽先生説:"禾部稴下云'讀若風廉之廉'。《玉篇》水部溓下有重文濂,皆可證廉爲兼之或體,馬説是也。"②

　　茦 莿　　艸部:",莿也。从艸,束聲。"
　　　　　　艸部:",茦也。从艸,刺聲。"

　　張舜徽先生説:"茦、刺皆束之後起增偏旁體,莿又其疊增體耳,實一字也。"③

　　疌 疌　　止部:",疾也。从止,从又。又,手也。
　　　　　　屮聲。"
　　　　　　止部:",機下足所履者。从止,从又,
　　　　　　入聲。"

　　戴侗《六書故》:"疌、疌實一字。織者足躡於下,手應於上,務

_____

① 張舜徽《説文解字約注》卷二,河南人民出版社,1983 年,第 25 頁。
② 張舜徽《説文解字約注》卷二,第 37 頁。
③ 張舜徽《説文解字約注》卷二,第 31 頁。

於敏疌，旁趨取疾，因謂之疌。戰勝因謂之疌，今作捷。中於聲不
諧，乃人之訛。"戴氏從許説認爲中、𠆢爲捷之聲符，未必妥當，然
謂疌、疌一字，是正確的。

往、迬　彳部："𢓸，之也。从彳，坒聲。"
辵部："𨕙，往也。从辵，王聲。《春秋傳》
曰：子無我迬。"

馬敍倫《説文解字六書疏證》："迬、往一字。"迬與往意義相
同，字形一从辵，一从彳，古文字中經常通用，馬説可從。

鼓、鼓　壴部："𫓧，郭也。春分之音。萬物郭皮甲
而出，故謂之鼓。从壴。支象其手擊之也。
《周禮》六鼓：靁鼓八面，靈鼓六面，路鼓四
面，鼖鼓、皋鼓、晉鼓皆兩面。"
攴部："𣀩，擊鼓也。从攴，从壴，壴亦聲。"

古文字中鼓作𮜿（《京都》1839），也作𣀩（瘯鐘），从攴、从支
用法無別，實爲一字，《説文》誤分爲二。

朢、望　壬部："𦣝，月滿。與日相朢，以朝君也。从
月，从臣，从壬。壬，朝廷也。𦣞，古文
朢，省。"[1]

―――――――――

[1]　"以朝君也"的"以"，段玉裁依《韻會》改爲"似"。詳見段玉裁《説文解字注》，第387頁。

亡部:"望,出亡在外,望其還也。从亡,朢
省聲。"

金文中朢多用爲月望。一般作 (智鼎),訛變爲 (師朢鼎)、 (無叀鼎),可見朢、望本爲一字,《説文》誤分。

第四章 《説文》小篆與《説文》未收的小篆異體

前文已經談到,《説文》一書收重文 1 163 個,除了明注古文(510 個)和籀文(223 個)的以外,剩下的基本上是小篆的異體。那麼,這是不是意味著《説文》九千多個小篆實際上就只有四百多個篆文異體呢? 事實顯然並非如此。

一、《説文》未收的小篆異體

《説文》所收並不是小篆字彙的全部,它不僅漏收了一些字頭篆字,也未收大量的小篆異體。現就筆者所見,將《説文》未收的小篆異體輯録如下:

安 宋 宀部:"宋,静也。从女在宀下。"

　　早期古文字中,安主要有兩種寫法,彧鼎作〔安〕,石鼓文作〔安〕。《説文》小篆〔安〕,與彧簋、定縣竹簡 37、陽泉熏爐結構相同,當是可靠的篆形。秦詔權作〔安〕,阜陽漢簡《蒼頡篇》37 按所从作〔安〕,這種寫法上承石鼓文,行用很廣,是安的另一種篆形。

　　復〔篆〕　夊部:"〔篆〕,行故道也。从夊,畗省聲。"

　　《説文》中从復得聲的字有兩種寫法,一種作〔篆〕,如蝮、鰒;一種作〔篆〕,如腹、復、複。因此復應有一種異體作〔篆〕。

　　復〔篆〕　彳部:"〔篆〕,往來也。从彳,復聲。"

　　戰國詛楚文作〔篆〕,與《説文》有別,龍崗秦簡〔篆〕(龍 8)、〔篆〕(龍 213)與《説文》小篆相合。而繹山碑作〔篆〕,《睡虎地秦簡》24‧33 作〔篆〕,表明復字小篆還有另外一個寫法。

　　動〔篆〕　力部:"〔篆〕,作也。从力,重聲。〔篆〕,古文動,从辵。"

　　此字馬王堆漢墓帛書《老子甲本卷後古佚書》231 作〔篆〕,《漢印徵》13‧15 作〔篆〕,从重,與《説文》小篆同。繹山碑作〔篆〕,馬王堆漢墓帛書《老子甲本》12 作〔篆〕,表明篆文動有一種从童的寫法。

　　亂〔篆〕　乙部:"〔篆〕,治也。从乙,乙,治之也。从𤔔。"

康 𪎩   禾部：“𪎩，穀皮也。从禾，从米，庚聲。
𥞆，穅或省。”

石鼓文作 𪎩（承甲骨金文而來），繹山碑作 𪎩，馬王堆漢墓帛
書《老子乙本卷前古佚書》32 上作 𥞆。這些例子表明，小篆康應
有一種寫法作 𪎩，它比从米的寫法更早一些。

宜 宜   宀部：“宜，所安也。从宀之下，一之上，多
省聲。𠣪，古文宜。宜，亦古文宜。”

《説文》小篆宜和戰國中晚期某些古文、秦陶文、秦漢早期簡
帛文字寫法相似，是一種簡省的形式。而泰山刻石作 宜，是小篆
宜的另一種寫法。

高 高   高部：“高，崇也。象臺觀高之形。从冖、
口，與倉舍同意。凡高之屬皆从高。”

《説文》小篆高與漢中宮雁足鐙的 高，定縣竹簡 33 的 高 結
構相同，這表明《説文》所收篆文在成書之前就已存在。此外，高
又作 高（繹山碑）、高（《睡虎地秦簡》12·51），秦漢時代使用頻率
很高。它與春秋金文秦公簋 高 結構同，是上承早期金文而來的古
形。這一寫法《説文》失收。

鄗 鄗   邑部：“鄗，常山縣。世祖所即位，今爲高

邑。从邑,高聲。"

《説文》篆文與定縣竹簡 63 高阝 結構同。馬王堆漢墓帛書《戰國縱橫家書》154 作鄗,表明篆文鄗應有一種異體作鄗。

稾 稾　禾部:"稾,稈也。从禾,高聲。"

《睡虎地秦簡》24・25 作稾,53・32 作稾,小篆稾應有一異體作稾。

縞 縞　糸部:"縞,鮮色也。从糸,高聲。"

《居延漢簡甲編》588 作縞,小篆縞當有異體作縞。

鎬 鎬　金部:"鎬,温器也。从金,高聲。武王所都,在長安西上林苑中,字亦如此。"

《説文》小篆的寫法與酈偏鼎鎬相同。阜陽漢簡《蒼頡篇》31 作鎬,表明小篆鎬有異體作鎬。

槀 槀　木部:"槀,木枯也。从木,高聲。"

馬王堆漢墓帛書《老子乙本》214 上作槀,小篆槀應有一種異體作槀。

蒿 蒿　艸部：“蒿，菣也。从艸，高聲。”

　　《說文》小篆蒿所從與中宮雁足鐙、定縣竹簡 33 的高結構相同，應爲可靠篆形。西周金文德方鼎蒿作蒿，馬王堆漢墓帛書《老子甲本卷後古佚書》440 作蒿，漢“翟蒿之印”（《漢印徵》1·18）作蒿，據此可知，小篆蒿應有一異體作蒿。

者 者　白部：“者，別事詞也。从白，㕚聲。㕚，古文旅也。”

　　早期金文多從口作。者在秦系文字中有兩種不同的寫法：詛楚文作者；泰山刻石作者，從曰作；兩詔橢量、廿六年詔版作者，從白作，與《說文》小篆同。

諸 諸　言部：“諸，辯也。从言，者聲。”

　　此字秦篆有兩種寫法：廿六年詔權或作諸，廿六年詔版或作諸。

箸 箸　竹部：“箸，飯攲也。从竹，者聲。”

　　詛楚文作箸，繹山碑作箸，皆從曰。小篆箸應有一異體作箸。

金 金　金部："金，五色金也。黃爲之長。久薶不生衣，百煉不輕，从革不違。西方之行。生於土。从土，左右注，象金在土中形。今聲。凡金之屬皆从金。金，古文金。"

《説文》小篆與早期金文有別，與早期簡帛文字結構同。而泰山刻石作金，上承早期金文，下啟隸楷，是小篆金的另一種寫法。

邦 邦　邑部："邦，國也。从邑，丰聲。邦，古文。"

此字繹山碑作邦。其中丰字的寫法承春秋戰國古文字而來，出現較早。而《説文》小篆邦所从丰第二筆拉平，與秦陶文（《秦代陶文》1211）及秦漢簡帛文字的寫法相似，應出現在邦字之後。

奉 奉　手部："奉，承也。从手，从収，丰聲。"

泰山刻石作奉，與《説文》小篆同。而繹山碑作奉。

并 并　从部："并，相從也。从从，开聲。一曰从持二爲并。"

此字泰山刻石作并，與《説文》同。秦詔權作并，是早於并的一種寫法。

致  夊部:",送詣也。从夊,从至。"

此字金文作(伯致尊)、(伯致簋),[①]秦印作,从人(後增累形),从至,本爲會意字。由簡而繁,演變軌迹十分明顯。在秦漢文字中,致的結構大多如秦印,只有少數作(《老子甲本》15),與《説文》小篆結構同。可見小篆致的常見寫法應是,而《説文》所收只是它的省體。

極  木部:",棟也。从木,亟聲。"

繹山碑作,馬王堆漢墓帛書《老子甲本》122 作,大衛無極鼎作,與《説文》小篆不同,是小篆極的另一種寫法。《説文》小篆極與杜氏鏡、華山廟碑等寫法相同,都从又作。

使  人部:",伶也。从人,吏聲。"

《説文》小篆與兩詔橢量的,馬王堆漢墓帛書《老子乙本卷前古佚書》6 下的寫法略同,都从一作。詛楚文作,大騩權作,兩詔橢量或作,表明小篆使的另一種寫法當作。

是  是部:",直也。从日、正。凡是之屬皆从是。,籀文是,从古文正。"

---

① 參看陳漢平《金文編訂補》,中國社會科學出版社,1993 年,第 134 頁。

《説文》小篆與信陽楚簡🔾、《睡虎地秦簡》24·28 🔾 結構同。而石鼓文作🔾，秦宗邑瓦書作🔾，這是小篆是的另一種寫法。

度 🔾 又部："🔾，法制也。从又，庶省聲。"

廿六年詔權作🔾，大騶權、元年詔版或作🔾，或作🔾。這表明小篆度另一種寫法作🔾。

疾 🔾 矢部："🔾，春饗所躲疾也。从人；从厂，象張布；矢在其下。天子躲熊、虎、豹，服猛也；諸侯躲熊、豕、虎；大夫射麋，麋，惑也；士射鹿、豕，爲田除害也。其祝曰：'毋若不宵疾，不朝于王所，故伉而躲汝也。'🔾，古文疾。"

《説文》小篆疾與秦詔權某些寫法同。而詛楚文作🔾，秦詔權多作🔾，表明小篆疾另一種寫法作🔾。

吏 🔾 一部："🔾，治人者也。从一，从史，史亦聲。"

《説文》小篆的寫法與馬王堆漢墓帛書《天文氣象雜占》1·3 的🔾，《居延漢簡甲編》2551 的🔾 寫法相類，从一作。秦公鐘作🔾，《睡虎地秦簡》23·2 作🔾，上从🔾。小篆吏當有另一種寫法作🔾。

大　介　大部："介，天大地大人亦大。故大象人形。古文大也。凡大之屬皆从大。"

《説文》小篆大與甲骨文、金文、石鼓文等寫法相同，淵源有自。而泰山刻石作介，新嘉量二作介，説明小篆大有另一種寫法作介。《説文》亣部以介爲籀文大，當係誤解。

因　圀　口部："圀，就也。从口、大。"

《説文》小篆寫法與中山王壺、《睡虎地秦簡》8・11、馬王堆漢墓帛書《春秋事語》34 等同。泰山刻石作圀、圀，是小篆因的另一種寫法。

天　币　一部："币，顛也。至高無上，从一、大。"

段注："至高無上，是其大無有二也，故从一、大。於六書爲會意。"在兩周金文中，天有天（番生簋）、天（頌簋）、天（洹子孟姜壺）三種寫法，他們分別用●、一、二指示頭頂所在的部位。《説文》所收币由天演變而來，其構形方法不是會意，而是指事。币在秦代以前和秦代以後都曾廣爲使用。春秋戰國之交的石鼓文、戰國時代的秦宗邑瓦書和詛楚文中多處出現天字，寫法與币相同。秦代的某些權量、瓦當和漢印上的寫法也與币屬於一路。這表明，《説文》小篆天源遠流長，是可靠的古文字字形。但是，小篆天還有一種異體作币，見於泰山刻石、會稽刻石、繹山刻石，以及部分秦代瓦當文字、權量文字等。在比較莊重的場合,如泰山刻石,天只作帀,在比較隨意的場合,則帀、帀並用。帀字最早見於秦代初年的李斯刻石,應當是秦初書同文的産物。

目 㠯 巳部:"㠯,用也。从反巳。賈侍中説:巳,意巳實也。象形。"

此字金文作己(頌簋),石鼓文作己,與《説文》小篆同。繹山碑作㠯,袁安碑作㠯,爲小篆目的另一種寫法。

丞 丞 収部:"丞,翊也。从廾,从卩,从山。山高,奉承之義。"

石鼓文作丞,二年寺工壺作丞,表明《説文》篆文丞淵源有自。卌年上郡守趞戈作丞,秦詔權作丞,秦陶量作丞,馬王堆一號漢墓封泥211、池陽宮行鐙等寫法相同。可見小篆丞應有一種異體作丞。

宣 宣 宀部:"宣,天子宣室也。从宀,回聲。"

此字虢季子白盤作宣,曾子仲宣鼎作宣,《説文》小篆的寫法和他們屬於一路,而略有省改。詛楚文作宣,泰山刻石作宣,表明小篆宣有一種異體作宣。

秋 秋　禾部：“秋，禾穀孰也。从禾，燻省聲。秋，籀文不省。”

此字秦陶文作秋（咸陽遺址瓦印文），與《說文》小篆結構同。《睡虎地秦簡》16·120 作秋，《說文》小篆萩所作从秋，說明小篆秋有一種異體作秋。

萩 萩　艸部：“萩，蕭也。从艸，秋聲。”

《說文》小篆萩所从秋與秦陶文（《秦代陶文》下編表 48）結構相同。此外，馬王堆漢墓帛書《養生方》88 作萩，漢“趙萩”印（《漢印徵》1·3）作萩，表明萩應有一個篆文異體作萩。

野 野　里部：“野，郊外也。从里，予聲。野，古文野。从里省，从林。”

《說文》小篆野與白石神君碑、《漢印徵》13·12 等結構相同。古璽文作野（《甲金篆隸大字典》第 54 頁），繹山碑作野，秦陶文作野（《秦代陶文》335），說明小篆野有一種異體作野。

逆 逆　辵部：“逆，迎也。从辵，屰聲。關東曰逆，關西曰迎。”

《說文》小篆逆承令簋和侯馬盟書中的某些寫法而來，聲符屰的中部作一横。而繹山碑作 䢔，逆字聲符中部作 凵，與鄂君啟節的某些寫法相同。此可以證明逆有一種篆文異體作 䢔。

同 同　冎部："同，合會也。从冎，从口。"

此字《説文》小篆的寫法與散盤 、古璽同（《古璽彙編》5335）所从 屬於一路，可謂淵源有自。除此之外，同還有另一種寫法作 。從甲骨文一直到西漢時代，這種寫法始終占主導地位。《説文》小篆同實際上是在 的基礎上演變來的，因此探討同的原始構形，必須以 爲依據。同應分析爲从凡从口。楊樹達先生説："按《説文》凡訓最括，引申有皆字之義，此與口字義會，且與咸僉皆諸文組織相似，其形是也。二篇上口部云：'咸，皆也，悉也。从口，从戌。戌，悉也。'凡口爲同，猶悉口爲咸也。五篇下亼部云：'合，亼口也。从亼口。'凡口爲同，猶亼口爲合也。又云：'僉，皆也。从亼，从吅，从从。'按吅从二口，从从二人，凡口爲同，猶二人二口亼合爲僉也。"[1]可從。

桐 桐　木部："桐，榮也。从木，同聲。"

此字《説文》小篆的寫法與古璽桐（《古璽彙編》5335）相似，應屬於一路。此外，桐還有另一種寫法，如鄝生盨作 ，古璽作 （《古璽彙編》3983），馬王堆漢墓帛書《老子乙本卷前古佚書》

① 楊樹達《積微居小學述林》卷三《釋同》，中華書局，1983 年，第 92 頁。

100 下作【字形】，所從同作【字形】，是比【字形】更早的寫法，在西漢以前，使用得比【字形】更爲普遍。

迥【字形】　辵部："【字形】，迥逮也。從辵，同聲。"

銀雀山漢簡《尉繚子》527 作【字形】，與《説文》小篆結構同。參照上舉桐字看，《説文》小篆迥字的寫法應有所本。迥字篆文另一種寫法作【字形】，古璽作【字形】（《古璽彙編》0335），馬王堆漢墓帛書《老子乙本卷前古佚書》91 下作【字形】，可證。

顏【字形】　頁部："【字形】，眉目之間也。從頁，彥聲。【字形】，籀文。"

此字《説文》小篆的寫法與《睡虎地秦簡》36・74、《漢印徵》9・1 的顏結構略同，應有所本。除此之外篆文顏還有另一種寫法作【字形】，馬王堆漢墓帛書《老子甲本卷後古佚書》190、315 以及漢印中的絕大多數顏都寫作從頁產聲，就是很好的證明。

福【字形】　示部："【字形】，祐也。從示，畐聲。"

此字《説文》小篆的寫法和《睡虎地秦簡》13・66 的【字形】、《漢印徵》1・2 的【字形】結構相同。此外，小篆福還有另一種寫法作【字形】。這種寫法承西周金文而來，春秋以後一直成爲秦系文字的主流。如秦公鐘作【字形】，漢中宮雁足鐙作【字形】，《漢印徵》1・2 作【字形】。

神 神、禟 示部:"禟,天神,引出萬物者也。从示、申。"

此字《説文》小篆的寫法與戰國時代行氣玉銘基本相同,再參照西周金文中的神字看,可以確認此字形必有所本。此外,神還有一種篆文異體作神,如睡虎地秦簡《日書甲種》3作示申、角王巨虚鏡作神、《漢印徵》1·3作禋。這種寫法在秦漢時代占多數。詛楚文神字作禟,上承西周金文而來。魏謝神君神道闕、楊震碑承之。可見,小篆神還應有異體作禟、神。

祭 祭 示部:"祭,祭祀也。从示,以手持肉。"

《説文》所收小篆祭承西周金文而來,並行用於戰國秦漢時期,應是可靠的篆形。此外,睡虎地秦簡《日書乙種》155祭作祭,《漢印徵》1·3作祭,這種寫法和義楚鐉、楚帛書相類,表明小篆祭有一種異體作祭。

蔡 蔡 艸部:"蔡,艸也。从艸,祭聲。"

《説文》小篆蔡與"蔡勳"印、"蔡柱私印"(《漢印徵》1·16)蔡字結構同,應爲可信的篆文。戰國古璽蔡作蔡(《甲金篆隸大字典》第42頁),睡虎地秦簡《編年紀》33作蔡,漢"蔡少卿印"(《漢印徵》1·16)作蔡,表明小篆蔡應有一異體作蔡。

章　𩇔　音部："𩇔，樂竟爲一章。从音，从十。十，數之終也。"

《説文》小篆章與石鼓文𩇔結構相同，應爲可靠篆形。而西周金文頌簋章作𩇔，詛楚文作𩇔，《漢印徵》3·10作𩇔，表明小篆章有一種異體作𩇔。比起《説文》小篆來，這種寫法更爲普遍，使用面更廣。

璋　璋　玉部："璋，剡上爲圭，半圭爲璋。从玉，章聲。禮：六幣，圭以馬，璋以皮，璧以帛，琮以錦，琥以繡，璜以黼。"

《説文》小篆璋所从章與石鼓文等同，應爲可靠的篆形。子璋鐘作璋，《漢印徵》1·5作璋，據此可知，小篆璋應有一種異體作璋。

瑰　瑰　玉部："瑰，玫瑰。从玉，鬼聲。一曰圜好。"

《説文》小篆與《流沙墜簡·簡牘》3·5瑰結構相同，當爲可靠的篆形。小篆瑰還有另一種寫法作瓌。《集韻·灰韻》："瑰，或作瓌。"《莊子·天下》："其書雖瓌瑋而連犿無傷也。"已出現瓌字。《漢印徵》1·6作瓌。

霍　霍　雔部："霍，飛聲也。雨而雙飛者，其聲靃然。"

此字甲骨文以降，就有从隹、从雔的寫法，可見从雔的寫法淵源有自。到漢代，又盛行从隹作霍的寫法，《居延漢簡甲編》796A，漢"霍寬""霍禹""霍窈"印（《漢印徵》4·8），皆其例。參照蘿有異體作藿看，靃應有一小篆異體作**霍**，後世楷書就是由此演變來的。

　　藿 **藿**　艸部："**藿**，未之少也。从艸，靃聲。"

《説文》小篆與漢"藿道印"（《漢印徵》1·8）結構同，應爲可靠篆形。戰國以降，藿有一種更流行的寫法作藿（如古幣、古璽、漢印等），因此小篆藿應有一種異體作**藿**。

　　平 **平**　亏部："**平**，語平舒也。从亏，从八。八，分也。爰禮説。**平**，古文平如此。"

《説文》小篆與《陶璽文字合證》13 的**平**結構相同，應有所本。此外，小篆平還有一種異體作**平**，如石鼓文、泰山刻石、袁安碑。這種寫法承早期金文而來，在戰國秦漢時期占據著統治地位。

　　苹 **苹**　艸部："**苹**，蓱也。無根，浮水而生者。从艸，平聲。"

《說文》小篆苹所从與《陶璽文字合證》13 相同，當爲可靠篆形。漢"苹安國"印（《漢印徵》1·9）苹作 ▓，表明苹應有一種篆文異體作 ▓。

　　中　中　丨部："中，内也。从口丨，上下通。中，古文中。中，籒文中。"

《說文》小篆中的寫法是從石鼓文 中 之類的寫法省減而來，應爲可靠的篆形。除此之外，小篆中還有一種更爲通行的寫法，作 中。這種寫法承甲骨文而來，在秦漢時代的各類文字資料中占據主流地位。

　　苹　苹　艸部："苹，艸也。从艸，中聲。"

《說文》小篆苹所从中應是從石鼓文 中 之類的寫法省減而來，爲可靠之篆形。此外，小篆苹當有一種異體作 苹。西周金文克鼎苹作 ▓，漢"苹禹之印"（《漢印徵》1·11）作 ▓ 可證。

　　公　公　八部："公，平分也。从八，从厶。八猶背也。韓非曰：背厶爲公。"

《說文》小篆公的寫法與睡虎地秦簡《語書》9，位至三公鏡，漢"王公子""公上翁叔"印（《漢印徵》2·2）的公相同，應爲可靠篆文。甲骨文以後，公最常見的寫法是从口，如《殷墟卜辭》376 作公，利簋作 ，漢公主家鬲作 ，漢“成公右乘”印（《漢印徵》2·2）作 。據此可知小篆公應有一異體作 。

宋 　采部：“ ，悉也。知宋諦也。从宀，从采。 ，篆文宋，从番。”

《説文》小篆異體審與漢“審禮都印”“審長私印”（《漢印徵》2·2）結構相同，應爲可靠篆文。此外，睡虎地秦簡《效律》50 審作 ，馬王堆漢墓帛書《相馬經》16、漢“審小孺”印（《漢印徵》2·2）等結構同，表明小篆審應有一種異體作 。

差 　左部：“ ，貳也。差不相值也。从左，从 。 ，籀文差，从二。”

差字秦印作 ，[①]上承國差罐的 ，下啓漢印的 （《漢印徵》5·4），是篆文差的一種異體。

豎 　臤部：“ ，豎立也。从臤，豆聲。 ，籀文豎，从殳。”

《説文》小篆豎結構與《侯馬盟書》1·92、馬王堆漢墓帛書《戰國縱橫家書》114、阜陽漢簡《蒼頡篇》40 同。漢印作 （《古璽印

---

① 羅福頤《故宫博物院藏古璽印選》第 474 號，文物出版社，1982 年。

概論》第 54 頁），説明小篆豎應有一種異體作 .

蛍 珠 玉部："奎，蛍瓔，玉也。从玉，來聲。"

《説文》小篆蛍與西周金文守宮盤 ![image] 結構相同，當爲可靠篆文。《漢印徵》1·4 蛍作 ![image]，表明小篆蛍應有這樣一個異體。

六 ![image] 六部："![image]，易之數，陰變於六，正於八。从入，从八。凡六之屬皆从六。"

《説文》小篆六與池陽宮行鐙、壽成室鼎、新嘉量寫法相同。保卣、石鼓文、《睡虎地秦簡》23·3 六作 ![image]，六應有一篆文異體作 ![image]。

迹 ![image] 辵部："![image]，步處也。从辵，亦聲。![image]，或从足、責。![image]，籀文迹，从束。"

泰山刻石作 ![image]，與籀文同。泰山刻石所使用的是標準的篆文。因此我們認爲《説文》籀文 ![image]（速）同時也是小篆。

兵 ![image] 収部："![image]，械也。从収持斤，并力之貌。![image]，古文兵，从人、収、干。![image]，籀文。"

戰國陽陵兵符、繹山碑寫法與籀文同。繹山碑爲標準秦篆，説明小篆兵應有異體作🖼。

則 🖼 刀部:"🖼,等畫物也。从刀,从貝。貝,古
之物貨也。🖼,古文則。🖼,亦古文則。🖼,籀文則,
从鼎。"

《説文》小篆則與廿六年某些詔權寫法相同。廿六年詔權還
有的寫法和籀文相同,我們認爲小篆則應有一種異體作🖼。

攸 🖼 攴部:"🖼,行水也。从攴,从人,水省。
🖼,秦刻石繹山文攸字如此。"

此字繹山碑作🖼,馬王堆漢墓帛書《古地圖》作🖼。小篆攸
應有異體作🖼。

寐 🖼 寢部:"🖼,臥也。从寢省,未聲。"

此字泰山刻石作🖼,無一横。

臨 🖼 臥部:"🖼,監臨也。从臥,品聲。"

《説文》小篆與《睡虎地秦簡》54·51臨中品字擺法相同。詛
楚文、泰山刻石品字擺作🖼,其中泰山刻石臨作🖼。

氐 𠂆　氏部："𠂤，至也。从氏下箸一。一，地也。
凡氐之屬皆从氏。"

《説文》中从氏的字寫法有兩種，詆、蚳、覣所从作 𠂆，越、䢀所
从作 𠂤，表明氏應有一種異體作 𠂆。

出 𠦏　出部："𡳾，進也。象艸木益滋上出達也。
凡出之屬皆从出。"

出的這一寫法和石鼓文、宗邑瓦書相同，信而有據。《説文》
从出的字有兩類不同的寫法，詘、紬、誳、屈、淈、掘、窋等所从作
𡳾，而祟、敖等所从作 𠦏。出應有一篆文異體作 𠦏。

央 𡆥　冂部："𡆥，中央也。从大在冂之内。大，人
也；央旁同意。一曰久也。"

《説文》小篆央與漢印 𡆥 寫法相同，而虢季子白盤央作 𡭣，
《漢印徵》5·14 或作 𡆥，表明小篆央應有異體作 𡭣。

鞅 𦀅　革部："鞅，頸靼也。从革，央聲。"

商鞅方升作 𦀅，《睡虎地秦簡》41·179 作 鞅，表明小篆鞅
應有一種異體作 𦀅。

毒 ![毒] 中部："![毒]，厚也。害人之艸，往往而生。从屮，从毒。"

《説文》小篆的寫法下面从母作。秦漢時代毒絶大多數上从![生]下从毋，比較典型的有馬王堆漢墓帛書《五十二病方·目録》的![毒]、阜陽漢簡《蒼頡篇》7 的![毒]，小篆毒應有一個異體作![毒]。

告 ![告] 告部："![告]，牛觸人，角箸橫木，所以告人也。从口，从牛。《易》曰：僮牛之告。凡告之屬皆从告。"

《説文》小篆告的寫法上承甲骨文，下啟隸楷，是主流寫法。此外，五祀衛鼎告作![告]，舒齋壺作![告]，三體石經篆文作![告]。告應有一種小篆異體作![告]。

尃 ![尃] 寸部："![尃]，布也。从寸，甫聲。"

此字《説文》小篆與信陽楚簡、三體石經古文尃結構相似，當有所本。毛公鼎作![尃]，繹山碑作![尃]、阜陽漢簡《蒼頡篇》26 作![尃]。可見小篆尃應有一種異體作![尃]。

博 ![博] 十部："![博]，大通也。从十，从尃。尃，布也。"

《説文》小篆博與《漢印徵》3·2"路博士印"之博結構相同，

當爲可靠篆形。馬王堆漢墓帛書《老子甲本卷後古佚書》195 作 博，《漢印徵》3・2"博昌丞印"作 博，表明小篆博應有一種異體作 博。

　　傲 傲　寸部："傲，倨也。从人，敖聲。"

　　《集韻・号韻》："傲，《説文》：'倨也。'或从心。"阜陽漢簡《蒼頡篇》3 作 傲，傲應有一種小篆異體作 傲。

　　疾 疾　疒部："疾，病也。从疒，矢聲。 疾，古文疾。 疾，籀文疾。"

　　泰山刻石作 疾，與《説文》小篆同。兩詔橢權作 疾，《睡虎地秦簡》10・7 作 疾。疾應有一種篆文異體作 疾。

　　斯 斯　斤部："斯，析也。从斤，其聲。《詩》曰：斧以斯之。"

　　《説文》小篆斯與開母廟石闕寫法相同。泰山刻石作 斯，是斯的小篆異體。

　　和 和　口部："和，相應也。从口，禾聲。"

　　《説文》小篆 和 左形右聲，與好盗壺結構相同。更流行的寫法是右形左聲,如邵宮盉作 ,袁安碑作 。這種寫法爲後世隸楷所繼承。

遵 　辵部:",循也。从辵,尊聲。"

《説文》小篆遵與泰山刻石寫法近似,聲符下部从収。此外,漢安殘碑遵聲符下部从寸。《説文》小篆 下収或體作尊,遵應有篆文異體作 。

徒 　辵部:",步行也。从辵,土聲。"

石鼓文作 ,馬王堆漢墓帛書《五十二病方》252 作 ,禪國山碑作 。這類寫法是徒字寫法的主流。小篆徒應有這樣一種寫法。

上述字例只是《説文》未收小篆異體的一部分。其中絶大多數是秦篆,少數是漢篆,在《説文》成書的時候,應是許慎可以見到的。

二、《説文》未收的小篆異體對認識《説文》小篆系統的作用

《説文》小篆系統看上去相對比較整齊,有的學者據此認爲該

系統是漢代經過人爲規範的。《説文》小篆系統究竟是否在漢代經過人爲規範，我們不好輕易肯定，也不好輕易否定。但有一點可以肯定，那就是《説文》小篆系統所以顯得比較整齊，與《説文》的編寫動機、編寫體例是密切相關的。

許慎説：

　　壁中書者，魯恭王壞孔子宅，而得《禮》《記》《尚書》《春秋》《論語》《孝經》。又北平侯張倉獻《春秋左氏傳》，郡國亦往往於山川得鼎彝，其銘即前代之古文，皆自相似。雖叵復見遠流，其詳可得略説也。而世人大共非訾，以爲好奇者也，故詭更正文，鄉壁虚造不可知之書，變亂常行，以耀於世。諸生競説字解經誼，稱秦之隸書爲倉頡時書，云父子相傳，何得改易。乃猥曰“馬頭人爲長”，“人持十爲斗”，“虫者，屈中也”。廷尉説律，至以字斷法：苛人受錢，苛之字，止句也。若此者甚眾，皆不合孔氏古文，謬於史籀。俗儒鄙夫，玩其所習，蔽所希聞，不見通學，未嘗睹字例之條，怪舊執而善野言，以其所知爲祕妙，究洞聖人之微旨。又見《倉頡篇》中“幼子承詔”，因號：“古帝之所作也，其辭有神僊之術焉。”其迷誤不諭，豈不悖哉！《書》曰：“予欲觀古人之象。”言必遵修舊文而不穿鑿。孔子曰：“吾猶及史之闕文，今亡也夫！”蓋非其不知而不問，人用己私，是非無正，巧説邪辭，使天下學者疑。蓋文字者，經藝之本，王政之始，前人所以垂後，後人所以識古。故曰“本立而道生”，“知天下之至

嘖而不可亂也"。今敘篆文,合以古籀,博采通人,至于
小大,信而有證。稽譔其説,將以理群類,解謬誤,曉學
者,達神旨。分別部居,不相雜廁。萬物咸睹,靡不兼
載。厥義不昭,爰明以諭。其稱《易》,孟氏;《書》,孔氏;
《詩》,毛氏;《禮》;《周官》;《春秋》,左氏;《論語》;《孝經》,
皆古文也。其於所不知,蓋闕如也。①

由此不僅可以瞭解《説文》產生的背景,還可以瞭解許慎編撰《説
文》的動機和體例。那時候,隸書被視爲倉頡時書,而古文受到詆
謗,太學生們就隸書形體隨意解字。針對這種情況,許慎決定正
本清源。他想依據古文字材料,對每一個字的形音義作出解釋。
許慎能見到的比較系統的古文字資料是篆文,因此他便以篆文爲
主,參以古籀來進行這項工作。在當時的條件下,這已是最好的
選擇了。想來許慎如果能見到像小篆一樣系統的古文或籀文,相
信他會把古籀立爲字頭的。

　　許慎"敘篆文"的目的只是爲了解釋字源,因此不必把篆文異
體統統羅列出來。這樣的結果,使《説文》篆文系統顯得相對整
齊,給人一種經過規範的印象。其實這在某種程度上只是一種
假象。

　　不過,由於《説文》一書後世成爲正字圭臬,因此不全列小
篆異體的做法客觀上對後世字形的規範起到了一定的積極
作用。

---

① 　許慎《説文解字·敘》,中華書局,1963 年,第 315—316 頁。

三、《説文》未收的小篆異體對理解
《説文》小篆結構的影響

　　有的小篆異體，由於《説文》未收，導致人們在理解與之相關的小篆結構時存在嚴重分歧。可以以攺字爲例加以説明。

　　啟字從甲骨文開始就有兩種寫法，一種作 ⿱ （《鐵》245·1），一種作 ⿰ （《菁》7·1）。前一種演變爲啟，後一種演變爲攺。在漢印中，兩種寫法仍然存在，《漢印徵》3·20 有"啟方"之印，3·22 有"攺審""攺裦""攺佟""攺何傷""攺勝德印"，編者把啟、攺別爲兩字，不妥。實際上，無論從源頭看，還是從漢代的用法看，它們都應是一個字。漢印中的啟、攺都用爲姓氏。《説文》只收了啟，未收攺。攴部："⿰，教也。从攴，启聲。《論語》曰：不憤不啟。"糸部有縈字，"⿰，掫繒也。一曰微幟信也。有齒。从糸，攺聲"。由於許慎未收攺字，所以段玉裁説："各本作攺聲。攺不成字，按木部棨下曰'啟省聲'，則此亦當云啟省聲。"①《韻會》八薺引《説文》徑直改爲啟省聲。其實把縈解釋爲"攺聲"是正確的。

　　研究《説文》的人習慣於把它看作一個完整的、精密的系統，在他們看來，好像《説文》正文和重文中沒有的字，説解中也不應該出現，如果出現了，必係竄改，應加以糾正。這實際上是一種錯

---

①　段玉裁《説文解字注》，上海古籍出版社，1981 年，第 649 頁。

誤的看法。打開有關《説文》校勘、注疏方面的書,這類錯誤常會發現,讀者應該加以注意。

四、《説文》未收的小篆異體對古文字考釋的作用

梳理《説文》未收的小篆異體,對古文字考釋有直接的幫助,有些古文字就是基於《説文》未收的小篆異體而考釋出來的。陳劍釋甲骨文安是其中的一個顯例:

熟悉古文字的人都知道,在戰國秦漢文字裏大量出現的"安"字,其所從的"女"形旁邊總是還要多出一兩筆。西周金文中"安"字雖然出現不多,但無一例外同樣是如此。多出的這部分或作一小點,或作一橫、一豎、一斜筆、一曲筆等,楚簡文字裏又常常變作"⼈""⼂"類形的兩折筆。儘管其形態各異,但絕大部分"安"字中這多出的一兩筆總是有的。這一點,只要翻一翻各類文字編,就會留下深刻印象。

"安"字中多出來的這一兩筆,恰是正確解釋其字形的關鍵。

……

在殷墟甲骨文裏,既有寫作"從女在宀下"之字,又

有寫作"从女在宀下、女形之中或旁邊又多出一筆"之
字，但二者卻是完全不同的兩個字。後者正是我們所討
論的"安"字，前者則是卜辭常見的"賓"的異體。①

　　陳劍的文章從《説文》未收的小篆安出發，對甲骨文安及相關
諸字作了詳細考證，結論很有説服力，已得到學界的普遍認可。

---

① 陳劍《説"安"字》，原刊於北京大學漢語語言學研究中心《語言學論叢》編委會《語言學
論叢》第三十一輯，商務印書館，2005 年 8 月；收入《甲骨金文考釋論集》，綫裝書局，
2007 年，第 107—123 頁。

《説文》未收小篆異體

在 1999 年出版的《〈説文〉小篆研究》一書中,我曾以一節的篇幅介紹"《説文》未收的小篆異體",①這種做法拓展了《説文》學者的視野,對全面深入理解《説文》有所幫助,因而受到讀者歡迎。此後,我又陸續收集到一些新的小篆異體資料。現略依《説文》,次第介紹如下,供大家參考。

(一) 卷一上

帝 丄部:"帝,諦也。王天下之號也。从丄,朿聲。帝,古文帝。古文諸丄字皆从一,篆文皆从二。二,古文上字。辛、示、辰、龍、童、音、章皆从古文丄。"

《説文》小篆與秦陽陵兵符、廿六年詔權、漢"皇帝信璽"封泥、文帝九年勾鑵等結構相同,是可靠的篆文。秦漢時代,這種寫法

---

① 趙平安《〈説文〉小篆研究》,廣西教育出版社,1999 年,第 67—87 頁。

使用頻率高,具有代表性。此外,帝還有一種異體作,見於新嘉量二,比一般的寫法多一弧形橫筆。新嘉量是王莽時期的東西,器物是可靠的器物,文字是可靠的文字。從來源上講,這一橫筆是可以解釋的。戰國文字帝或作(中山王壺)、(郭店簡《唐虞之道》8),中部多一長橫,與王莽篆文帝相仿佛。王莽復古,人所共知,多出的這一橫筆或許是有意復古的結果。但即便如此,在王莽時期使用的篆文中,仍是兩種寫法並行,新嘉量一中帝的寫法和《说文》小篆是相同的。

旁　上部:",溥也。从二,闕,方聲。,古文旁。,亦古文旁。,籀文。"

《说文》小篆的寫法與東漢"梁旁家丞"印字近似,是實際行用過的文字。石鼓文滂、鰟所从偏旁作,秦漢簡帛旁作(睡虎地秦簡《秦律十八種》120、馬王堆漢墓帛書《五十二病方》240)、漢"納功旁校丞"印作,[1]表明戰國至秦漢還有一種不同於《说文》篆文旁的寫法。

(二) 卷一下

屯　中部:",難也。象草木之初生,屯然而難。从屮貫一;一,地也;尾曲。《易》曰:'屯,剛柔始交而

---

① 關於印文旁的釋讀,參趙平安《隸變研究》,河北大學出版社,1993年,第91頁。

難生。'"

從西周金文以來,屯字的竪筆一直有三種寫法,一種上部垂直下部彎曲,一種上部彎曲下部垂直,還有一種上部下部都彎曲,其中上部向左彎曲,下部向右彎曲。三種寫法中,後一種寫法占據主流地位。在小篆系統裏,《説文》小篆繼承了第一種寫法。秦漢印作🈳(屯留)、🈳(屯田司馬)、漢金文作🈳(屯官鐵一),繼承了上述第三種寫法。小篆應有一種異體作🈳。

蘇　艸部:"🈳,桂荏也。从艸,穌聲。"

字頭篆文所从魚的寫法和秦印🈳(張魚)相似,本當作🈳之形,後於傳抄過程中寫訛。除此類寫法外,秦代蘇還作🈳(蘇遊)、🈳(蘇臣)。

莛　艸部:"🈳,艸也。从艸,述聲。"

秦印作🈳(李莛)。

葵　艸部:"🈳,菜也。从艸,🈳聲。"
癸　癸部:"🈳,冬時,水土平,可揆度也。象水從四方流入地中之形。癸承壬,象人足。凡癸之屬皆从癸。🈳,籀文。从癶,从矢。"

段玉裁曰："⬚本古文，小篆因之不改。"①我們曾論證，癸的寫法分爲兩支，都承甲骨文而來，到春秋時期開始分化。一支與古文一致，一支與籀文一致。小篆⬚繼承的是古文的寫法。②⬚和⬚一樣，也是來源於古文的篆文。屬於西漢時期的平都犁斛，係用篆文寫成，⬚作⬚，又漢印作⬚（癸常之印），表明篆文癸應有一種異體作⬚。這個篆文从籀文⬚，和目部䀛、門部闃、手部揆、戈部戣等相同，顯示出小篆結構系統的參差性。③

⬚　艸部："⬚，爵麥也。从艸，龠聲。"

從甲骨文④到西周金文⑤到戰國文字⑥，龠字所从多爲兩口，漢金文薔字作⬚（家官鍾）、⬚（熏爐），小篆薔應有異體作⬚。

荆　艸部："⬚，楚木也。从艸，刑聲。⬚，古文荆。"

漢哀帝時期元壽二年鐙、漢平帝時期元始鈁，荆分別作⬚、⬚之形，其左下部的結構與《説文》小篆同，證明在《説文》成書之前，《説文》小篆的寫法確實已經存在。但是在秦漢時期出土文物文字中，左下一般作井，如秦漢印作⬚（徐荆）、⬚（荆温）、⬚（郭

---

① 段玉裁《説文解字注》，上海古籍出版社，1981 年，第 742 頁。
② 趙平安《〈説文〉小篆研究》，第 5 頁。
③ 趙平安《〈説文〉小篆研究》，第 92—97 頁。
④ 中國社會科學院考古研究所《甲骨文編》，中華書局，1965 年，第 87 頁。
⑤ 容庚《金文編》，中華書局，1985 年，第 124—125 頁。
⑥ 湯餘惠《戰國文字編》，福建人民出版社，2001 年，第 127 頁。

荆之印），馬王堆漢墓帛書《春秋事語》87 作 . 小篆荆應有一種異體作 . 。

萌 艸部："，艸芽也。从艸，明聲。"

秦印或作 （陳萌）。

薄 艸部："，林薄也。一曰蠶薄。从艸，溥聲。"

秦印作 （李薄）。

蘬 艸部："，薺實也。从艸，歸聲。"

秦印作 （義蘬）、（左蘬），前一種與《説文》近似，後一種爲異體。

蓋 艸部："，苫也。从艸，盇聲。"

秦漢出土文物上的蓋主要有兩種寫法，一種作 （衞少主鼎）、（臨晉鼎）、（漢印，楊蓋之）、（漢印，蓋乘）等形，一種作 （睡虎地秦簡《日書》941）、（酈偏鼎）、（漢長安共廚鼎）、（漢印，蓋齊）等形，區别在於字中一爲橫畫，一爲向上的曲筆。《説文》小篆的寫法與第一種結構相同。此外，小篆還應有一種異體作 。

（三）卷二上

牭　牛部：" ，四歲牛。从牛，从四，四亦聲。 ，籀文牭，从貳。"

秦印作 （李牭印）、 （牭），後一種爲異體。

歸　止部：" ，女嫁也。从止，从婦省，𠂤聲。 ，籀文省。"

字頭篆文和秦印 （馬歸）相同。此外，秦印另有異體作 （王歸）、 （歸臯）。

歲　步部：" ，木星也。越歷二十八宿，宣徧陰陽，十二月一次。从步，戌聲。律歷（曆）書名五星爲五步。"

《説文》小篆歲和 （新衡杆）、 （漢印，萬歲單三老）結構相同，是可靠的字形。此外小篆歲還有作 （馬王堆漢墓帛書《陰陽五行》甲 250）、 （漢印，尹歲）者。與上述兩種繁體相對，又有簡體作 （新嘉量二）、 （馬王堆漢墓帛書《陰陽五行》甲 200）之形。因此，歲還有 、 、 三種異體。較早出現的歲字从戌从兩止，戌本無一橫，止可正可反，這是歲三種異體形成的原因。

（四）卷二下

造 辵部："𧀰，就也。从辵，告聲。譚長説：造，上
士也。𣃚，古文造。从舟。"

《説文》小篆造和🔲（秦印，孟造）、🔲（漢文帝九年勾鑃四）結
構相同。造還有兩種異體，一種作🔲（秦封泥，邯鄲造工）、🔲
（秦封泥，邯鄲工丞），一種作🔲（漢印，宜造鄉），告字居辵中，止置
於告下，呈半包圍結構。

得 彳部："𢔲，行有所得也。从彳，尋聲。𢔎，古
文省彳。"

《説文》篆文得和秦簡🔲（《秦律十八種》62）、秦印🔲（魏得
之）結構相同，貝字上部豎置。漢金文或作🔲（二年酒鎗）、🔲
（聖主佐宫中行樂錢）之形，貝字上部橫置，是篆文得的異體。

（五）卷三上

笱 句部："𥮠，曲竹捕魚笱也。从竹，从句，句
亦聲。"

字頭篆文和秦印🔲（笱石）結構相同。另有篆文異體作🔲（笱

競）、🔲（筍□）。

（六）卷四下

　　受　叟部："🔲，相付也。从叟，舟省聲。"

　　此篆和漢金文🔲（竟寧雁足鐙）結構相同。但在秦漢時代，大多數受作🔲（馬王堆漢墓帛書《經法》009）、🔲（漢印，臣受）之形，偶爾也寫作🔲（漢印，王受）。受字篆文應有異體作🔲、🔲。

　　衡　角部："🔲，牛觸橫大木其角。从角，从大，行聲。《詩》曰：設其楅衡。🔲，古文衡如此。"

　　衡字，秦封泥作🔲（衡山發弩），與《説文》篆文寫法相同，所从大均作🔲。西周金文作🔲（毛公鼎）、🔲（番生簋），睡虎地秦簡作🔲（《法律答問》4）、🔲（《秦律十八種》194），漢王莽印作🔲（褒衡子家丞），所从大作🔲。另外，王莽時金文🔲（新承水盤，新銅丈、新衡杆、新嘉量一等處同構），印文或作🔲（□衡里附城）。衡應有兩個異體作🔲、🔲。

（七）卷五上

　　籲　竹部："🔲，書僮竹笘也。从竹，龠聲。"

睡虎地秦簡作 （《法律答問》30）、漢金文作 （大半簫小量），篆文簫應有異體作 。

典　丌部："，五帝之書也。从册在丌上，尊閣之也。莊都説：'典，大册也。' ，古文典从竹。"

西周金文作 （召伯簋）、（格伯簋）、（格伯簋），戰國金文作 （陳侯因𩵦錞），所从册中的豎畫（代表簡的枚數）或爲六，或爲五，或爲四，或爲三。秦封泥作 （典達），册中豎畫爲五，與《説文》小篆相同。秦印作 （顔里典），應是篆文典的異體。

(八) 卷五下

亯　亯部："，獻也。从高省，曰象進孰物形。《孝經》曰：'祭則鬼亯之。'凡亯之屬皆从亯。，篆文亯。"

西周金文作 （虞司寇壺），春秋金文作 （徐王義楚觶），至戰國，變作 （信陽楚簡），和字頭結構相同。秦漢篆文主流寫法作 （睡虎地秦簡《日書甲種》66）、（新嘉量二），偶有下部豎筆加橫畫作 （睡虎地秦簡《日書甲種》37）者，篆文應有異體作 。《説文》篆文 不合演進序列。

嗇　嗇部："，愛濇也。从來，从㐭。來者，㐭而藏

之,故田夫謂之嗇夫。凡嗇之屬皆从嗇。 ,古文嗇
从田。”

漢代金文 (陽泉熏爐)和篆文嗇下部寫法相同。西周金文
作 (牆盤),漢代篆文多作 (西漢印,五屬嗇)、 (漢金文,
壽成室鼎二),所以篆文嗇有作 者。

(九) 卷七上

明　朙部:“ ,照也。从月,从囧,凡朙之屬皆从
朙。 ,古文朙。”

漢金文明或作 (明光宮匕二),與古文結構相同。大多數
作 (椒林明堂銅錠三)、 (大長明行鐙)、 (廣陵服食官釘
一)之形。

(十) 卷七下

宜　宀部:“ ,所安也。从宀之下一之上,多省聲。
,古文宜。 ,亦古文宜。”

漢金文或作 (富貴昌宜侯王洗四),與字頭篆文結構同。
大多數作 (杜鼎二)、 (大吉宜侯王洗)之形。

（十一）卷八上

　　量　重部　"量，稱輕重也。从重省，曏省聲。量，古文量。"

　　字頭篆文和漢金文量（新衡杆）、量（新嘉量二）結構相同。量還有異體作量（光和斛一）之形。

　　監　臥部："監，臨下也。从臥，衉省聲。監，古文監，从言。"

　　字頭篆文的結構和漢金文監（元初二年鑑）、監（橐泉宮行鐙）相同，皿上有一小橫畫。而秦印作監（中郎監印）、監（橘監），皿上無小橫畫。

　　壽　老部："壽，久也。从老省，丂聲。"

　　秦印作壽（平壽丞印），漢金文作壽（新嘉量二），結構和字頭篆文相同。秦印還有作壽（趙壽）、壽（咸亭沙壽）者，多一"寸"符。

（十二）卷十上

　　燭　火部："燭，庭燎火燭也。从火，蜀聲。"

漢金文或作 （曲成家行鐙），與字頭篆文結構同。此外還作 （上林鐙）、（土軍侯高燭豆）之形。

（十三）卷十二下

　　奴　女部："，奴、婢，皆古之辠人也。《周禮》曰：其奴男子入于辠隸，女子入于舂藁。从女，从又。，古文奴，从人。"

秦印作 （王奴）、漢金文作 （中山宦者常浴銅錠一），秦印又作 （奴盧之印）。

　　弩　弓部："，弓有臂者。《周禮》四弩：夾弩、庾弩、唐弩、大弩。从弓，奴聲。"

漢金文作 （大僕鐵），結構和字頭篆文相同。秦印作 （發弩）、秦封泥作 （衡山發弩）、（弩工室印），表明篆文應有兩種異體。

（十四）卷十三下

　　在　土部："，存也。从土，才聲。"

漢金文作 （新銅丈）、（新嘉量一），和字頭篆文結構同。

又作 （新衡杆）、（光和七年洗）之形，上承金文，是一種更古老的寫法。

(十五) 卷十四上

銷　金部："，小盆也。从金，肙聲。"

字頭篆文和漢金文 （上林昭臺廚銅銷）結構同。漢金文又作 （長安銷）、（中山内府銅銷二），是篆文銷另外一種寫法。

（原載《出土文獻》第四輯，中西書局，2013 年）

《説文》未收小篆異體録補

魏　棟

　　趙平安先生在其專著《〈説文〉小篆研究》一書中專闢一節輯録了許多《説文》未收的小篆異體，拓寬了《説文》研究的視野。受趙老師在課堂上的引導與啟發，筆者曾撰《〈説文〉未收小篆異體録補》作爲課程作業提交趙老師。不久，又發現趙老師在《出土文獻》第四輯發表《〈説文〉未收小篆異體》一文，今删去誤輯者及與趙文重複者，並加以增補，略仿趙文體例，撰爲此文，希望對《説文》研究有所裨益。

　　體　骨部：“體，總十二屬也。从骨，豊聲。”

　　就目前古文字資料看，體字最早出現於戰國時代。有三種異體，皆从豊得聲，但表意偏旁分別作骨、肉、身。从骨者，即字頭篆文，爲後世該字的正體。从肉者，見於秦文字，作䗬（《睡甲》第 59 頁），漢代作䐯（《馬王堆》第 173 頁），楷書仍然行用，作腏。从肉者應爲體字小篆的異體。

膏 肉部：" 膏 ,肥也。从肉,高聲。"

　　此字所从之肉,形體較穩定,所从之高則有所變化。趙平安先生早已指出高字字頭篆文有異體,作 高 (繹山碑),[1]甚是。膏字戰國陶文作 膏 (《古陶字彙》第 155 頁),漢代作 膏 (《馬王堆》第 166 頁),與字頭篆文並行。這種形體《説文》小篆失收。

腹 肉部：" 腹 ,厚也。从肉,复聲。"

　　對於从复得聲的字,复字或作 复 ,或作 复 。[2] 目前出土古文字資料中,尚未見从 复 之腹。秦簡作 腹 (《睡甲》第 61 頁),漢代常寫作 腹 (《馬王堆》第 166 頁)、腹 (《漢印徵》卷四,第 13 頁),顯然从复者,有別於字頭篆文,應爲異體。

脩 肉部：" 脩 ,脯也。从肉,攸聲。"

　　此字字頭篆文寫法戰國秦漢頗爲流行。但此字秦簡作 脩 (《睡甲》第 61 頁),漢代作 脩 (《馬王堆》第 163 頁),所从之攸中間豎畫斷開。這種寫法與字頭篆文並行,此字是字頭篆文的異體。

散 肉部：" 散 ,雜肉也。从肉,㪔聲。"

---

① 趙平安《〈説文〉小篆研究》,廣西教育出版社,1999 年,第 71 頁。
② 趙平安《〈説文〉小篆研究》,第 68 頁。

　　此字初文作椒,从林从支會意,如商代甲骨文作 🔣(《甲文編》第 144 頁)。西周金文此字分化:一是所从之林訛爲林,作 🔣(《金文編》第 283 頁),字頭篆文所从之楸可遠溯至這種寫法;二是所从之林省作⺮,增"月"爲聲符,作 🔣(《金文編》第 283 頁)。秦漢時期从椒月(肉)聲的寫法非常流行,秦代作 🔣(《睡甲》第 62 頁),漢代作 🔣、🔣(《馬王堆》第 164 頁),這種寫法的散字與字頭篆文當是兩個系統,爲字頭篆文異體,《説文》未收。

　　剛 　刀部:"🔣,彊斷也。从刀,岡聲。🔣,古文剛如此。"

　　此字甲骨文从网、从刀,西周至漢代在网下增加山旁。其所从之网有繁簡兩種寫法,字頭篆文所从之网爲繁寫。西周金文剛字作 🔣,所从网已爲簡寫。睡虎地秦簡剛字作 🔣(《睡甲》第 63 頁),銀雀山漢簡作 🔣(《銀雀山》第 153 頁),所从网皆爲簡寫。所以剛字小篆應有這種異體。

　　罰 　刀部:"🔣,辠之小者。从刀,从詈。未以刀有所賊,但持刀罵詈則應罰。"

　　此字字頭篆文的寫法可謂源遠流長。但西周時已出現从簡寫之网者,作 🔣(《金文編》第 290 頁),秦文字亦如此,作 🔣(《睡甲》第 64 頁),漢代罰字亦有从簡寫之网者,作 🔣(《銀雀山》第 155 頁)。這種寫法淵源有自,並且漢代仍行用,當是字頭篆文的異體。

刺　刀部："�，君殺大夫曰刺。刺，直傷也。从刀，
从束，束亦聲。"

刺字初文作束，甲骨文作🔣、🔣(《甲文編》第 749 頁)或🔣(《甲
文編》第 764 頁)，至戰國時分別演變爲🔣、🔣(《古文典》第 767 頁)
和🔣(《古璽文編》第 176 頁)。初文增加刀旁即變爲从刀，从束，
束亦聲的刺字。字頭篆文顯然是由第三種寫法的束字增加刀旁
而來。就目前的出土文字資料看，从刀的刺已見於秦簡，作🔣
(《睡甲》第 65 頁)。但所从之束已訛爲夾字，具體訛變過程爲：束
第二種形體🔣的橫畫自中間豎畫處斷裂，兩邊小豎畫下部分別向
左右傾斜，即形成兩個人形，從而使束訛爲夾。這種訛變的刺字
在漢代大行其道，如🔣(《馬王堆》第 179 頁)、🔣(《甲金篆》第 280
頁)等。刺字小篆當有這種寫法的異體。

箕　箕部："🔣，簸也。从竹；🔣，象形；下其丌也。
凡箕之屬皆从箕。🔣，古文箕省。🔣，亦古文箕。🔣，
亦古文箕。🔣，籀文箕。🔣，籀文箕。"

箕字初文爲其，箕爲其增加義符後的分化字。其的寫法商代
已有作🔣(《甲文編》第 205 頁)者，後來這種字形下部增飾一橫
畫和兩小橫畫，演變爲字頭篆文所从之其。其字至遲在戰國時代
出現了一種後世流傳甚廣的寫法，即🔣(青川木牘)，上部似甘形，
睡虎地秦簡有作🔣(《睡甲》第 68 頁)者，漢代則更加流行，如🔣
(《銀雀山》第 162 頁)。既从竹旁又从這種寫法的其之箕字戰國時

亦已出現，作（《戰文編》第 291 頁），至漢代依然行用，作
（《甲金篆》第 294 頁）。因此，這種寫法的箕爲字頭篆文的異體。
另外，箕字秦簡也作（《睡甲》第 68 頁），漢代依然行用，如
（《馬王堆》第 190 頁），應當也是字頭篆文的異體。

　　　曰部：“，詞也。从口，乙聲。亦象口气出也。
凡曰之屬皆从曰。”

　　甲骨文作或（《甲文編》第 208 頁），前者在東周時期“口”
上短横左端曲折上翹，爲字頭篆文所本；後者“口”上短横向左右
拉長，作（《甲金篆》第 301 頁）形，與甘字古文字字形混同。後
者於秦漢時期盛行，如（里耶秦簡第八層 140 號簡）、（《睡
甲》第 69 頁）、（《馬王堆》第 193 頁），這應是曰字的小篆
異體。

　　　乃部：“，驚聲也。从乃省，西聲。籀文鹵不
省。或曰鹵，往也。讀若仍。，古文鹵。”

　　此字最早見於商代甲骨，西周時出現（《金文編》第 319
頁），後這種字形分化：最上部變爲横豎筆畫，下部逐漸變爲
或，這是字頭篆文的來源；上部演變爲，再省簡爲，下部
則變爲。這種寫法秦漢時期常見，如秦簡作（里耶秦簡
第八層 140 號簡）、（《睡甲》第 70 頁）、漢代作（《甲金篆》第
304 頁），所以這種字體當是字頭篆文的異體。

奇　可部："奇,異也。一曰：不耦。从大,从可。"

奇字上部所从之大字,有兩種流行寫法：作 大,或作 介,後者進一步訛變爲 人,甚至下部兩畫交叉作 仌（似"文"字）。从 大 的字頭篆文淵源有自;从 介 之奇戰國秦漢時期也很流行。戰國時期作 奇（《戰文編》第 305 頁）,秦簡作 奇（《睡甲》第 70 頁）,漢簡作 多（《銀雀山》第 175 頁）,標準漢隸作 奇（《甲金篆》第 306 頁）。奇字小篆當有這種異體。

期　月部："期,會也。从月,其聲。冈,古文期,从日、丌。"

此字字頭篆文寫法春秋至漢代多見。但秦簡文字作 期（《睡甲》第 106 頁）,漢代依然使用,如 期（《篆隸表》第 462 頁）,這種寫法的期應爲字頭篆文異體。

井　井部："井,八家一井,象構韓形。·,罋之象也。古者伯益初作井。凡井之屬皆从井。"

井爲象形字,商代已出現,作 井（《甲文編》第 232 頁）,西周時出現在中間加點的寫法,並爲小篆繼承。但不加點的寫法先秦秦漢仍大量流行,如秦文字作 井（《睡甲》第 74 頁）,並最終取代小篆寫法,這種字體爲《説文》未收的井字小篆異體。

合　△部："合，合口也。从△，从口。"

商代甲骨文作合（《甲文編》第 238 頁），字形長期保持穩定。不過，在秦文字中也常作合（《睡甲》第 77 頁）、合（里耶秦簡第八層 1534 號簡）、 （里耶秦簡第八層第 2078 號簡），下部口的寫法與小篆不同，這種字體爲合字小篆異體。

會　△部："會，合也。从△，从曾省。曾，益也。凡會之屬皆从會。㡭，古文會如此。"

此字最早見於商代甲骨，西周會尊鬲作，春秋時此字中間部分演變成兩種形體：田和田。後者爲小篆所本，漢代仍行用，但流行不廣。前者在秦系文字中常見，如會（《睡甲》第 77 頁）、 （里耶秦簡第八層第 1252 號簡），在漢代仍大量行用，如會（《馬王堆》第 210 頁），這種字體當是會字的小篆異體。

族　㫃部："族，矢鋒也。束之族族也。从㫃，从矢。"

秦文字作族（《睡甲》第 105 頁）、族（里耶秦簡第八層 1555 號簡），漢代作族（《篆隸表》第 457 頁），右下部所从之矢與小篆寫法不同，説明族字小篆有一種異體。

富　宀部："富，備也。一曰厚也。从宀，畐聲。"

小篆的寫法見於秦漢文字,如睡虎地秦簡作![富](《睡甲》第
115 頁),漢隸作![富](《隸辨》第 623 頁)。而此字春秋晚期侯馬盟
書已出現,作![富](《漢語字形表》第 287 頁),在秦系文字中常作![富]
(《睡甲》第 115 頁)、![富](里耶秦簡第八層 56 號簡),漢代仍然行
用,如![富](《馬王堆》第 306 頁),這種寫法的富是富字的小篆異體。

從　从部:"![從],隨行也。从辵、从,从亦聲。"

此字商代已出現,初文作![从](《甲金篆》第 570 頁),因字義與
行動有關,所以兩周時期常加意符"止""彳"或"辵",又以加"辵"
最爲常見。泰山刻石作![從](《篆隸表》第 582 頁),與字頭小篆屬
於一類寫法。侯馬盟書作![從](《漢語字形表》第 325 頁),秦文字作
![從](里耶秦簡第八層 69 號簡),馬王堆帛書作![從](《篆隸表》第
582 頁),這屬於另一類寫法,這類寫法大量出現,爲從字的主流寫
法,《説文》小篆失收。

屏　尸部:"![屏],屏蔽也。从尸,并聲。"

此字秦簡作![屏](《睡甲》第 136 頁),與小篆寫法相類。但秦
簡也作![屏](《睡甲》第 136 頁),漢隸作![屏](《篆隸表》第 609 頁),説
明屏字小篆有這類形體。秦詔版并字作![并],亦可爲證。

禺　由部:"![禺],母猴屬,頭似鬼。从由,从内。"

此字春秋時已出現，作 （《金文編》第 654 頁），字形比較穩
定。禺字小篆中間豎筆出頭，從古文字字形可以看出這種寫法有
來源；另外，嵎字小篆作 ，所從禺豎筆亦出頭。但是秦簡作
（《睡甲》第 146 頁），漢印作 （《漢印徵》卷九，第 6 頁），豎筆不出
頭，說明禺字小篆有異體；另外，多個從禺之字的小篆寫法也能給
予說明，如喁作 ，遇作 ，愚作 ，寓作 。

　　彘　彑部："，豕也。後蹏發謂之彘。从彑，矢聲；
从二匕，彘足與鹿足同。"

此字商代甲骨文已見，作 （《甲文編》第 392 頁），爲箭矢穿
豕狀。後來豕形被割裂，頭部上移，足與身體分離。侯馬盟書作
（《漢語字形表》第 373 頁），秦簡作 （里耶秦簡第八層第 461
號簡），漢印作 （《漢印徵》卷九，第 14 頁），其中矢字寫法與彘
字所從矢的小篆寫法不同。這類寫法的彘可作爲彘的小篆異體。

　　騷　馬部："，擾也。一曰摩馬。从馬，蚤聲。"

此字秦簡作 （里耶秦簡第八層第 894 號簡）、（《睡甲》
第 154 頁），漢隸作 （《隸辨》第 206 頁），偏旁蚤皆从又，不从爪
的異體叉，說明騷的小篆有一種異體。

　　黑　黑部："，火所熏之色也。从炎，上出囧。囧，
古窗字。凡黑之屬皆从黑。"

此字商代作🉐（《甲金篆》第 703 頁），爲黑字小篆所本，睡虎地秦簡亦有此寫法，作🉐（《睡甲》第 160 頁）。但上部的囪在兩周秦漢時期大都作"田"形，如春秋末侯馬盟書作🉐（《漢語字形表》第 395 頁），秦簡作🉐（里耶秦簡第八層第 624 號簡）、🉐（《睡甲》第 160 頁），漢印作🉐（《篆隸表》第 718 頁）、武威漢簡作🉐（《篆隸表》第 718 頁），黑字小篆應有這種異體。

黟 黑部："🉐，黑木也。从黑，多聲。丹陽有黟縣。"

此字戰國時作🉐（《甲金篆》第 705 頁），漢印作🉐（《漢語字形表》第 395 頁），其中偏旁黑所从的囪作"田"形，這種字體爲黟字小篆的異體。

奚 亣部："🉐，大腹也。从亣，䌛省聲。䌛，籀文系字。"

此字所从亣爲大字古文，大字小篆作🉐。奚字西周作🉐（《甲金篆》第 720 頁），漢印作🉐（《篆隸表》第 736 頁），漢代張遷碑作🉐，下部从大而非亣，且這種字形常見，說明奚字小篆有這種異體。

渭 水部："🉐，水。出隴西首陽渭首亭南谷，東入河。从水，胃聲。杜林說。《夏書》以爲出鳥鼠山。雝州浸也。"

此字漢印作▩（《篆隸表》第 777 頁），與小篆是一路寫法。秦
簡作▩（里耶秦簡第八層 1632 號簡）、▩（《睡甲》第 169 頁），漢
簡作▩（《篆隸表》第 777 頁），偏旁胃的上部無點飾，這種字體爲
渭字小篆異體。

　　浩　水部："▩，澆也。从水，告聲。《虞書》曰：'洪
水浩浩。'"

漢印作▩（《篆隸表》第 791 頁），與字頭小篆屬於一路寫法。
另外，《包山楚簡》作▩，漢印▩（《篆隸表》第 791 頁），偏旁告的
豎筆未穿透中間的橫畫。這種寫法的告，趙平安先生已指出它爲
《説文》告字小篆的異體。[1] 浩字小篆當有這種異體。

　　津　水部："▩，水渡也。从水，聿聲。 ▩，古文津，
从舟，从淮。"

睡虎地秦簡作▩（《睡甲》第 171 頁），與小篆寫法一脈相承。
但秦簡亦有不从彡者，如▩（里耶秦簡第八層第 651 號簡），漢代
仍行用，如居延漢簡作▩（《篆隸表》第 801 頁），漢印作▩（《篆
隸表》第 801 頁），可看作津字小篆的異體。

---

① 趙平安《〈説文〉小篆研究》，第 86 頁。

縱　糸部:",緩也。一曰:舍也。从糸,從聲。"

秦簡作(里耶秦簡第八層 70 號簡)、(《睡甲》第 193 頁),漢代作(《篆隸表》第 924 頁),偏旁從構件的空間結構與字頭小篆不同。縱字當有這種小篆異體。

蚤　蚰部:",齧人跳蟲。从蚰,叉聲。叉,古爪字。,蚤或从虫。"

此字戰國時作(《甲金篆》第 930 頁),秦簡作(《睡甲》第 198 頁),漢代作(《馬王堆》第 540 頁),這些蚤字皆从又,不从爪的異體叉,且只从一個虫。蚤字小篆當有這種異體。

亟　二部:",敏疾也。从人,从口,从又,从二。二,天地也。"

此字从又旁,但目前先秦秦漢出土文字資料幾乎皆作攴,如西周作(《金文編》第 880 頁),秦簡作(里耶秦簡第八層 1523 號簡反)、(《睡甲》第 200 頁),漢代作(《馬王堆》第 544 頁)。故亟的小篆應有一種从攴的異體。

增　土部:",益也。从土,曾聲。"

秦簡作(里耶秦簡第八層 1583 號簡)、(《睡甲》第 202

頁），漢代作 🖼 (《馬王堆》第 550 頁)，偏旁曾从 🖼 不从 🖼，與字頭小篆不同，當爲其異體。

　　斷　斤部：" 🖼 ，截也。从斤，从𢇍。𢇍，古文絶。🖼 ，古文斷从㪔。㪔，古文更字。《周書》曰：'詔詔猗無他技。' 🖼 ，亦古文。"

　　目前此字主要見於秦漢出土文字材料，在秦簡中作 🖼 （里耶秦簡第八層第 1054 號簡）、🖼 (《睡甲》第 209 頁)，漢代作 🖼 (《篆隸表》第 1018 頁)，左邊的偏旁與小篆𢇍方向相反，這種書寫爲後世楷書所繼承，成爲斷的主流寫法。《説文》斷字應有這種小篆異體。

　　本文引用字形參考書目及其簡稱：
　　《甲骨文編》（中國科學院考古研究所，中華書局，1965 年）簡稱《甲文編》
　　《戰國古文字典》（何琳儀，中華書局，1998 年）簡稱《古文典》
　　《戰國文字編》（湯餘惠，福建人民出版社，2002 年）簡稱《戰文編》
　　《漢印文字徵》（羅福頤，文物出版社，1978 年）簡稱《漢印徵》
　　《秦漢魏晉篆隸字形表》（徐中舒，四川辭書出版社，1985 年）簡稱《篆隸表》
　　《睡虎地秦簡文字編》（張守中，文物出版社，1994 年）簡稱《睡甲》

《馬王堆簡帛文字編》（陳松長，文物出版社，2001 年）簡稱《馬王堆》

《銀雀山漢簡文字編》（駢宇騫，文物出版社，2001 年）簡稱《銀雀山》

《漢語古文字字形表》（徐中舒，四川人民出版社，1981 年）簡稱《漢語字形表》

《甲金篆隸大字典》（徐無聞，四川辭書出版社，1991 年）簡稱《甲金篆》

《説文解字》（中華書局，1963 年）簡稱《説文》

（原刊《出土文獻》第六輯，中西書局，2015 年）

《説文》未收小篆異體再補

陳夢佳

趙平安先生在其《〈説文〉小篆研究》一書中,曾專闢一節向學界介紹了《説文》未收的小篆異體,[1]這一做法極大地拓寬了《説文》研究者的視野。此後,趙平安先生和魏棟先生又相繼在《出土文獻》上發表了《〈説文〉未收小篆異體》[2]和《〈説文〉未收小篆異體録補》[3]兩文,對相關材料做了進一步的補充。今在此基礎上,復輯得《説文》未收小篆異體三十七例,仍從趙文體例,草成此文,以就正於方家。

(一) 卷一

英　艸部:"㻒,艸榮而不實者。一曰黄英。从艸,

---

① 趙平安《〈説文〉小篆研究》,廣西教育出版社,1999 年,第 67—88 頁。
② 趙平安《〈説文〉未收小篆異體》,《出土文獻》第四輯,中西書局,2013 年,第 304—310 頁。
③ 魏棟《〈説文〉未收小篆異體録補》,《出土文獻》第六輯,中西書局,2015 年,第 304—310 頁。

央聲。"

此字所從之央,趙平安先生已指出當有異體作央。[1] 漢印或作央(《漢印徵》卷一,第 14 頁),與説文小篆結構相同,此外,秦簡又作央(《睡甲》第 6 頁),其所從的央字與説文小篆不同,當爲篆文英的異體。

　　莊　艸部:"莊,艸兒。從艸,在聲。濟北有莊平縣。"

此字漢印作莊(《漢印徵》卷一,第 15 頁),其下部在字所從之才與金文才(《金文編》第 411 頁)相同,淵源有自,當爲莊的一種異體。

　　(二) 卷二

　　吉　口部:"吉,善也。從士、口。"

秦漢時期,吉的篆文寫法主要有兩類,一類作吉(《秦印》第 24 頁)、吉(《秦漢金文》第 40 頁),與説文小篆相同。此外,吉還寫作吉(《秦漢金文》第 40 頁)、吉(《秦印》第 24 頁),下部所從的口中多一短橫,這類寫法在春秋戰國時期就已經出現,如吉(《古璽》

---

① 　趙平安《〈説文〉小篆研究》,第 85—86 頁。

《説文》字頭篆文的結構與⬚(《秦印》第 62 頁)、⬚(《戰文編》第 198 頁)相同,其字形是可靠的。此外,睡虎地秦簡作⬚(《睡甲》第 47 頁)、秦漢印文分別作⬚(《秦印》第 62 頁)、⬚(《漢印徵》卷三,第 21 頁),表明秦漢時期,"更"還有一種與字頭篆文並行的異體。

(四) 卷四

𥅆　目部:"⬚,目驚視也。从目,袁聲。《詩》曰:'獨行𥅆𥅆。'"

《説文》小篆與⬚(《古璽》第 81 頁)及⬚(《漢印徵》卷四,第 1 頁)的寫法相同,所从之目橫置。此外,放馬灘秦簡作⬚(《秦簡牘》第 99 頁)、漢印或作⬚(《漢印徵》卷四,第 1 頁),其所从之目豎置,應是𥅆字的異體。

眛　目部:"⬚,目不明也。从目,未聲。"

此字秦漢印文分別作⬚(《秦印》第 65 頁)、⬚(《漢印徵》卷四,第 2 頁),其結構與字頭篆文一致。又秦陶文或作⬚(《陶彙》第 140 頁),秦印或作⬚(《秦印》第 65 頁),"目"和"未"兩個構件位置互換。

奪　奞部:"⬚,手持佳失之也。从又,从奞。"

睡虎地秦簡此字或作■（《睡甲》第 54 頁），與《説文》字頭小篆結構大致相同。按西周金文中，奪字作■（《金文編》第 259 頁）之形，從雀從衣從又，後衣字的上半部分與小字粘連，訛變爲亦形，即《説文》小篆■之所本。秦簡奪字又作■（《睡甲》第 54 頁），及奮字有作■（《戰文編》第 235 頁）之形，其中奞字下均保留衣字的下半部分。這類寫法包含了西周金文中的部分遺存，可謂淵源有自，且在戰國秦漢時期尚實際行用，是奪字的一種異體。

(五) 卷五

青 青部：“■，東方色也。木生火，從生丹。丹青之信言象然。凡青之屬皆從青。■，古文青。”

青字在西周時期就有兩種寫法，分別作■（《金文編》第 349 頁）、■（《金文編》第 349 頁），前者即爲《説文》字頭篆文所本。秦印承襲了這兩路寫法，作■（《秦印》第 91 頁）和■（《秦印》第 91 頁），後一種爲《説文》失收的異體。

舍 亼部：“■，市居曰舍。從亼、屮，象屋也。口象築也。”

西周金文中，舍字或作■（《金文編》第 364 頁），或作■（《金文編》第 364 頁）。後者爲《説文》字頭小篆所本，秦印作■（《秦印》第 92 頁），與此相同。然而前一種寫法也延續了下來，春秋戰國時

期舍字或作 （《古璽》第 113 頁），秦簡作 （《睡甲》第 77 頁），秦印作 （《秦印》第 92 頁），表明舍字當有異體如此。《説文》僅據後一類寫法立説，誤以爲舍从亼，不確。

良　　富部：" ，善也。从富省，亡聲。，古文良。，亦古文良。，亦古文良。"

秦漢時期，良字主要有兩類寫法，一類作 （《睡甲》第 80 頁）、（《漢印徵》卷五，第 15 頁）之形；另一類作 （《睡甲》第 80 頁）、（《漢印徵》卷五，第 15 頁）之形。前一類寫法爲《説文》小篆所本，後一類寫法中，其上部所从爲口形，是良字的篆文異體。

（六）卷六

質　　貝部：" ，以物相贅。从貝，从所。闕。"

《説文》字頭小篆與漢印 （《漢印徵》卷六，第 18 頁）結構相同，但這種寫法出現較晚。春秋戰國時期，質字基本都寫作 （《戰文編》第 407 頁）、（《戰文編》第 407 頁）；秦簡作 （《秦簡牘》第 186 頁）、（《秦簡牘》第 186 頁），屬於同一路的寫法。漢代金文沿襲了此類寫法，如内清鏡作 （《秦漢金文》第 158 頁），是篆文質字的異體。

責　　貝部：" ，求也。从貝，束聲。"

此字西周金文作 ![字形]（《金文編》第 435 頁），甲骨文作 ![字形]（《甲文編》第 279 頁），與《説文》字頭篆文構形相同。又東漢時期的校官碑賣字作 ![字形]（《篆隸表》第 420 頁），雖用隸意書寫，然而保留了小篆的整體字形，説明《説文》所録字頭篆文盛行於西周至東漢時期，字形是真實可靠的。除此之外，秦漢時期賣字還有一種異體作 ![字形]（《睡甲》第 97 頁）、![字形]（《馬王堆》第 260 頁）。

　　買　貝部："![字形]，市也。从网、貝。《孟子》曰：'登壟斷而网市利。'"

此字甲骨文有作 ![字形]（《甲文編》第 280 頁）、西周金文有作 ![字形]（《金文編》第 436 頁），《説文》所録小篆與此一脈相承。但從西周到漢代，買字一直存在一種將上部所从网省寫的寫法，字作 ![字形]（《金文編》第 436 頁）、![字形]（《秦印》第 118 頁）、![字形]（《睡甲》第 97 頁）、![字形]（《漢印徵》卷六，第 19 頁），較《説文》字頭篆文來説，這一類寫法在秦漢時期更爲流行，是《説文》失收的異體。

　　都　邑部："![字形]，有先君之舊宗廟曰都。从邑，者聲。周禮：距國五百里爲都。"

都字所从的邑一直是比較穩定，而此字所从的者在秦漢時期則主要有兩種寫法，一从白作，一从曰作。[①]前者如 ![字形]（《秦印》第

_____

① 　趙平安《〈説文〉小篆研究》，第 72 頁。

119 頁）、![字](漢印徵）卷六，第 20 頁），與《説文》字頭篆文的結構相同。後者如 ![字](《睡甲》第 99 頁）、![字](《秦漢金文》第 163 頁）、![字](《漢印徵》卷六，第 20 頁），都字的這類寫法在秦漢時期大量行用，是《説文》未收錄的異體。

　　郝　邑部：" ![字] ，右扶風鄠盩厔鄉。从邑，赤聲。"

　　此字秦印作 ![字](《秦印》第 119 頁），漢印作 ![字](《漢印徵》卷六，第 21 頁），从邑赤聲，結構與《説文》字頭篆文相合。此外，秦印中尚有另一類寫法，作 ![字](《秦印》第 121 頁）、![字](《秦印》第 121頁），不从赤而从亦作。《説文》攴部曰：" ![字] ，置也。从攴，赤聲。![字] ，赦或从亦。"郝的情況與赦類似，而《説文》失收。

　　（七）卷七

　　晏　日部：" ![字] ，天清也。从日，安聲。"

　　《説文》字頭篆文與漢印 ![字](《漢印徵》卷七，第 2 頁）的寫法相同。除此之外，睡虎地秦簡此字作 ![字](《睡甲》第 103 頁），漢印中亦有作 ![字](《漢印徵》卷七，第 2 頁）者，其中晏所从的安與《説文》小篆不同，在女旁多一豎筆①。這類寫法在秦漢時期行用很廣，是晏字的異體。

───────────────

① 趙平安《〈説文〉小篆研究》，第 68 頁。

穀　禾部："，續也。百穀之總名。从禾，㲉聲。"

此字秦印或作（《秦印》第 134 頁），漢印作（《漢印徵》卷七，第 10 頁），與説文小篆結構相同。此外，還有一種寫法與此並行，字作（《睡甲》第 110 頁）、（《秦印》第 134 頁），省略了㲉中的短横，應爲"穀"的篆文異體。

稱　禾部："，銓也。从禾，爯聲。春分而禾生。日夏至，晷景可度。禾有秒，秋分而秒定。律數：十二秒而當一分，十分而寸。其以爲重：十二粟爲一分，十二分爲一銖。故諸程品皆从禾。"

此字秦印作（《秦印》第 134 頁），秦詔版作（《秦漢金文》第 186 頁），與《説文》小篆的結構相同。而秦漢時期稱的主流寫法爲（《睡甲》第 110 頁）、（《秦漢金文》第 186 頁）、（《漢印徵》卷七，第 11 頁）。按稱所从之爯，甲骨文作（《甲文編》第 191 頁）、（《甲文編》第 191 頁）諸形，象以手抓物，其中部爲入或八形，這和稱的後一類的寫法是一致的，説明的這類寫法較字頭篆文出現更早，《説文》失收。

疾　疒部："，病也。从疒，矢聲。，古文疾。，籀文疾。"

《説文》字頭篆文與漢印（《漢印徵》卷七，第 19 頁）結構相

《説文》繹的字頭篆文和秦印▨（《秦印》第 251 頁）、漢印▨（《漢印徵》卷十三，第 1 頁）結構相同，罜上部的🔲橫置。睡虎地秦簡作▨（《睡甲》第 193 頁），秦漢印又或作▨（《秦印》第 251 頁）、▨（《漢印徵》卷十三，第 1 頁），🔲豎置，是繹的篆文異體。

　　墨　土部："▨，書墨也。从土，从黑，黑亦聲。"

此字在秦漢印文中有作▨（《秦印》第 259 頁）、▨（《漢印徵》卷十三，第 11 頁）之形，與《説文》字頭篆文結構相同。而秦簡作▨（《睡甲》第 202 頁），漢印或作▨（《漢印徵》卷十三，第 11 頁），其所從的黑與《説文》所錄篆文不同，上部作田形，[1]應是墨的篆文異體。

（十三）卷十四

　　陵　𨸏部："▨，大𨸏也。从𨸏，夌聲。"

《説文》字頭篆文與▨（《睡甲》第 212 頁）、▨（《秦漢金文》第 333 頁）、▨（《漢印徵》卷十四，第 8 頁）的結構大致相同，右部爲夌。此外，漢印作▨（《漢印徵》卷十四，第 8 頁），漢金文作▨（《秦漢金文》第 333 頁）；漢印又或作▨（《漢印徵》卷十四，第 8 頁），漢簡作▨（《篆隸表》第 1031 頁）。表明陵所從的夌當有不同的寫法，或加兩點於中部，或加兩點於右側。實際上，這種與

---

① 魏棟先生已指出黑的這類異體，詳見魏棟《〈説文〉未收小篆異體録補》，第 308 頁。

《説文》字頭篆文相異的字形是當時的主流寫法,《説文》失收。

　　九　九部:"九,陽之變也。象其屈曲究盡之形。凡九之屬皆从九。"

　　《説文》字頭篆文的字形與秦簡九(《秦簡牘》第 408 頁)類似。而漢金文多作九(《秦漢金文》第 348 頁),漢印作九(《漢印徵》卷十四,第 11 頁),此類寫法中,九的上部明顯向左曲折,上承西周金文九(《金文編》第 949 頁)而來,是九的篆文異體。

　　酉　酉部:"酉,就也。八月黍成,可爲酎酒。象古文酉之形。凡酉之屬皆从酉。酉,古文酉。从卯,卯爲春門,萬物已出。酉爲秋門,萬物已入。一,閉門象也。"

　　此字新莽時期的二斤權作酉(《秦漢金文》第 361 頁),熹平年間的《韓仁銘》作酉(《篆隸表》第 1067 頁),其結構與《説文》字頭篆文大致相同。然而這是一種比較晚起的寫法,秦漢時期,酉的常見寫法主要有兩種,一種作酉(《睡甲》第 222 頁)、酉(《漢印徵》卷十四,第 19 頁);一種作酉(《睡甲》第 222 頁)、酉(《漢印徵》卷十四,第 19 頁)。考西周金文中,酉有作酉(《金文編》第 1000 頁)、酉(《金文編》第 1001 頁)之形,可知上述酉的兩類寫法皆有所本,是"酉"的篆文異體。

　　本文引用字形參考書目及其簡稱:

《説文解字》（中華書局，1963 年）簡稱《説文》

《甲骨文編》（中國科學院考古研究所，中華書局，1965 年）簡稱《甲文編》

《古璽文編》（羅福頤，文物出版社，1981 年）簡稱《古璽》

《古陶字彙》（徐毅甫、王延林，上海書店出版社，1994 年）簡稱《陶彙》

《戰國文字編》（湯餘惠，福建人民出版社，2002 年）簡稱《戰文編》

《漢印文字徵》（羅福頤，文物出版社，1978 年）簡稱《漢印徵》

《秦印文字彙編》（許雄志，河南美術出版社，2001 年）簡稱《秦印》

《秦漢金文彙編》（孫慰祖、徐毅甫，上海書店，1997 年）簡稱《秦漢金文》

《秦漢魏晉篆隸字形表》（徐中舒，四川辭書出版社，1985 年）簡稱《篆隸表》

《睡虎地秦簡文字編》（張守中，文物出版社，1994 年）簡稱《睡甲》

《秦簡牘文字編》（方勇，福建人民出版社，2012 年）簡稱《秦簡牘》

《馬王堆簡帛文字編》《陳松長，文物出版社，2001 年》簡稱《馬王堆》

（原載《出土文獻》第七輯，中西書局，2015 年）

第五章　《説文》小篆的結構

一、小篆結構系統的一致性與參差性

誠然,和此前的古文字相比,《説文》小篆結構系統相對整齊統一。儘管如此,參差的現象仍然存在。

有的單字用篆文,作偏旁時或用篆文,或用篆文異體,或用古文,或用籀文。

复　夊部:"𡕱,行故道也。从夊,富省聲。"

彳部復、肉部腹、衣部複、襾部覆所从與𡕱同,虫部蝮、魚部鰒所从作𡕱。《詛楚文》作"",所从與《説文》有別。龍崗秦簡""(龍 8)、""(龍 213)與《説文》小篆相合。𡕱的寫法和繹山碑復所从相同,均淵源有自。

夫　夫部:"夫,丈夫也。从大,一以象簪也。周制以八寸爲尺，十尺爲丈。人長八尺，故曰丈夫。凡夫之屬皆从夫。”

同部的規、扶，手部的扶，衣部的袾，魚部的魷，虫部的蚨，所从作帀；木部枖、邑部邦、金部鈇，所从作木。木、帀是一對異體。

弁　兒部：“兒，冕也。周曰兒，殷曰吁，夏曰收。从兒，象形。兒，籀文兒，从収，上象形。兒，或兒字。”

甾部畚、土部坴、日部昇、門部開、手部拚、酉部畚，从篆文兒字之或體兒；糸部綜之異體从籀文兒。

折　艸部：“折，斷也。从斤斷草。譚長説。折，籀文折，从艸在仌中，仌寒故折。折，篆文折，从手。”

口部哲、心部悊、日部晢、辵部逝、女部婺、言部誓、水部浙、石部砓、犬部狾、金部鍻从篆文折，糸部繳从籀文折。

殸　石部：“磬，樂石也。从石；殸象縣虡之形；殳，擊之也。古者毋句氏作磬。磬，籀文，省。磬，古文从巠。”

香部馨、言部聲、耳部聲、水部漀、車部聲从籀文。

寷　宀部：“寷，臥也。从宀，寷聲。寷，籀文寢,省。"

水部寢从籀文。

璽　土部:"璽,王者印也。所以主土。从土,爾聲。
璽,籀文,从玉。"

秦漢簡帛、璽印、石刻文字寫法多如小篆,少數同籀文。糸部
繮、弓部璽、犬部玃从籀文。

癸　癸部:"癸,冬時水土平,可揆度也。象水從四
方流入地中之形。癸承壬,象人足。凡癸之屬皆从癸。
癸,籀文,从癶,从矢。"

艸部葵从癸,目部睽、門部関、手部揆、水部溪、木部楑、戈部
戣、邑部郯、人部倿、馬部騤、耳部瞶从癸。

絕　糸部:"絕,斷絲也。从糸,从刀,从卩。絕,古
文絕。象不連體,絕二絲。"

中山王壺"内絕邵公之業",與《説文》古文同。蚰部蠿、斤部
斷从古文。

利　刀部:"利,銛也。从刀。和然後利,从和省。

《易》曰:'利者,義之和也。' 𥝲,古文利。"

風部颺从篆文,邑部酆、黍部黎、木部犁从古文。

二　二部:" 二,地之數也。从偶一。凡二之屬皆从二。弍,古文。"

貝部貳从古文。

巫　巫部:" 𮣌,祝也。女能事無形,以舞降神者也。象人兩褎舞形,與工同意。古者巫咸初作巫。凡巫之屬皆从巫。覡,古文巫。"

言部誣从篆文,竹部箿从古文。
有時單字用完整的篆文,作偏旁時,省去一部分形體。

暴　日部:" 𣉣,晞也。从日,从出,从収,从米。𣊵,古文暴,从日,麃聲。"

言部瀑从言,暴省聲。《爾雅・釋訓》:"懪懪,悶也。"《經典釋文》:"本又作瀑。《説文》云:'大呼也,自冤也。'"可見瀑从暴省聲可信。

啟　攴部:" 𣀯,教也。从攴,启聲。《論語》曰:"不憤不啟。”

木部棨从木，啟省聲。張掖都尉棨信寫作棨，不省。日部啓从日，啟省聲。甲骨文作啓(《粹》647)，也不省。

亦 亦部：“，人之臂亦也。从大，象兩亦之形。凡亦之屬皆从亦。”

夕部夜从夕，亦省聲。周原甲骨文(H11：56)、夜君鼎夜从夕，亦聲，知小篆夜亦省聲可信。

雙 雔部：“，隹二枚也。从雔，又持之。”

心部㦼从心，雙省聲。《漢書·刑法志》作㦼，《說文》引《春秋傳》“駟氏㦼”，《廣韻》引《左傳》作㦼。又雙，鳳凰山 M167 竹簡 35 作隻。

龖 龍部：“，飛龍也。从二龍。讀若沓。”

衣部襲从衣，龖省聲，𢦏鼎、𢦏簋、《說文》籀文不省。言部讋从言，龖省聲，《說文》籀文不省。

微 彳部：“，隱行也。从彳，𢼸聲。《春秋傳》曰：‘白公其徒微之。’”

　　糸部徽从糸，微省聲。三體石經古文徽从糸，敳聲，證明徽从微聲可信。

　　從本質上講，小篆結構系統的參差性是漢字在發展過程中長期積澱的結果。

　　過去對這個問題的認識並不很充分，時有把參差的寫法改爲統一的現象。例如：

　　出　　出部：“ 屮 ，進也。象草木益滋，上出達也。凡出之屬皆从出。”

　　石鼓文、宗邑瓦書出的寫法與之相同。言部詘、糸部紬、手部拙、尾部屈、穴部窋从 屮 ，示部祟、又部叞、艸部蔽、鳥部鷞、放部敖、力部勞、貝部贅、馬部駷、口部嗽等从 出 。 出 、 屮 本是一對異體字，都有古文字的依據。段玉裁《說文解字注》把 出 統統改爲 屮 。

　　參　　晶部：“ 曑 ，商星也。从晶，㐱聲。 曑 ，曑或省。”

　　竹部篸、木部槮、黑部黲、心部慘、牛部㣙、言部謲、人部俟、馬部驂、犬部㺜、糸部縿、女部嫸、水部滲皆从或體。朱駿聲《說文通訓定聲》把从 㐱 的字統統改爲从 曑 。

　　這類改篆缺乏事實的依據，因而是草率的、錯誤的。

　　由此看來，正確認識小篆結構系統的參差性，不僅具有理論上的價值，也具有一定的實際意義。

二、小篆結構的原始理性、後起理性和無理性

小篆是古漢字發展到一定階段的産物,總體上仍屬於古文字的範疇,有許多字的形體雖然發生了一些變化,原來的構形理據並没有變,原始理性仍然存在。

而　而部:"𠕋,頰毛也。象毛之形。《周禮》曰:'作其鱗之而。'凡而之屬皆从而。"

而字,西周金文眉敖鼎作𠕋,象頰毛下垂之形。戴震《周禮》注曰:"頰側上出者曰之,下垂者曰而。"段玉裁注:"首畫象鼻耑,次象人中,次象口上之髭,次象承漿及頤下者。蓋而为口上、口下之總名。分之則口上爲髭,口下爲須。"[1]小篆而尚存構形本義。因其去古未遠,所以繼承了此前古文字的特點。而字被借用爲虚詞後,頰毛義用分化字髵表示,只是在从而構形的𢑚、耐中還保留了一些有關而的原始形義的線索。[2]

果　木部:"果,木實也。从木,象果形在木之上。"

---

① 段玉裁《説文解字注》,上海古籍出版社,1981 年,第 454 頁。
② 《説文》而部:"𢑚(𢑚),罪不至髡也。从而,从彡。𠕋(耐),或从寸。諸法度字从寸。"徐鍇《説文解字繫傳》:"彡猶删也。"《禮記·禮運》正義:"古者犯罪以髡其鬚,謂之耐罪。"

　　西周金文果作 （果簋），象樹上結果實之形。通常以三表示多，這是用一顆果實作爲代表。小篆果承襲了古文字的寫法，仍然能够顯示它的原始構形理據——木實，即果實。《周易·説卦》："爲果蓏。"孔疏："木實爲果，草實爲蓏。"《韓非子·五蠹》："民食果蓏蚌蛤。"《管子·四時》："時雨乃降，五穀百果乃登。"用的都是本義，與原始構形相吻合。

　　采　木部："，捋取也。从木，从爪。"

　　采甲骨文作 （《合集》11726），西周金文作 （遣尊），小篆采繼承了甲骨金文的寫法，保留了原有的結構特點，通過會意的手段，表示捋取、摘取。《詩經·周南·芣苢》："采采芣苢，薄言采之。"第二句中的采字，毛傳解釋爲"取也"。《史記·伯夷列傳》："登彼西山兮，采其薇矣。"《晉書·劉琨傳》："古語云，山有猛獸，藜藿爲之不采。"用的都是摘取的意思。

　　閏　王部："，餘分之月，五歲再閏，告朔之禮，天子居宗廟，閏月居門中。从王在門。《周禮》曰：'閏月，王居門中終月也。'"

　　《周禮·春官·大史》："閏月，詔王居門終月。"鄭司農云："月令十二月，分在青陽、明堂、總章、玄堂左右之位。惟閏月無所居，居于門。故於文，王在門謂之閏。"閏字始見於戰國楚帛書，作 ，是比較晚起的。蓋先有王於閏月居門中的禮制，後有閏字。

小篆閏仍保留著原有的理據。

　　　删　刀部："𣃁,剟也。从刀、册,册,書也。"

　　古人編簡成册,在簡册上書寫,寫錯了字,就用刀刮去。删字从刀从册,會刊削之義。出土簡册實物中,有許多删改的實例。武威漢簡裏包括七類:

　　　(一) 寫錯一字,削去後改寫一字,原地位不動,如《士相見》第六簡的"士"字和第十六簡的"茅"字;(二) 寫錯偏旁,削去偏旁而改寫的,如《士相見》第十二簡"視"字的示旁;(三) 寫錯幾個字,削除後仍補寫幾個字,如《士相見》第十四簡"後授虚"三字;(四) 遺寫數字,將一小段全削去而補寫的,改寫後地位擁擠,如甲本《服傳》第二十三簡上段"夫……斬"十一字,又如《士相見》第九簡"荅壹拜"係就二字改爲三字的;(五) 多寫了字,删除改寫後,原占地位有了空餘,如甲本《服傳》第三十簡"妾不"二字削改,妾上留一字地位未補;(六) 錯字削除後遺未補寫的,如《少年》第二十二簡"會蓋二"的"蓋"字削後未補寫;(七) 鈔者誤重一段,删削後不作補書的,如《泰射》第二十簡中空二十字地位,係誤重一段,删後留空白。①

────────

① 甘肅省博物館、中國科學院考古研究所《武威漢簡》,文物出版社,1964 年,第 66 頁。

陟　自部："𨸰,登也。从自,从步。𨽰,古文陟。"

小篆陟的寫法與甲骨金文一脈相承,構形理據並沒有發生什麼變化,仍能會出登上的意思。《詩經·周南·卷耳》:"陟彼高崗,我馬玄黃。"《商頌·殷武》:"陟彼景山,松柏丸丸。"《衛風·陟岵》:"陟彼岵兮,瞻望父兮。"都用爲登上義。

男　男部："𤰔,丈夫也。从田,从力。言男用力於田也。凡男之屬皆从男。"

男字从力从田,甲骨文已經如此,到小篆基本未變。在早期農業社會,男人主外,致力於耕作,女人主内,致力於蠶桑和紡織,故用从力从田表示男人的意思。力是耒耜的象形字,从力从田,猶言致力於耕作。

雀　隹部："雀,依人小鳥也。从小、隹。讀與爵同。"

甲骨文雀即从小从隹,是所謂詞字,用會意的方法,表示麻雀的意思,至小篆構形基本未變。《詩經·召南·行露》:"誰謂雀無角,何以穿我屋。"《史記·陳涉世家》:"嗟呼!燕雀安知鴻鵠之志哉?"雀都是麻雀的意思。

景　日部："景,光也。从日,京聲。"

從戰國文字看,景字即是從日京聲,至小篆,雖然京字寫法有些變化,但整個字的結構關係、構形理據沒有變化,仍然表示日光這一意義。江淹《別賦》:"日出天而耀景,露下地而騰文。"正是日光的意思。

然 火部:"燃,燒也。从火,狀聲。爤,或从艸、難。"

戰國中山王鼎已有然字,基本構形與小篆相同,用形聲方式表示燃燒的意思。《墨子·備穴》:"且戰北,以須爐火之然也。"《孟子·公孫丑上》:"若火之始然,泉之始達。"曹植《七步詩》:"其在釜下然,豆在釜中泣。"都用爲燃燒之義。

一部分小篆結構失去了原始理性,賦予了新的理性。

气 气部:"气,雲气也。象形。"

气,甲骨文寫作三,中間一短橫,上下各一長橫,從字形看,與雲气無關。甲骨文气有三種用法,一爲乞求之乞,二爲迄至之迄,三爲終止之訖,也與雲气無關。气由三變爲三、乞,後來由於借爲雲气字,故意委屈筆畫,成爲小篆的樣子。氛字從气分聲,表示祥气的意思,可見,許慎以爲气象雲气之形,其實是揭示了它的構形理據。

荂 荂部:"荂,艸木華也。从㞢,亏聲。"

本爲象形字，上象花葉，下象根須。後來字形裂變，上作 ⿱ ，仍象花葉，下作亏，成爲聲符。許慎的解釋，結合篆文的實際，揭示了後起的構形理據。

歙　歙部："⿰，歙也。从欠，酓聲。凡歙之屬皆从歙。⿰ ，古文歙，从今、水。⿰ ，古文歙，从今、食。"

從甲骨文看，本象人捧著酒罈子伸著舌頭飲酒之形，是飲的本字。後來，人形與唇舌分裂，全字訛變爲左右兩部分，成爲从欠酓聲的形聲字。許慎據小篆字形，説明了歙字新的構形理據。

盡　皿部："⿱ ，器中空也。从皿，妻聲。"

甲骨文此字象人拿著刷子刷洗器皿之形，表示器皿空了，本義當爲完了、沒有了的意思。大約從東周開始，字的上部演變爲妻，和火部的妻（爐的本字）混同，遂成爲从皿妻聲的形聲字。

年　禾部："⿱ ，穀孰也。从禾，千聲。《春秋傳》曰："有大秊。""

甲骨文从禾从人，用人負禾的形象表示穀物成熟。《甲骨文合集》24427："癸卯卜，大貞：今歲商受年？七月。"10022甲："甲戌卜，方貞：甫受黍年？"《春秋穀梁傳》宣公十六年："五穀大熟爲大有年。"用的都是本義。後於人字上加橫畫變成千，成爲聲符。

龔　共部:"龔,給也。从共,龍聲。"

它和収部的龏是同一個字的分化。早期金文寫作龏,後加兄
聲作龏,又經過一段時間的演變,収和兄訛變爲共,便有了从共从
龍的龔。晉邦盙:"虔龏盟祀。"邾公牼鐘:"余畢龏威忌。"秦公鎛:
"嚴龏夤天命。"龏都用爲恭。《尚書·甘誓》:"今予惟恭行天之
罰。"段玉裁謂:"漢魏晉唐引此無不作龔。"①衛包作恭,可見早期
龏、龔的用法也有相通之處。從龏到龔,雖然同爲形聲,但形符變
了,構形理據變了。

一部分小篆結構變成了無理性的。即全字或字的一部分已
失去了原有的表現功能,又没有獲得新的表現功能。這類字,許
慎或用"闕"表示。

市　丿部:"市,相當也。闕。讀若宀。"

段玉裁曰:"此謂闕其形也。"②

旁　二部:"旁,溥也。从二,闕,方聲。"

段玉裁曰:"闕謂从冂之説未聞也。"③

① 段玉裁《説文解字注》,上海古籍出版社,1981 年,第 105 頁。
② 段玉裁《説文解字注》,第 144 頁。
③ 段玉裁《説文解字注》,第 2 頁。

　　單　吅部：" 單 ，大也。从吅、甲，吅亦聲。闕。"

段玉裁曰："當云甲闕，謂甲形未聞也。"①

　　叚　又部：" 叚 ，借也。闕。"

段玉裁曰："謂闕其形也。其从又可知，其餘則未解，故曰闕。"②

　　夋　夊部：" 夋 ，行夋夋也。从夊，闕。讀若僕。"

王筠曰："此謂上半分之合之，皆與字義無涉也。"③
或許慎強爲之解。

　　叡　吅部：" 叡 ，亂也。从爻、工、交、吅。一曰窒叡。讀若穰。"

散盤作 𤰕 ，至小篆發生訛變，原有理據喪失，形體已不可解。

　　凵　亡部：" 凵 ，止也，一曰亡也。从亡，从一。"

_____

①　段玉裁《説文解字注》，第 63 頁。
②　段玉裁《説文解字注》，第 116 頁。
③　王筠《説文釋例》，武漢古籍書店，1983 年，第 495 頁。

此字乙亥鼎作，曾憲通先生認爲象以耒起土之形，"引申而爲耕作、農作之作"。① 小篆字形已發生嚴重訛變。

　　函　马部："函，舌也。象形。舌體马马。从马，马亦聲。，俗函，从肉、今。"

此字甲骨文作（《京津》4467），金文寫法大致相同，象以函盛矢之形。小篆函已失去原始構形理據，變成無理性的形體。許慎説象舌形，顯然牽强附會。

　　同　冃部："同，合會也。从冃，从口。"

甲骨文作（《京都》3016），本从口凡聲，小篆形有訛變，冃已不可解。

　　貞　卜部："貞，卜問也。从卜，貝以爲贄。一曰鼎省聲。京房所説。"

此字甲骨文借鼎爲之，後在字上加卜，成爲鼑，鼑字又省變爲貞。小篆貞已成了無理性的形體，許慎解釋爲从卜从貝是錯誤的。

① 曾憲通《"作"字探源——兼談"耒"字的流變》，《古文字研究》第十九輯，中華書局，1992 年。

軍　車部：“軍，圜圍也。四千人爲軍。从車，从包省。軍，兵車也。”

郾右軍矛作軍，中山王鼎作軍。甲骨文旬作旬（《粹》1463），金文匀作匀（匀簋），可見，軍本从古文旬或匀省聲。小篆軍中的古文旬已訛變爲勹，導致原有構形理據喪失。許慎解釋爲“从包省”，不確。

三、小篆結構的分析方法

（一）許慎的六書説

許慎分析小篆結構的方法是所謂“六書”。他在《説文・敍》中解釋説：

> 一曰指事，指事者，視而可識，察而見意，上下是也；二曰象形，象形者，畫成其物，隨體詰詘，日月是也；三曰形聲，形聲者，以事爲名，取譬相成，江河是也；四曰會意，會意者，比類合誼，以見指撝，武信是也；五曰轉注，轉注者，建類一首，同意相受，考老是也；六曰假借，假借者，本無其字，依聲託事，令長是也。

　　清代學者用許慎的名稱、劉歆的次第把六書調整爲象形、指事、會意、形聲、轉注、假借。象形、指事、會意、形聲是個體字符的結構方法和分析方法，轉注是字族的孳乳方法和分析方法，假借是字和詞之間的配置方法和分析方法。正如一些學者所指出的那樣，六書並不是同一層面的東西。《説文》正文旨在分析單字結構、揭示形義關係，所以説象形、指事、會意、形聲字有比較完整的體例。象形字，一般用"象形""象某某之形""從某，象形"來分析；指事字一般用"指事""象某形、象某某""從某加解説"來進行分析；會意字一般用"會意""從某，從某""從某某""從某加説解"進行分析；形聲字一般用"從某，某聲""從某，從某，某聲""從某某，某聲""從某，從某，某亦聲"來進行分析。

　　應該説，象形、指事、會意、形聲作爲結構分析的方法適用於大多數的篆文。但它們畢竟只是平面的靜態的分析法，對於那些無理性的結構顯得無能爲力，也不能很好地發掘長期累增而成的字形結構的歷史內涵。

（二）縱橫動靜相結合的分析方法

　　小篆作爲漢字發展過程中的一個片段，是長期演變和積澱的產物。有一些字如果僅僅是從橫向來作平面的靜態的分析是很難完全弄清它的真面目的。必須既考慮它的橫向聯繫，又考慮它的歷史原因。橫向求其類，縱向求其變。

　　寶　宀部："𥶇，珍也。從宀，從玉，從貝，缶聲。

，古文寶，省貝。”

甲骨文作（《後》下 18・3），象屋子裏有貝有玉之形。貝和玉都是古代很珍貴的東西，以這種形象來表示珍貴之物的意思。《墨子・七患》：“食者國之寶也。”《吕氏春秋・異寶》：“子以玉爲寶，我以不受爲寶。”《史記・李斯列傳》：“有隨、和之寶。”用的都是本義。後來在甲骨文寫法的基礎上加缶作爲聲符，寫作（戌嗣子鼎），小篆的寫法正是在這種寫法的基礎上演變而來的。許慎把寶的各個構件放在同一層次來分析，顯然不能反映它豐富的歷史内涵。

奉的情況與寶類似。収部：“，承也。从手，从収，丰聲。”散盤作，侯馬盟書、楚帛書等結構相同，本从収丰聲，是雙手捧著的意思。《禮記・曲禮上》：“長者與之提携，則兩手奉長者之手。”《史記・廉頗藺相如列傳》：“臣願奉璧往使。”所用正是此義。小篆奉在原字下加手，成爲一個疊床架屋式的結構。許慎對奉的分析，不能反映形體累增的過程。

在上一節裏，我們列舉了單，這個字由於訛變太甚，成了無理性的結構，就不是用平面分析法所能解決的。許慎用闕表達了他的無可奈何的心情。其實，如果從縱向看，單字的結構也能作出解釋。

單，甲骨文作（《前》6・3・1）、（《前》7・26・4）、（《乙》3787）。第一種寫法爲初形，二、三爲增累字。從初形看，單是一種物象，即古代廣泛使用的狩獵工具——飛石索。它是把一根粗繩歧開，在兩根細繩的頂端分別纏上石頭，用於遠距離打擊形體較大的野獸。這種狩獵工具,石器時代的遺址中出土過(指那種專用的石頭),20 世紀 40 年代納西人還在使用。甲骨文狩字从犬从單,也説明單和狩獵有關係。小篆單上半變爲叩,下半變爲甲,已不可解。

需要從縱向看的例子很多,不妨再舉幾例。

奔　天部:"𠓥,走也。从夭,賁省聲。與走同意,俱从夭。"

早期金文作 𡚑 (盂鼎),从夭从三止,是表示奔跑的會意字。由於止、屮形近,後來三止訛變爲三屮,失去了原來的表意作用。許慎不明個中緣由,把𡴀與賁硬扯在一起,不合字源。

曾　八部:"曾,詞之舒也。从八,从曰,囪聲。"

甲骨文中的 𠃬 (《簠游》68),或用爲地名,一般認爲相當於古籍中的曾。地名曾本只作 𠃬,後來被廢棄,用曾表示。曾應是从曰 𠃬 聲,是副詞曾的本字。

辟　辟部:"𤰫,法也。从卩,从辛,節制其辠也;从口,用法者也。凡辟之屬皆从辟。"

金文辟字作 𨐌 (盂鼎),从〇,是璧的象形。𨐌 是聲符,甲骨文作 𨐌 (《戬》37·12),从辛从卩,象用刑具對跪跽者施刑,是表示"法也"的本字。辟是璧的早期形聲字。後來由於借用辟表示"法也"
的意思，辟中的〇又訛變爲口，遂導致錯誤的理解。

廷　夊部："㢟，朝中也。从夊，壬聲。"

早期金文作𠧑（何尊）、𠤑（毛公鼎），乚爲形符，聲符或作㐱，
或作壬。後來這兩種寫法雜糅成𠧑（秦公簋）。小篆就是由這類
寫法訛變而來的。

第六章　傳抄刊刻對《説文》
小篆的影響

　　建光元年(121 年)，許慎於病中命兒子許沖向漢安帝獻書，應該説，這時的《説文》已經是定本了。此後，《説文》便在社會上流傳開來。鄭玄注《儀禮》《周禮》《禮記》，應劭撰《風俗通義》，陸璣撰《毛詩草木鳥獸蟲魚疏》，顧野王撰《玉篇》，都曾明引《説文》。唐代陸德明撰《經典釋文》，李善注《文選》，玄應及慧琳撰《一切經音義》，顏師古注《漢書》，孔穎達注《周易》《尚書》《詩經》《禮記》《左傳》，賈公彦注《儀禮》《周禮》，也都大量引述《説文》。這些表明，唐代以前，《説文》已產生了很廣泛的影響。

　　但漢唐間人稱引《説文》，往往是爲了解經之類的實用目的，因而所引用的往往是許書原文的説解，有關許書小篆傳抄刊刻的情況，從中能瞭解的很少。

　　今天所能見到的最早的《説文》傳本，是唐代的殘寫本，包含口部和木部的部分內容。口部殘卷一種存 4 字，一種存 12 字，爲

日本兩家收藏；①木部存一百餘字，爲張廉臣舊藏，後歸獨山莫
友芝。②

　　木部殘本一般認爲是公元 9 世紀 20 年代唐穆宗時寫的，距宋
太宗雍熙三年（986 年）命徐鉉等校訂《説文》付國子監雕版，推出
第一個刻本大徐本，已有一百多年。

　　唐寫本與大徐本比較，有著明顯的差異。爲獲得直觀的印
象，我們把莫友芝摹刻的唐寫本木部殘卷和陳昌治改刻的大徐本
木部字一一對應，編成下表，請參看。

---

① 　參見周祖謨《唐本説文與説文舊音》，載《問學集》下册，中華書局，1966 年 1 月版。
② 　莫友芝《仿唐寫本説文解字木部箋異》，清同治三年湘鄉曾國藩安慶刻本。

楃	桓	柝	柂	枑	欇	欂	楗	柤
程　木帳也从木屋聲	丸　亭郵表也从木亘聲	他　夜行所擊者从木橐聲易曰重門擊橐	攴力　落也从木聲讀若池	白义　編豎木也从木荊省聲	先結王鍇　欘也从木契聲	廉子　楔也从木戟聲	便　門也从木建聲	叒　木且聲
楃　木帳也从木屋聲 於角切	桓　亭郵表也从木亘聲 胡官切	柝　夜行所擊者从木橐聲易曰重門擊柝 他各切	柂　落也从木聲讀若他 池尒切	枑　編樹木也从木从册册亦聲 楚革切	欇　欘也从木契聲 先結切	欂　楔也从木籨聲 子廉切	楗　限門也从木建聲 其獻切	柤　木閑从木且聲 側加切

櫛	櫝	椷	枕	牀	桯	杠	橦
乙莊 梳比之總名也從木節聲	木 匱也從木賣聲一曰木名又曰大槬也	咸 三箧橐器也從木咸聲	之甚 卧頭薦也從木冘聲	仕莊 安身之坐也	他形 牀前几也從木呈聲	江 牀前橫也從木工聲	汰 帳極也從木童聲

櫛	櫝	椷	枕	牀	桯	杠	橦
梳比之總名也从木節聲 阻瑟切	匱也从木賣聲一曰木名又曰大槬也 徒谷切	箧簏器也从木咸聲 於非切	卧所薦首者从木冘聲 章衽切	安身之坐者从木爿聲 徐鍇曰左傳逆孟諸病橛地下冰而牀焉至於恭坐則席也故从爿牀之屬當从爿省聲且證文無爿字其書亦異故知其妄仕莊切 李陽冰言木右爲片	牀前几从木呈聲 他丁切	牀前橫木也从木工聲 古雙切	帳極也从木童聲 宅江切

裡	杷	釘	某	枺	槈	槈	柙	揄
	里		瓜瓜	扎	豆奴		洽江	疏
杷或從里	南也從木巳聲一曰徙士輂齊語詩若駕	茶或從	兩刃雷也从木象形宋魏曰某	茶雨也從木象形朙聲	薄器也从木辱聲	擭或從金	劍柙也從木合聲	理髮者也從木疏省聲
裡或从里	西也从木弓聲一曰徙土輂齊人語也 臣鉉等曰今俗作耞非里切	釘或从	兩刃雷也从木丿象形宋魏曰某也 互瓜切	茶雨也从木入象形朙聲 舉朱切	薄器也从木辱聲 奴豆切	擭或从金	劍柙也从木合聲 胡甲切	理髮也从木疏省聲 所菹切

棅	枋	檔	櫌	橾	（棟）		椑	棓
加父	方	勺竹	足竹	為侯摩田器也從木夐聲論語曰懮而不槐	新沼木也阳			未舂木也 從棓台聲
枚麥杷也也 從木巴聲	木友聲 梧也從	所謂之櫡 從木箸聲	所也齊謂之鎡曲者從木屬聲				籒文枱 從辞	
棅 收麥器从木巴聲 蒲巴切	枋 梧也从木友聲 北末切	檔 斫謂之櫡从木箸聲 張略切	櫌 斫也齊謂之鎡鎛一曰斤柄性自曲者从木屬聲 玉陟切	橾 摩田器从木夐聲論語曰橾而不槐 於求切	棟 六叉犁一曰犁上曲木犁轅从木軍聲讀若渾天之渾 戶昆切		辞 籒文从辞	棓 未舂也从木台聲弋之 戶昆

下卦 和臾　種樓也一曰燒麥 枱椴從木役聲	奴　擊禾連枷也 從木弗聲	加工 豆　拂也從木加聲 淮南謂之枷	与克　木午聲 春柄也從	内工　枓斗斛也 從木既聲	辛工　平也从 木气聲	所 杏　木參夾也从 𣏾讀者從木省 聲讀若驪駕	四　礼有柶也 從木四聲	末方　一曰栖也從 木否聲
種樓也一曰燒麥枱椴从木役聲 与辟切	擊禾連枷也从木弗聲 敷勿切	枷也从木加聲淮南謂之枷 古牙切	春杵也从木午聲 昌與切	枓斗斛也从木既聲 工代切	平也从木气聲 古没切	木參交以枝炊蔑者也从木省聲讀若驪駕臣鉉等曰驪駕未詳所 日驪駕 緄切	禮有柶柶也从木四聲 息利切	匯也从木否聲 布回切

桂	槭	櫋	寀	櫨	盤	盤	槃	區
主 勺也從 木斗聲	古 篋也從 木咸聲	旋 圜梌也從 木果聲	凵 几屬也從 木安聲	斯 槃也從 木虎聲	籀文 從皿	古文 從金	安父 承槃也從 木般聲	籀文 柜
勺也从木从斗之庾切	篋也从木咸聲古咸切	圜梌也从木果聲似沿切	凵几屬从木安聲烏旴切	槃也从木虎聲息移切	槃籀文从皿	盤古文从金	承槃也从木般聲薄官切	區籀文柜

橢	櫨	椑	桱	籀文櫑	櫑或从皿	櫑或从缶	罍	枓
車笭中橢橢器也从木隋聲 徒果切	酒器也从木盧聲 洛乎切	圜椑也从木卑聲 部迷切	桱桱也東方謂之蕩从木巠聲 古零切				龜目酒尊刻木作雲雷象象施不窮也从木畾聲 魯回切	柄也从木勺聲 以爲挹酌之枓甫鳩切 之斗切

檼	杼	橫	槃	梩	橾	槤	特	槌
機持繒者也从木憂聲	機之持緯者也从木予聲一曰梳削木	槌之橫者也關西謂之槤从木弁聲	綢緤木也从木槃聲	舉食者也从木具聲	所以几器从木廣聲一曰帷屏風屬	瑚槤也从木連聲	槌也从木特省聲	關東謂之槌關西謂之持从木追聲
機持繒者从木憂聲 於富切	機之持緯者从木予聲 直呂切	槌之橫者也關西謂之槤从木弁聲 臣鉉等曰當从弁朕省直衽切	綢緤木也从木槃聲 古詣切	舉食者从木具聲 俱雨切	所以几器从木廣聲一曰帷屏風之屬 臣鉉等曰今别作幌非是 胡廣切	瑚槤也从木連聲 臣鉉等曰今俗作鏈非是 里典切	槌也从木特省聲 陟鬼切	關東謂之槌關西謂之持从木追聲 直類切

橜屐法也从木夋聲讀若指撝切呀券	蠻夷以木皮為箧狀如缴尊从木亥聲切古哀	樓也从木朋聲薄衡切	以柴木雙也从木存聲切徂悶	筐當也从木國聲古悔切	木階也从木弟聲切土雞	杖也从木長聲一曰法也切宅耕	牛鼻中環也从木类聲切居倦	筵也从木耑聲一曰楄度也一曰剟也切兜果

橾	柄	柯	椎	杖	梲	槶	樴	橛
	丙聲	可聲	追也	大	活他	項戠	戠聲	貝
柄或	木也從	木也從	也從木隹聲	持也	木杖也從	木音聲	弋也從	杙也從木厥
從某	丙聲	斧柄也	擊也齊謂終葵	木丈聲	木兌聲		木戠聲	聲一曰門梱
								月

橾	柄	柯	椎	杖	梲	槶	樴	橛
柄或从某	柯也从木丙聲 陂病切	斧柄也从木可聲 古俄切	擊也齊謂之終葵从木隹聲 直追切	持也从木丈聲 臣鉉等曰今俗別作仗非是直兩切	木杖也从木兌聲 他活切又之說切	梲也从木音聲 步項切	弋也从木戠聲 之弋切	杙也从木厥聲一曰門梱也 瞿月切

楑	檃	檄	檹	柅	屍	櫕	楑
活	近於	京巨	戚	袒	袒	大才	位方
隱也從木昏聲一曰矢頭也	栝也隱省聲	栝也榜也從木敬聲	所以輔弓聲也從木弱聲	屍或從尼	簞柄也從木尸聲	積竹杖也從木贊聲一曰穿一曰叢木	楑也木必從
栝隱也从木昏聲一曰矢栝築弦處 古活切	檃栝也从木隱省聲 於謹切	檄也从木敬聲 巨京切	檹所以輔弓聲从木弱聲補盲切臣鉉等案李舟切韻一音比孟切進船也又音北	柅屍或从木尼聲臣鉉等曰梜女黎此重出	屍簞柄也从木尸聲 女履切	櫕積竹杖也从木贊聲一曰穿也一曰叢木 在九切	楑也从木必聲 兵媚切

輔也從木非聲	其簿萋也從木其聲	續木也從木妾聲	江下 ；雙也從木夆聲讀若鴻	拈也 炊竈木也從木舌聲	曹 食器也從木曹聲	列牛 朕準的也從木自聲	孔他 木方器也受十六升從木甬聲	魯 大盾也從木魯聲
輔也从木非聲切敏尾	箕博萋从木其聲切楪之	樓續木也从木妾聲切子葉	桻雙也从木夆聲讀若鴻切下江	桰炊竈木从木舌聲臣鉉等曰當从䑽省乃得聲他念切	槽畜獸之食器从木曹聲切昨牢	臬射準的也从木从自李陽冰曰自非聲从劓省五結切	桶木方受六升从木甬聲切他奉	櫓大盾也从木魯聲切郎古

櫝	樂	椌	柎	椌	柷	槧	札	檢
櫝或從 鹵聲	五 角 五聲八音總名象 鼓鞞之形木其虡也	江 柷樂器也 從木空聲	于 方 闌足也 木付聲	浮 擊鼓杖也 從木包聲	九六 樂木椌也工用祝 之六止音為節從木祝省	自琰 才冉 牘樸也 木斬聲	列莊 牒也從 木乙聲	僎巳 書署也 木僉聲
櫝 或從鹵	樂 五聲八音總名象鼓鞞木虡也 玉角切	椌 柷樂也从木空聲 苦江切	柎 闌足也从木付聲 甫無切	椌 擊鼓杖也从木包聲 甫無切	柷 樂木空也所以止音為節从木祝省聲 昌六切	槧 牘樸也从木斬聲 自琰切	札 牒也从木乙聲 側八切	檢 書署也从木僉聲 居奄切

檓　大車槅从木鬲聲　古覈切

极　极也从木去聲　去魚切

輂　轤上負也从木及聲或讀若急　其輒切

樓　棚也竹木之車曰樓从木婁聲　土陿切

梐　梐柜也从木陛省聲　邊兮切

柜　行馬也从木互聲周禮曰設梐柜再重　胡誤切

椔　車歷錄東文也从木秋聲詩曰五椔梁輈　莫卜切

康　傳信也从木啟省聲　康礼切

檓　二尺書从木敫聲　胡狄切

梁	巨城	工學	佳力	固	坒午	弋	于山
水橋也從水双聲	木橋也水梁也從木喬聲	水上橫木所以渡也從木崔聲	山行所乘也從木絫聲虞書曰予乘四載水行乘舟陸行乘車山行乘欙澤行乘軨	二升可以耿鼠也從木固聲	馬桂也從木卬聲一曰堅	盛膏器也從木咼聲讀若過	車穀中空也也從木咢聲讀若數
樑 水橋也从木从水刅聲 呂張切	橋 水梁也从木喬聲 巨驕切	榷 水上橫木所以渡者也从木崔聲 江岳切	欙 山行所乘者从木絫聲虞書曰予乘四載水行乘舟陸行乘車山行乘欙澤行乘軨 力追切	椆 椆斗可射鼠从木固聲 古慕切	柳 馬桂从木卬聲一曰堅也 吾浪切	桐 盛膏器从木咼聲讀若過 平卧切	車聲中空也从木咢聲讀若敷 山榴切

肺	在七	交助	校下	勠力	入子	符月	公山	古文梁
削木朴也从木市聲陳楚謂櫝柿	捊取也从木爪	澤中守艸樓也从木巢聲	木田也从木交聲	江中大船也从木蠱聲	舟櫂也从木咠聲	海中大船也从木發聲	船總名也从木安聲	古文
削木札樸也从木市聲陳楚謂櫝為柿 芳吠切	捊取也从木从爪 倉宰切	澤中守艸樓从木巢聲 鉏交切	木囚也从木交聲 古肴切	江中大船名从木蠱聲 盧啟切	舟櫂也从木咠聲 子葉切	海中大船从木發聲 臣鉉等曰今俗別作筏非是 房越切	船總名也从木安聲 臣鉉等曰今俗別作艘非是 蘇遭切	古文

橫	梜	梡	檇	朾	楬	棱	楓
萌戶	洽工	曠工	惟子	亭	木竹	胡古	曾六
闌木也從木黃聲	檢柙也從木夾聲	充也從木充聲	從木有所擣也從木隹聲春秋傳曰越敗吳于檇李	橦也從木丁聲	擊也從木豙聲	棱也從木瓜聲	梣木也從木㚒聲
橫　闌木也從木黃聲　戶盲切	梜　檢柙也從木夾聲　古洽切	梡　充也從木光聲　古曠切	檇　以木有所擣也從木隹聲春秋傳曰越敗吳於檇李　遵為切	朾　橦也從木丁聲　宅耕切	楬　擊也從木豙聲　竹角切	棱也從木瓜聲又柧棱殿堂上最高之處也　古胡切	楓也從木㚒聲　魯登切

楬	杶	榱	柆	枰	梓	朩	櫱
斷木也从木昜聲春秋傳曰楬柚 徒刀切	斷也从木出聲讀若雅貙無前足之貙 女滑切	衰研也从木差聲春秋傳曰山不虧 側下切	折木也从木立聲 盧合切	平也从木从平平亦聲 蒲兵切	亦 古文櫱	古文櫱从木無頭	伐木餘也从木獻聲商書曰若顛木之有由櫱 五葛切

槱	枼	楅	楄	槶	楗	柝	析
酉	涉戈	力万	千父	昆下	短下	側遘 又遘	狀先
積木燎之也從木酉聲詩曰薪之槱之周禮以槱燎祠司中司命	楄也某薄也從木世聲	以木有所逼束也從木畐聲詩曰夏而楅衡	楄部方木也從木扁聲春秋傳曰楄部薦榦者	木未所也從木圍聲	從木完聲	木薪也從木取聲	破木也從木斤一曰折

槱	枼	楅	楄	槶	楗	柝	析
積火燎之也从木从火酉聲詩曰薪之槱之周禮以槱燎祠司中司命 余救切	枼也某薄也从木世聲 臣鉉等曰當从卉乃得聲卉蘇合切与涉切	以木有所逼束也从木畐聲詩曰夏而楅衡 彼即切	楄部方木也从木扁聲春秋傳曰楄部薦榦 部田切	槶木未析也从木圍聲 胡昆切	楗木薪也从木完聲 胡本	木薪也从木取聲 側鳩	破木也一曰折也从木从斤 先激切

桎	柈	械	夏	極	庥	休	禷
質 足械也所以質地从木至聲	曰 亦聲讀若辺 械也从木手	戒下 桎也从木戒聲一曰器之總名一曰有盛爲械無盛爲器	古文栖	陘工 竟也从木恒聲	休或从广	牛許 止息也从人依木	禷柴祭天神之名或从示
桎足械也从木至聲切之日	械也从木从手手亦聲切敕九	桎桎也从木戒聲一曰器之總名一曰持也一曰有盛爲械無盛爲器切胡戒	夏古文栖	極竟也从木恒聲切古鄧	庥休或从广	休息止也从人依木切許尤	禷柴祭天神或从示

古文柙	狎 檻也可以盛藏虎兕從木甲聲	工力 櫳也从木龍聲	斬戶 櫳也从木監聲一曰圈	閞胡 止也木柾門	羊七 距也从木倉聲一曰槍攘	弓素 檯檯也从木斯聲	秋力 撕押指也從木歷聲	屋古 手械所以告天从木告聲
古文柙	檻也以藏虎兕从木甲聲烏匣切	櫳也从木龍聲盧紅切	櫳也从木監聲一曰圈胡黯切		距也从木倉聲一曰槍櫳也七羊切	檯撕也从木斯聲先稽切	檻撕桿指也从木歷聲郎擊切	手械也从木告聲古沃切

楬	椁	槥	櫬	棺
伐巨 楬桀也從木曷聲 周礼曰楬而書之	台 葬有木臺也 魯聲	芮惪 棺槥也從 木彗聲	刃又 棺也從木親聲 春秋傳曰士輿櫬	丸古 屍 關也所以掩 從木官聲
楬 楬桀也從木曷聲春秋傳曰楬而書之 其謁切	椁 葬有木臺也從木臺聲 古博切	槥 棺槥也從木彗聲 祥歲切	櫬 棺也從木親聲春秋傳曰士輿櫬 初覲切	棺 關也所以掩尸從木官聲 古丸切

　　唐寫本與大徐本的差異,既有説解方面的,也有小篆書寫風格方面、所處位置方面、字數多寡方面、形體結構方面的,都可以看作是傳抄刊刻造成的。下面,圍繞唐寫本木部殘卷和大徐本木部字,來對唐寫本與大徐本在小篆方面的差異作一番具體考察。

一、唐寫本與大徐本在小篆方面的差異

(一) 書寫風格方面

　　大徐本中的小篆,筆道勻齊,承襲了秦系文字的書風,和石鼓文、秦虎符、秦刻石甚至漢代石刻篆文相一致,與古文、籀文區別井然。唐寫本小篆筆道粗細不一,書風與古文無別。這兩種本子哪一種書體更近於《説文》定本,已無從確知,但結合秦文字文物的實際考慮,大徐本可能更近乎本真。如這一推斷不錯,那麽,唐寫本小篆書寫風格在傳抄過程中可能發生了較大的變異。

(二) 所處位置方面

　　槍,唐寫本在"櫯""閖"之間,大徐本在"粗""楗"之間;
　　脛,唐寫本在"櫺""椑"之間,大徐本在"桯""牀"之間;
　　柭,唐寫本在"楷""杷"之間,大徐本在"杖""棓"之間;
　　棧,唐寫本在"桱""榓"之間,大徐本在"棚""桁"之間;

杖，唐寫本在"桄""榑"之間，大徐本在"檥""柭"之間；

枨，唐寫本在"栝""椹"之間，大徐本在部末"梟"下；

椌，唐寫本在"欒""楯"之間，大徐本在"枹""柷"之間；

棓，唐寫本在"檥""梲"之間，大徐本在"柭""椎"之間；

梲，唐寫本在"棓""杖"之間，大徐本在"柯""柄"之間；

榑，唐寫本在"杖""柯"之間，大徐本在"棓""柯"之間；

柯，唐寫本在"榑""柄"之間，大徐本在"椎""梲"之間；

柄，唐寫本在"柯""柲"之間，大徐本在"梲""柲"之間；

杸，唐寫本在"椓"前，大徐本相反；

閑，唐寫本在"槍""檻"之間，大徐本不在木部，在門部"闌""閉"之間。

（三）字數多寡方面

大徐本有"榺"字（機持經者。从木，朕聲），唐本無。

大徐本"枱"下有或體"鈶"，唐本無。

（四）形體結構方面

唐寫本"檠""棐"，大徐本作"檄""槽"，偏旁位置不同。

唐寫本"杞""榑"，大徐本分別作"相""椎"，偏旁寫法不同。

還有許許多多的字，兩種本子篆法略有不同。"櫫""櫛""椴""麋""櫓""棻"等字，唐寫本比較近真；"槧""校""操"等，大徐本比較近真。

　　唐寫本與大徐本的差異，從一定程度上反映了傳抄刊刻對《説文》小篆的影響。

二、對傳本《説文》小篆的校正

　　由於《説文》屢經傳抄刊刻，造成失真、錯訛，因此匡正僞誤，恢復本來面目就成爲治《説文》的首要工作。唐宋以來，歷代學者都十分重視，取得了巨大的成績。可以説，通過學者們的努力，《説文》傳本已漸漸現出了它的真面目。

　　歷代校勘《説文》，積累了豐富的經驗，發明了許多方法。現以大徐本爲底本，舉例加以説明。

（一）據小篆系統校正

　　諛　言部：“諛，相誤也。从言，臾聲。”

　　錢坫《説文解字斠詮》：“《玉篇》‘欺也’。本書無臾字，當是臾之誤，或省聲，同詑。”徐灝《説文解字注箋》：“錢説是也。”

　　齰　齒部：“齰，齒差跌皃。从齒，佐聲。《春秋傳》曰：‘鄭有子齰。’”

徐鉉曰："《説文》無佐字，此當从佐，傳寫之誤。"張舜徽先生曰："大徐説是也。佐字隸變作佐，遂訛化爲佐耳。"[1]佐字始見於睡虎地秦簡，比較晚起，當既已見於《春秋傳》，不當从佐。

璏　玉部："璏，劍鼻玉也。从玉，彘聲。"

段玉裁改爲璏，[2]張舜徽先生説："書家求字形勻美，訛从北，非也。"[3]与部彘"从二匕"，均右向。

據小篆系統校正，必須注意小篆系統的參差性。段玉裁曾把从𡳆的字改爲𡳆，就是没有考慮到出在小篆系統中有兩種不同的寫法，没有注意到小篆本身的參差性，因而是錯誤的。

（二）據不同傳本校正

蔪　艸部："蔪，白蒿也。从艸，繁聲。"

各本作蔪，解釋爲"从艸，斬聲"。大徐本應據改。

概　木部："概，杚斗斛。从木，既聲。"

唐本寫作概，與《漢印徵》6·8結構同，大徐本應據改。

---

① 張舜徽《説文解字約注》卷四，河南人民出版社，1983年，第38頁。
② 段玉裁《説文解字注》，上海古籍出版社，1981年，第14頁。
③ 張舜徽《説文解字約注》卷一，第32頁。

櫺　木部："櫺，弋也。从木，厥聲。一曰門梱也。"

唐寫本作櫺，所从厥與出土古文字結構同，大徐本應據改。

(三) 據文獻所引《說文》校正

文獻所引《說文》，出自不同傳本。因此據不同傳本校正《說文》和據文獻所引校正《說文》，本質上沒有區別。考慮到文獻所引往往比較籠統，並不指明出自何種版本，故單列於此。

謚　言部："謚，行之迹也。从言，兮皿闕。"

段玉裁於謚字下云："各本作'从言，兮皿闕'，此後人妄改也。考玄應書引《說文》：'謚，行之迹也。从言，益聲。'《五經文字》云：'謚，《說文》也；謚，《字林》也。《字林》以謚爲笑聲，音呼益反。'《廣韻》云：'謚，《說文》作謚。'《六書故》云：'唐本《說文》無謚，但有謚，行之迹也。'據此四者，《說文》从言益無疑矣。"[1]
此字魯峻碑作謚。

菣　艸部："菣，艸大也。从艸，致聲。"

嚴可均《說文解字校議》："菣篆體當作菣，說解當作到聲。經

---

①　段玉裁《說文解字注》，第 101 頁。

典莿誤从竹。'倬彼甫田',釋文引《韓詩》作莿。《釋詁》:'莿,大也。'釋文及疏並引《説文》二:'艸,大也。'《廣韻》四覺引作'莿,艸大也'。音到。則薮即莿之誤。二徐於部末複出'莿,艸木倒'。分爲二字,非。"段玉裁《説文解字注》、錢坫《説文解字斠詮》、桂馥《説文解字義證》、朱駿聲《説文通訓定聲》持相同的看法。

藍　艸部:"🌿,瓜菹也。从艸,監聲。"

張次立曰:"前已有藍,云:'染青艸也。'此文當从艸濫聲,傳寫之誤也。"張舜徽先生按:"《廣雅》《玉篇》《類篇》字並作藍。《御覽》卷八百五十六飲食部引《説文》亦作藍。今本誤書脱去水旁,則與染青艸之字無別矣。段玉裁、錢坫、王筠改篆爲藍,是也。"[1]

潩　水部:"🌊,飲歃也。一曰吮也。从水,算聲。"

段玉裁曰:"各本篆作潩,解作算聲。今按《玉篇》《廣韻》皆作潠,知古《説文》如此作。《集韻》《類篇》始誤從俗本《説文》耳。"[2]此字《原本玉篇殘卷》亦作潠,證段説可從。

(四) 據《説文》説解校正

懿　壹部:"🌸,專久而美也。从壹,从恣省聲。"

① 張舜徽《説文解字約注》卷二,第 69 頁。
② 段玉裁《説文解字注》,第 563 頁。

從説解看，懿當作懿。驗之文物文字資料，如禾簋、《漢印徵補遺》10・5、孔宙碑、魯峻碑陰、楊震碑等，也是如此。《類篇》説懿"或不省作懿"，不省的寫法始見於郭泰碑（漢靈帝熹平元年，172 年），比較晚出，因此大徐本懿篆很可能受了隸書的影響而致誤。

　　鼗　鼗部："〔圖〕，柔韋也。从北，从皮省，从敻省。凡鼗之屬皆从鼗。讀若耎。一曰若儁。〔圖〕，古文鼗。〔圖〕，籀文鼗，从敻省。"

　　段玉裁改鼗爲敻，在"从皮省"下注曰："謂〔圖〕也。非耳，非瓦。今隸下皆作瓦矣。"[1]

　　莸　艸部："〔圖〕，艸多皃。从艸，犰聲。江夏平春有莸亭。"
　　菰　艸部："〔圖〕，艸多皃。从艸，狐聲。江夏平春有菰亭。"

　　段玉裁於莸下注曰："凡云有某亭有某縣者，皆證其字形，不必名縣名亭取字義也。今《説文》艸部末有菰篆，訓釋十四字全同。此因莸誤爲菰，或妄附之部末也。"[2]段氏根據莸、菰二字解説相同，字形相近，認爲菰是莸的訛字，宜删去。證之《玉篇》《廣韻》

① 段玉裁《説文解字注》，第 122 頁。
② 段玉裁《説文解字注》，第 39 頁。

未收菰字，知段説可信。

（五）據傳世文獻校正

碫　石部："{image}，厲石也。从石，段聲。《春秋傳》曰：
'鄭公孫碫字子石。'"

段玉裁改碫爲碫，曰："碫篆舊作碫。《九經字樣》所引《説文》
已然，今依《〈詩〉釋文》及《玉篇》正。"[①]

龕　龍部："{image}，龍皃。从龍，合聲。"

段玉裁改爲龕，注云："各本作合聲，篆體亦誤。今依《九經字
樣》正，古音在七部，侵韻，今音入八部，覃韻。"[②]
此字牆盤、眉壽鐘均作龕，段改是。

（六）據文物文字校正

矜　矛部："{image}，矛柄也。从矛，今聲。"

段玉裁注："各本篆作矜，解云今聲，今依漢石經《論語》、溧水
校官碑、魏受禪表皆作矜正之。《毛詩》與天臻民旬填等字韻，讀

---

① 段玉裁《説文解字注》，第 449 頁。
② 段玉裁《説文解字注》，第 582 頁。

如鄰,古音也。漢韋玄成《戒子孫》詩始韻心,晉張華《女史箴》、潘岳《哀永逝文》始入蒸韻,由是巨巾一反僅見《方言》注、《過秦論》李注、《廣韻》十七真,而他義則皆入蒸韻,今音之大變於古也。矛柄之字改而爲穳,云古作矜,他義字亦皆作矜,从今聲,又古今字形之大變也。"[1]此字詛楚文、馬王堆漢墓帛書《老子甲本》153、《老子乙本》237 皆作矜,段改正確。

把校正篆文的方法分爲六類,是爲了便於説明。實際上在具體的運用中,往往是幾種方法同時使用。上面所舉的一些例子,已經或多或少地説明了這一點。這裏再舉一例。

　　樊　火部:"爔,燒田也。从火、棥,棥亦聲。"

段玉裁曰:"各本篆文作樊,解作从火、棥,棥亦聲。今正。按《玉篇》《廣韻》有焚無樊。焚,符分切。至《集韻》《類篇》乃合焚、樊爲一字。而《集韻》廿二元固單出樊字,符袁切。竊謂棥聲在十四部,焚聲在十三部。份古文作彬,解云焚省聲,是許書當有焚字。況經傳焚字不可枚舉,而未見有樊。知火部樊即焚之訛。玄應書引《説文》:'焚,燒田也。字从火,燒林意也。'凡四見。然則唐初本有焚無樊,不獨《篇》《韻》可證也。"[2]段玉裁校正樊字同時運用了上面提到的二、三、四、五共四種方法。

---

① 段玉裁《説文解字注》,第 719—720 頁。
② 段玉裁《説文解字注》,第 484 頁。

第七章 《説文》小篆字源探索

一、近年來小篆字源研究擷英

在古文字學者的推動下,近年來小篆字源研究取得了突破性的進展,一批優秀成果已先後面世。但由於《説文》學界和古文字學界長期隔膜,導致古文字學的優秀成果遲遲不能被吸納,大大影響了《説文》研究的整體水準。有鑒於此,我們選擇其中部分比較可靠的成果作一介紹,希望引起《説文》學界的注意。

兩 兩部:"𠕁,再也。从门,闕。《易》曰:參天兩地。凡兩之屬皆从兩。"

兩 兩部"兩,二十四銖為一兩。从一;兩,平分,亦聲。"

兩與兩本屬同字。從字形看,在古文字中,於某字上部之有橫畫者,往往又加一短橫。從用法看,兩、兩亦無區別。可見兩、兩本爲一字,《説文》誤分爲二。

兩字初文作𝍫,乃截取古文字車的部分構形而爲之,象轅前部衡上著以雙軛之形。車有兩軛,故稱爲兩。凡成對之物稱之爲兩者,乃兩字的引申義。①

　　　　幸　幸部:"幸,所以驚人也。从大,从羊。一曰大聲也……一曰讀若瓠,一曰俗語以盜不止爲幸。幸,讀若籲。"

甲骨文作𡵂(《後》下 38・7),戰國金文作𡗲(中山王壺),象梏形,即梏之表意初文。逮捕罪人的執,審訊罪人的報都从幸。幸與梏古音相近。②

　　　　屍　尸部:"屍,髀也。从尸下丌居几。𡰪,屍或从肉、隼。𡳵,屍或从骨,殷聲。"

此字甲骨文作𠂋(《乙》5637 甲),字形也可反轉(《合》117),③是在人的臀部加指事符號𠃌指示臀所在的部位。④ 金文作𦣻,⑤从尸自聲,由指事演變爲形聲。小篆屍是從金文一類寫法訛變而來的。

---

① 于省吾《釋兩》,《古文字研究》第十輯,中華書局,1983 年。
② 朱德熙、裘錫圭《平山中山王墓銅器銘文的初步研究》,《文物》1979 年第 1 期。
③ 李學勤《帝乙時代的非王卜辭》,《考古學報》1958 年第 1 期。
④ 李孝定《甲骨文字集釋》,"中研院"歷史語言研究所,1970 年,第 2747 頁。
⑤ 劉釗《談史密簋銘文中的"眉"字》,《考古》1995 年第 5 期;張世超《史密簋"眉"字説》,《考古與文物》1995 年第 4 期。

　　畀　丌部："畀，相付與之。約在閣上也。从丌，
由聲。"

　　甲骨文作❘（《存》下 161）、金文作❙（中鼎），是古書中叫作
"匕"的那種矢鏃的象形字。《左傳》昭公二十六年："齊子淵捷從
洩聲子，射之，中楯瓦，繇胸汏輈，匕入者三寸。"杜預注："匕，矢鏃
也。"正義："今人猶謂箭鏃薄而長闊者爲匕。"其構形方法與枼、果
相似，屬於"襯托象形"的一路。匕是借字，畀是本字，都在幫紐，
脂質對轉，古音相近。小篆畀是❙的訛變。①

　　縣　系部："縣，隨從也。从系，㒸聲。"臣鉉等曰：
"今俗从畜。"

　　《説文通訓定聲》據偏旁和《韻會》所引，補縣爲縣之重文，《韻
會》引縣爲正篆。縣字彔伯戜簋作❖，貂字乖伯簋作❖，所从象形
字相同，即鼬之初文。縣字本作❖（穆公鼎），加缶聲成爲陶文縣
的樣子。後來鼬形發生裂變，左半部分與畜同化，全字被分析爲
从系畜聲。②

　　士　士部："士，事也。數始於一，終於十。从一，从
十。孔子曰：'推十合一爲士。'"

①　裘錫圭《"畀"字補釋》，載《古文字論集》，中華書局，1992 年。
②　曾憲通《説縣》，《古文字研究》第十輯，中華書局，1983 年。

士字甲骨文作 ⚊（《佚》247 吉所从），西周金文作 ⚊（敔尊），本象鉞形，是王的同形分化字。[1]

> 皇　王部："皇，大也。从自。自，始也。始皇者，三皇，大君也。自，讀若鼻，今俗以始生子爲鼻子。"

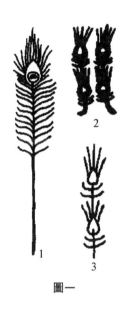

圖一

此字作册大鼎作皇，士父鐘作皇，把它們和孔雀尾翎對照，就會發現這些字形應該是孔雀尾翎的寫照（參看圖一）。

孔雀是古人描述的神鳥鳳凰的藍本，就如同蛇是神話中龍的藍本一樣。後來龍鳳都超凡脱俗，成爲人們景仰膜拜的神靈，而孔雀和蛇卻依然如故，保持普通生物的地位。但二者之間的聯繫卻難以切斷，所以古語中常有"龍蛇"之語。《楚辭》中説"鸞皇孔鳳日以遠兮"，王逸注曰："孔，孔雀也。"可見孔雀與鳳凰間也存在這種類似龍蛇間的微妙關係。

孔雀和鳳凰都爲大鳥，形象相近，身有彩羽，頭上皆有羽冠，後有豔美的尾羽。我國古代認爲鳳凰又名鶉。《山海經·西山經》："曰昆侖之丘……有鳥焉，其名曰鶉鳥，是司帝之百服。"清人郝懿行注曰："鶉鳥，鳳也。《海内西經》云：'昆侖、開明西北，皆有

① 林澐《士王二字同形分化説》，載《盡心集》，中國社會科學出版社，1996 年。

鳳皇。'此是也。"《埤雅》卷八引師曠《禽經》:"赤鳳謂之鶉。"而我國古代二十八宿南方七宿又爲鶉,也稱朱雀、朱鳥。今所見漢畫像磚上朱雀之形,多與孔雀相近。此也可間接追溯孔雀與鳳凰之關係。

孔雀既是古人心目中的鳳凰,那麽,古人通過對孔雀尾翎形狀的描摹來表達鳳凰的意思就很好理解了。①

弋　厂部:",橜也。象折木衺鋭著形。从厂,象物挂之也。"

甲骨文作(《乙》807)、(《乙》1931),金文作(戜鼎)、(牆盤),是杙的本字。杙下端比較尖鋭,可以植在地上,也可以用來抉物。②

久　久部:",以後灸之,象人兩脛後有距也。《周禮》曰:'久諸牆以觀其橈。'"

甲骨文作(《鐵》227・1),《睡虎地秦簡》25・40作,爲銅格的側面形象。卜辭中久用爲灸,表示祭祀或刑法中的炮烙之法,而久正是炮烙用的工具。③

① 秦建明《釋皇》,《考古》1995年第5期。
② 裘錫圭《釋"弋"》,載《古文字論集》。
③ 詹鄞鑫《釋甲骨文"久"字》,《中國語文》1985年第5期。

盘　皿部："盘，仁也。从皿，以食囚也。官溥説。"

甲骨文作🐚（《粹》1020），金文作🐚（王孫誥編鐘），字形來源於🐚（孕）。盘是在囚的基礎上孳乳而來的。[1]

禹　内部："禹，蟲也。从厹，象形。讀與傻同。
禹，古文禹。"

禹本是從萬分化出來的一個字。萬的本字小篆作🐛，訓爲"蟲也"，後世又造形聲字蠆。萬經過形變後，分化出與其讀音相近的禹。[2]

外　夕部："外，遠也。卜尚平旦，今夕卜於事外矣。
外，古文外。"

甲骨文作🐚（《京津》3488）、🐚（《後》下 24・7），古人以卜兆無旁枝一側爲外。周代外叔鼎作🐚，在🐚上加注月旁以爲聲符。月、外古音均爲月部疑母。[3]

鼍　黽部："鼍，水蟲。似蜥易，長大。从黽，單聲。"

---

① 劉桓《釋盘》，載《殷契新釋》，河北教育出版社，1989 年。
② 劉釗《説"禹""皇"二字來源並談楚帛書"萬""兒"二字的讀法》，《江漢考古》1992 年第
　 1 期。
③ 張玉春《説"外"》，《東北師大學報》1984 年第 5 期。

甲骨文作(《後》2・37・13),象沿腹部至尾部剖展開的鱷魚皮。早在商周以前,我們的古人就用鱷魚皮來冒鼓。河南安陽侯家莊曾出土過這種鼉鼓。殷周時代,北方气候變冷,已不適宜鱷魚生存。但長江流域仍是鱷魚的産地,吴越的會稽之地以鱷魚皮爲貢品。北方的卜人,雖然比較難於見到鱷魚,但卻經常見到從南方貢來的鱷魚皮,因而模擬出象鱷魚皮形的字,來表示鼉這種東西。①

發　弓部:",䠶發也。从弓,發聲。"

甲骨文作(《甲》58)、(《寧滬》1・314),本象弓弦被撥後不斷顫動之形,加攴是爲了使撥動弓弦之意更顯豁些。春秋金文工獻大子劍作,加聲。②

牽　牛部:",引前也。从牛,象引牛之縻也。玄聲。"

此字甲骨文作(《佚》96)、(《安明》239)之形,从牛从口从糸,糸亦聲。小篆牽中的玄由變來,由變來,全字由左右結構演變成上下結構。牽的本義爲縛車引縻。③

---

① 祁慶富《釋鼉》,載《考古與文物》叢刊第二號《古文字論集》(一),《考古與文物》編輯部,1983年。

② 裘錫圭《釋"勿""發"》,載《古文字論集》。

③ 宋鎮豪《甲骨文牽字説》,《甲骨文與殷商史》第二輯,上海古籍出版社,1986年。

庶　广部：" 庻 ，屋下眾也。从广、炗。炗，古文
光字。"

甲骨文作 （《珠》979）、金文作 （盂鼎），从火，从石，是煮
的本字。原始人類用燒熱的石頭來烙烤食物，或以燒熱的石頭投
於盛水之器煮熟食物，故庶（煮）从火从石會意。[1]

彝　糸部：" 彝 ，宗廟常器也。从糸；糸，綦也。収持
米，器中實也。彑聲。此與爵相似。《周禮》：'六彝：雞
彝、鳥彝、黃彝、虎彝、蟲彝、斝彝。以待祼將之禮。' 彝 、
，皆古文彝。"

甲骨文作 （西周 H11：1）、金文作 （同卣），主體是被反縛
的人形，人頸上沒有人頭，加上了一把似有勾刃的刑具，旁邊有血
點，下面是雙手。本義是屠殺俘虜作爲犧牲而獻祭祖宗。[2]

則　刀部：" 則 ，等畫物也。从刀，从貝。貝，古之物
貨也。 則 ，古文則。 則 ，亦古文則。 則 ，籀文則，从鼎。"

西周金文有兩種寫法：一種以段簋爲代表，寫作 ，一種以
舀鼎爲代表，寫作 。第一種，字从兩鼎一刀，鼎指代器物，上一
鼎是所比照的器樣，下一鼎是比照器樣仿製出來的模型母胎，从

---

① 于省吾《釋庶》，《甲骨文字釋林》，中華書局，1979 年。
② 詹鄞鑫《釋甲骨文"彝"字》，《北京大學學報》1986 年第 2 期。

形聲之字後於象形，則弋又古必字，必其後起者矣。"①裘錫圭先生進而釋甲骨文 （《前》4・34・1）、（《乙》3069）爲柲，象弋柲之形。②

　　　䡥　舛部："䡥，車軸耑鍵也。兩穿相背，从舛；萬省聲。萬，古文偰字。"

篆文䡥《四部叢刊》影印的《説文解字繫傳》的影宋抄本作䡥。甲骨文作（《甲》1654 甲），睡虎地秦簡《日書甲種》28 作，小篆䡥是牽合秦簡日書的兩種寫法而來。③

䡥的原始構形是腳踩著蛇，本義當爲傷害，䡥和害古音相近。

　　　廄　广部："廄，馬舍也。从广，㲃聲。《周禮》曰：'馬有二百十四匹爲廄，廄有僕夫。'"

　　　㲃　殳部："㲃，揉屈也。从殳从皀，皀，古文更字。廄字从此。"

㲃字就是金文中習見的从殳从皀的毁字。金文毁一般作（休簋），也寫作（頌簋），㲃、毁只是一字之分化。小篆廄从㲃得聲，實際上就是从毁得聲。④

①　郭沫若《釋弋》，載《金文叢考》，人民出版社，1954 年。
②　裘錫圭《釋"柲"》，載《古文字論集》。
③　裘錫圭《釋"蚩"》，載《古文字論集》。
④　朱德熙《戰國文字中所見有關廄的資料》，《朱德熙古文字論集》，中華書局，1995 年。

博　十部："博,大通也。从十,从尃。尃,布也。"

金文作（虢季子白盤）、（師寰簋）、（戓簋）等形,本从干,是盾的象形,後訛變爲十。博字當从十（干）尃聲。[1]

强　虫部："强,蚚也。从虫,弘聲。疆,籀文强,从蚰,从彊。"

古璽文字作,[2]繹山碑作强,从虫弘聲。弜是弘的增累字。[3]

吴　矢部："吴,姓也。亦郡也。一曰吴,大言也。从矢、口。"

金文作（吴方彝）、（吴盤）,所从與商周古文字夨字相同。从口夨聲,本義爲大言,是"譁"的本字。後來夨字訛變,與矢相混。[4]

弘　弓部："弘,弓聲也。从弓,厶聲。厶,古文肱字。"

---

① 劉昭瑞《說錫》,《考古》1993 年第 1 期。
② 李家浩《戰國邙部考》,《古文字研究》第三輯,中華書局,1980 年。
③ 裘錫圭《釋"弘""强"》,載《古文字論集》。
④ 湯餘惠《夨、矢、吴辨》,載《說文解字研究》,中國許慎研究會編,河南大學出版社,1991 年。

甲骨文作🔸（《前》6・67・6），从口从弓，弓亦聲。本義可能指聲音宏大。後來 ☐ 變成 △，小篆弘所从即由此演變而來。①

　　豐　豐部："🔸，豆之豐滿者也。从豆，象形。一曰《鄉飲酒》有豐侯者……🔸，古文豐。"

金文作🔸（三年㿻鐘），从壴（鼓），丰聲。它的本義是形容擊鼓之聲蓬蓬然。②

　　聯　耳部："🔸，連也。从耳，耳連於頰也；从絲，絲連不絶也。"

古璽作🔸（《尊古齋古璽集林》5・34），从耳从🔸，🔸亦聲。🔸，秦漢以前是一個獨立的字。③

　　竊　米部："🔸，盜自中出曰竊。从穴，从米，离、廿皆聲。廿，古文疾。离，古文偰。"

漢簡作🔸（馬王堆漢墓帛書《戰國縱橫家書》51）。尹宙碑属作🔸，漢簡离字从艸作🔸（馬王堆漢墓帛書《老子甲本》143），又作🔸（馬王堆漢墓帛書《老子甲本卷後古佚書》334），知竊中的

---

①　裘錫圭《釋"弘""强"》，載《古文字論集》。
②　林澐《豐豐辨》。又周法高主編《金文詁林》，香港中文大學，1975年，第1981頁。
③　裘錫圭《戰國璽印文字考釋三篇》，載《古文字論集》。

"廿"由"艸"演變而來,"禼"由"禹"演變而來,字本从宀从米,萬聲,萬爲蠍的象形。①

在 土部:"杜,存也。从土,才聲。"

甲骨文作 𡊨(《英》1989),金文作 杜(盂鼎),从士(象斧鉞形),才聲。②

二、我們對小篆字源研究的嘗試

正如一些學者所指出的那樣,古文字研究和《説文》研究具有一種互動的作用。這在字形方面的表現尤爲突出。多年來,我們在考釋古文字的同時,對小篆字源研究也做了一些新的嘗試,其中一些還公開發表過(詳見《後記》),現在把自認爲比較滿意的,包括發表的和未發表的,集中寫下來,和大家一起討論。

(一) 夬

戰國楚簡裏,夬一般作 𠬢(《仰天湖楚簡》25·10)、𠬢(《包山楚簡》2·260)之形,用爲偏旁時,也寫成 𠬢(快字所从,《包山楚

---

① 劉釗《〈説文解字〉匡謬(四則)》,載《説文解字研究》。
② 林澐《士王二字同形分化説》。

簡》2・82)或 𠬝（𡘁字所从，《包山楚簡》2・138)。這一點，已爲學術界所公認。① 如果以此爲基點縱向逆推和橫向系聯，那麽甲骨文中的 𠬝（《合集》9367)、𠬝（《合集》9368)等字，②金文 𠬝 字（段簋)、③古陶文 𠬝 字（嬃～，《古陶文彙編》3・739)也應釋爲夬，④甲骨文 𠬝（《合集》4822)應隸作盉，⑤古印文 𠬝（《古璽彙編》2441)應隸作联。⑥

　　從殷商到戰國，夬的寫法都很接近。及至秦漢時代，纔發生了較大的訛變。馬王堆帛書作 夬（《戰國縱橫家書》125)，就是很好的證明。夬的這種寫法和《説文》小篆 夬 相似。許慎據小篆解釋夬的形義"分決也。从又，𦥑象決形"，徐鍇補充説 "彐，物也；丨，所以

---

① 　字編比較能反映識字的水準，滕壬生《楚系簡帛文字編》已將上述各字隸在夬下。此書由湖北教育出版社於 1995 年出版。

② 　丁山説："𠬝似子而非子，疑即叉之初文。《説文》蚰部：'蟊，齧人跳蟲也。从蚰，叉聲。叉，古爪字。'又曰：'彐，手足甲也，从又，象叉形。'爪、叉古本一字。"(見其所著《甲骨文所見氏族及其制度》，科學出版社，1956 年)按，此説不確，字應釋爲夬。卜辭用爲人名或族名，如：
　　　夬人……。(《合集》9293 反)
　　　夬人。(《合集》9367)
　　　夬人。(《合集》9368)
　　　夬人。(《合集》21221)
　　　……酉邑析……夬……(《合集》21864)
　　　丁酉卜，兄貞：隹夬老……以小刁，八月。(《合集》23708)
　　　夬如。(《英》1821)

③ 　段簋銘文説："唯王十又四祀十又一月丁卯，王鼎畢烝，戊辰曾(贈)玉礯段厝，忌畢中孫子，令龤鍘論大則于段。敢扣戴土休，用乍毁。孫孫子子萬年用享祀。孫子夬 夬。" 夬後一字與《仰天湖楚簡》25・9、25・12、25・13、25・28、25・30、25・33、25・34、25・23、25・26 已寫法相同，應釋爲夬。"孫子夬已"當讀爲"孫子快已"。快，《説文》解釋爲"喜也"，是"高興、愉快"的意思，與《左傳》昭公二十八年"慭使吾君聞勝與臧之死也以爲快"用法相同。"已"爲句末語气詞，與《晏子春秋・内篇諫下》"傲細民之憂，而崇左右之笑，則國亦無望已"，《史記・貨殖列傳》"夫神農以前，吾不知已"的"已"用法近似。

④ 　此陶出自臨淄。"夬"可能用爲私名。

⑤ 　盉可能就是觖。《集韻・屑韻》："觖，破也。或从皿。"卜辭殘缺，用法不明。

⑥ 　联字不見於字書。此處用爲私名。

決之”,都據訛形爲説,是靠不住的。

　　夬的形義究竟是什麽？這是一個饒有興趣的問題。

　　我們認爲，夬由○和⺕兩個部分組成，象人手指上套著一枚圓圈，是一個合體象形字。結合夬和从夬諸字在古書中的用法看，夬的形義應是指射箭時戴在大拇指上、用以鈎弦的扳指。

　　扳指這個意義古書一般用決表示。如《楚辭・天問》：“馮珧利決，封豨是射。”金開誠《楚辭選注》：“決：即‘扳指’，是用玉石骨角等物做成的指圈，套在右手大指上，拉弓時起護指作用。”有時決拾連言。《詩經・小雅・車攻》：“決拾既佽，弓矢既調。”毛傳：“決，鈎弦也；拾，遂也。”《國語・吳語》：“夫一人善射，百夫決拾，勝未可成。”韋昭注：“決，鈎弦；拾，捍。”鈎弦就是扳指。有時決與遂連用。《儀禮・鄉射禮》：“司射適堂西，袒決遂。”鄭玄注：“決，猶闓也，以象骨爲之，著右大擘指，以鈎弦闓體也。遂，射韝也，以韋爲之，所以遂弦者也。”《儀禮・大射儀》：“司射適次，袒決遂，執弓，挾乘矢於弓外，見鏃於弣，右巨指鈎弦。”“決遂”與上文同義，故鄭玄做了基本相同的注釋。

　　除了寫作決以外，扳指還可以用玦、抉、[1]觖、夬表示。如《禮記・內則》：“右佩玦、捍、管、遰、大觹、木燧。”孫希旦集解：“玦當作決。”《逸周書・器服解》：“象玦朱極。”朱右曾校釋：“玦，決也……以象骨爲之，著右手大指，所以鈎弦闓體。”《戰國策・楚策一》：“章聞之，其君好發者，其臣抉拾。”鮑彪本抉作決。“抉拾”即

---

① 《史記・蘇秦列傳》：“韓卒之劍戟皆出於冥山……皆陸斷牛馬，水截鵠雁，當敵則斬，堅甲鐵幕，革抉㕹芮，無不畢具。”司馬貞索隱：“音決。謂以革爲射決。決，射韝也。”抉的這種用法，比較晚出，顯然是詞義範圍擴大的緣故。

“決拾”。《詩經·小雅·車攻》：“決拾既佽”，《經典釋文》作“夬”，說：“本又作決，或作抉。”《周禮·夏官·繕人》鄭玄注引《詩經》作“抉”，《集韻·屑韻》引作“夬”，說：“或从弓。”《國語·吳語》：“百夫決拾。”宋庠補音：“決文或作夬。”

在決、玦、抉、𮿭、夬諸字當中，夬是表示扳指的初文，𮿭爲增累字，決、玦、抉爲借字。[①] 過去由於沒有見到未經訛變的古形，不能確定這一點。現在有了古文字的資料，問題便迎刃而解了。

夬的形義在楚簡中也有所反映：

（1）一綎布之繪，文繢之韋，繡純，又紅組之綏，又骨夬。（《仰天湖楚簡》25·10）

（2）一奠（鄭）弓，一紛敔，夬晶。（《包山楚簡》2·260）

例（1）中的“骨夬”，就是骨製的扳指。例（2）中，“夬”指扳指，“晶”指臂衣，是射箭時戴在左臂上用以蔽膚、斂衣的東西。

（二）𥥍

20世紀70年代中期，在陝西寶雞市茹家莊西周墓中，出土一

① 決、玦、抉諸字，《説文》作如下解釋：

　決　𤷑，行流也。从水，从夬。廬江有決水，出於大別山。

　玦　𤥨，玉佩也。从玉，夬聲。

　抉　𢬸，挑也。从手，夬聲。

　依《説文》的解釋，參照它們在古書中的用法，知它們本義與扳指無關，故表示扳指時，都是借字。

"獨柱帶盤鼎",《簡報》説鼎"分上下兩層,底層爲圓盤,盤下有三短足,盤上有立柱一根,鼎身附立柱上,鼎腹外鼓"[1]。此鼎重 1.8 公斤,圓盤可置炭石以温煮食物。器物有銘文七字,爲"弜白乍井姬🔥鼎"。🔥字《簡報》和《殷周金文集録》都隸定爲"突"字,《金文編》則將它隸定作"灾"字。[2] 我們通過對火、少二字的全面考察,發現突字所從與少字有別。"突"是西周早期的文字,火的寫法具有西周早期的特徵,即豎畫與橫畫的連接處筆道較粗,而少字無此特徵,所以應將🔥隸定爲突字較爲適宜。

突也就是突字。《漢語古文字字形表》收突字,作🔥。此字見於沁陽載書,原文説"韓□韓杏韓突",從文例看,應是人名。據陳夢家研究,沁陽載書與侯馬盟書的内容、年代相近,出土地相距不遠,可能同是晉國的東西。[3] 如此説不誤,突與韓突有可能是同一個人。兩批盟書裏的突都從穴從火。火字,在春秋後期到戰國時期普遍作🔥、🔥之形。兩批盟書正當春秋晚期,所以火上加了一橫畫。

突字形體演變的序列,略如下述:

🔥(弜伯突鼎)—🔥(沁陽載書)—🔥(石鼓文深字偏旁)—🔥(中山王壺深字偏旁)—🔥(馬王堆漢墓帛書《養生方》)—🔥(熹平石經《儀禮》)—突(楷書)

這當中,我們有必要説明一下突字所從火從🔥到🔥的變化。該變

---

① 寶雞茹家莊西周墓發掘隊《陝西省寶雞市茹家莊西周墓發掘簡報》,《文物》1976 年第 4 期。

② 容庚撰集,張振林、馬國權摹補《金文編》第 4 版,中華書局,1985 年。

③ 陳夢家《東周盟誓與出土載書》,《考古》1966 年第 5 期。

化的特點是上面的橫畫兩端折向上邊。這種現象在古文字中是
不鮮見的，一個很明顯的例子是"尤"字，讀者可查看有關古文字
字典。

從上可以清楚地看出，在石鼓文時代，罙字中的火已經發生
了訛變，致使本義湮滅不顯。

弄清了罙的形體演變軌迹之後，讓我們來追索罙的本義。周
永珍在《西周時代的溫器》一文中，[①]收羅了用以溫煮食物的青銅
器 14 件，其中包括弶伯罙鼎。她把罙字與該器的作用聯繫起來考
察，認爲罙是溫的本字。實際上罙與溫形音都遠隔，不可能是一
個字。看來，要弄清罙的本義，得尋找別的途徑。

今將武威出土的漢簡《儀禮·有司》甲本 1 移錄如下："有司
徹。搔堂。司宮聶酒，乃深尸俎。卒深，乃升羊、豕、魚三鼎，無腊
與膚；乃設扃鼏，陳鼎于門外，如初。"其中的兩個"深"字，今本《儀
禮》作"燅"，燅，《玉篇》説"溫也"。古籍中燅或作尋，加火爲燖。
《儀禮·有司徹》鄭注："古文燅皆作尋，《記》或作燖。"又作燂、燗，
《說文》火部："燂，火熱也。从火，覃聲。"《集韻·侵韻》："火孰物，
或作燖燅。"《儀禮·郊特牲》鄭注："燗或爲燖。"燅、燖、燗在邪母
談部，燂在曉母侵部，它們之間聲韻或相同，或鄰近，而且這些字
都有溫煮的意思。所以前人注疏時把它們處理成異體字。

燅、燖、燗、燂都是形聲字，不見於小篆以前的文字，是後起
的。罙是書母侵部字（深字古音與之相同）。從罙的字與從覃的
字古時可以通用。如《周禮·夏官·撢人》之釋文："撢，與探同。"

---

①　周永珍《西周時代的溫器》，《考古與文物》1981 年第 4 期。

《集韻·勘韻》:"探或作撢。"罙聲與尋聲也相通。如《集韻·鹽韻》:"撏,取也。或作探。"從簡本《儀禮》我們還知道深(从罙聲)與焱也是相通的。爤作爲焱、焙、燂的異體,自當不外乎此例。可見,罙與焱、焙、爤、燂音理上都相通。

我們認爲罙是焱、焙、爤、燂的本字。罙字从穴从火,有微火的意思。這一點可以從它的增累字㷁得到證明。馬王堆漢墓帛書《五十二病方》中有㷁字,文例爲:"痿入中者,取流水一斗,炊之,令男女□完者相雜咀,以鐵鐕煮,煮□其火㷁㷁然,飲之……""㷁㷁然"是形容温煮時火的樣子,指的就是微火,罙由微火引申爲以微火温煮食物。弢白鼎銘文"弢白乍井姬罙鼎"中的"罙"用的當是引申義。"罙鼎"就是温煮食物的鼎。弢白鼎的這種文例與燮簋相似。燮簋:"用乍宫中念器。"念通餁。武威漢簡《儀禮·特牲》:"請期,曰'羹念'。告事畢,賓出,主人拜送。"今本"羹念"作"羹餁",可證。

(三) 允

允字的古文字形體簡單而奇特,曾引起不少專家學者的關注。或以爲"象人回顧形",[1]或以爲"象人形",[2]或以爲"象人頭頂上有標誌之形"。[3] 這些專家都以人形爲説,思路是正確的,但具體是什麽人形,卻未得其本真。

---

① 羅振玉《增訂殷虛書契考釋》,東方學會,1927 年石印本,第 54 頁。
② 李孝定《甲骨文字集釋》,"中研院"歷史語言研究所,1970 年,第 2787 頁。
③ 徐中舒《甲骨文字典》,四川辭書出版社,1989 年,第 958 頁。

允字最早見於甲骨文，主要有三種寫法：

　　　　　（《前》7・43・2）　　　（《前》7・44・1）　　　（《京津》463）

從使用情況看，第一、二種寫法數量較多，最有代表性。第三種數量較少，是第一、二種的變體。

第一、二種方向不同，但都是象形字。日本學者白川靜《説文新義》説允"是將手後回，示縲紲之象者也"，至確。允就是手被反剪的側面人形，這可從訊字得到證明。

訊字金文作　（戜簋）、　（𡨭生盨）、　（兮甲盤），象一人手被反縛接受審訊。字之中部被反縛的人形，或立，或跪，或出現一隻手，或出現兩隻手。其中𡨭生盨和兮甲盤中訊的人形帶一ⴱ形，是古文字衍形的一種普遍現象。師西簋揚字所從卪、《侯馬盟書》3・19鬼所從人、𩵦鐘㠱字所從人等，都屬此例。

允在甲骨文中已有訛變，如上揭第三種寫法。到金文裏始變爲從目從儿，許慎據小篆把允解釋爲"從儿，㠯聲"，視之爲形聲字。

允的本義當爲順從，手被反剪，故可表示順從義。《尚書・大禹謨》："祇載見瞽瞍，夔夔齋慄，瞽亦允若。"《辭源》："允若，順從。"唐玄宗后土神祠碑："山川鬼神，鳥獸魚鱉，莫不允若，莫不咸寧。"①"允若"同義連用，亦爲順從義。允又與恭連用。《尚書・堯典》："允恭克讓。"《漢書・敘傳》："允恭玄默。"《孔子家語・六

————————

① 咸寧實"和洽、安寧"的意思。咸有"和洽""和睦"義，如《左傳》僖公二十四年："昔周公弔二叔之不咸。"

本》："猶允恭以持之。""允恭"猶言"恭順"。秦公及王姬鎛："盄和
胤士,咸畜左右,蠚蠚允義,翼受明德,以康奠協朕國。""蠚蠚"通
"藹藹",形容賢士之貌。[①]"蠚蠚允義"猶言"藹藹順儀"。允皆"順
從"義。由"順從"引申爲"順遂""順適"。《殷契粹編》426:
"戊……庚戌余奉于成,允若。"《左傳》僖公二十八年:"軍志曰:
'允當則歸。'""允當"猶"順當",是順適得當的意思。允爲"順
適"。允的其他義項(依據《辭源》)也可由"順從"引申出來。由
"順從"引申爲"聽從",由"聽從"引申爲"答應、許諾",引申爲"諂
媚",爲"誠信",由"誠信"引申爲"公平、得當"。

　　總之,允象手被反剪的側面人形,其本義當爲順從。

(四) 易、匜

　　甲骨文和金文中的易一般作 、、 和 、 等形。稍經
整飭,便成爲小篆的易字。對於易的形義來源,探討者雖不乏人,
但結論一直不能令人滿意。

　　20 世紀 50 年代末,郭沫若先生對周初德器作了考察,大大推
動了易字字源的探討。現將德器銘文移錄如下:

　　(1) 王 德貝廿朋,用作寶尊彝。(德圓鼎)

　　(2) 王 德貝廿朋,用作寶尊彝。(德簋)

　　(3) 王 叔德臣嬻十人,貝十朋,羊百,用作寶尊

①　參看王輝《秦銅器銘文編年集釋》,三秦出版社,1990 年,第 16 頁。

彝。（叔德簋）

（4）隹三月王才成周，延武王福自蒿，咸。王⊕德貝廿朋，用作寶尊彝。（德方鼎）

以上四器均爲西周初期德所作，其中⊕、⊕、⊕（這三個爲同一個字，下文稱舉時，常以一個爲代表）、⊕用法相同。⊕即是易字。郭老釋⊕爲益，進而認爲"易是益的簡化"。① 對於郭老的説法，李孝定先生提出質疑："郭氏謂（易）爲益之簡體，以所舉⊕之形及音言之，其説或是，然易、益二字之義又相去懸遠，了不相涉……"②其實，非但易、益字義相去懸遠，⊕的形體也與益迥然不同。⊕中的水點向著與鋬相對的一邊流出。段玉裁曰："水部溢下云'器滿也'，則謂器中已滿。"③可知益爲自滿溢出，無外力作用。⊕字則不然，既然器内水點朝著一個方向流出，則需持鋬注水無疑。

我們還可以把⊕跟金文益字做一番比較。金文益字有以下四種寫法：

⊕（益公鐘）　⊕（永盂）

⊕（王臣簋）　⊕（畢鮮簋）

這四種寫法都承甲骨文而來，象器皿中的水往上溢出。"八"既是水點的象形，又指示水點往上溢出。王臣簋益字中的圓圈應是勾

① 郭沫若《由周初四德器的考釋談到殷代已在進行文字簡化》，《文物》1959 年第 7 期。
② 李孝定《甲骨文字集釋》，第 3028 頁。
③ 段玉裁《説文解字注》，上海古籍出版社，1981 年，第 212 頁。

勒水點的輪廓所致。金文益字跟德器的 區別是很明顯的,絕不可能是同一個字。

1. 易的形體是截取匜的一部分。

金文匜字可分爲兩個系列:一個系列以 （子仲匜）爲母體,後加意符皿、金作 、、 等形;另一個系列作 （宗仲匜）,在貯子己父匜、筍父匜中形體略有變化。[①] 它們都是象形字,前者"象流水下注形";[②]後者"象匜之側立形",有圈足,有鋬有流。

把宗仲匜中的 與叔德簋中的 一對照就會發現,它們器形完全相同。區別僅在於一個器中有水點,一個無水點。基於這一證據,可以肯定,德器(1)(2)(3)中的 、、 都應釋爲匜字。有些出土銅匜有圈足,有鋬有流,形制與匜字相符。

德器(1)(2)(3)中的匜字用法與德器(4)完全相同,且易與匜在形體上有明顯聯繫,因此我們認爲易的形體是截取匜的一部分。

2. 匜字尋根

匜的最早形體一般認爲是西周金文,因此《甲骨文編》中没有匜字,《金文編》《漢語古文字字形表》中只收了金文匜字[不包括德器(1)(2)(3)中的匜]。匜字最早的形體作什麼? 讓我們先看下列卜辭:

(5) 甲戌卜,賓貞: 啟協王事。(《甲》3337)

(6) 貞: 犬百,九月。(《前》6·42·8)

① 容庚撰集,張振林、馬國權摹補《金文編》第 4 版,第 844 頁。
② 郭寶鈞《商周銅器群的綜合研究》,文物出版社,1981 年,第 152 頁。

（7）貞：及……（《乙》2266）

（8）貞：……于（《京津》2449）

　　金祥恒先生説："正象一匜一盤也。匜，《説文》'似羹魁，柄中有道，可以注水酒'。匜以注水，盤以承水，故書多以盤匜連言。如《吳語》：'一介嫡男奉盤匜。'《儀禮·公食大夫禮》：'小臣具盤匜。'《既夕》：'兩敦兩杅，盤匜。'匜有鋬無圈足者如，有圈足無鋬者如，殆與盤皿之形近也。甲骨文正象奉匜注水於盤。"①

　　金先生的論斷是對的。這裏可以用青銅器及其銘文作進一步論證。金文中"盤匜"每連言，如"魯少嗣寇封孫宅作其子孟姬媵膡盤匜"（魯少嗣寇封孫宅盤）。盤匜兩字也可以互相代替，如㲰叔作季妃盥盤器形爲匜，自名爲"盤"。又蔡叔季之孫貝也匜："蔡叔季之孫貝膡孟姬有之婦沫盤……子子孫孫永寶用之匜。"器形是匜，前面稱"盤"，後面稱"匜"，所指爲同一回事。這些都足以説明盤匜之間的密切關係。

　　從實物形制看，盤匜是同源的。《陜西出土商周青銅器》（三）104器爲一有圈有鋬之帶流盤，器形與匜極爲相似。説明盤匜是在同一器物上發展起來的，它們的區別僅在於匜有流。從甲骨文看，至少在商代，盤也已開始分化，並配套使用。

　　上面，已經證明了確爲一盤一匜，甲骨文正象奉匜注水於盤。

　　《漢語古文字字形表》將此字隸於"易"字下。這種做法是欠

---

①　金祥恒《釋盥》，《中國文字》第12册，1960年。

妥當的。因爲該字與易在卜辭中有著不同的用法。易與日構成
"易日",用例數以百計,此外,易有"疾齒佳易""疾齒亡易"等用
法,均爲 🔲 字所無,而 🔲 字用爲地名,又爲易字所無。因此 🔲
與易不可能是一個字。

臺灣出版的《中文大字典》將例(5)(7)(8)中的 🔲、🔲、🔲
隸於匜字下,是對的,各字均爲匜的繁體。繁體匜字之所以在象
匜之側立形的匜的基礎上加上雙手,加上盤,一方面是因爲日常
生活中盤匜常配套使用,另一方面是因爲盤匜形近,單畫匜很容
易與盤皿諸器物相混的緣故。這種造字方法,古文字中不乏其
例,我們把它叫作"襯托"。①

3. 易是匜的分化字

易與匜在音義上也有密切的關係。

易、匜古音相通。匜從也聲,古漢語中作爲聲符的易、也可
以互換,《説文》髟部鬚或作髢,䰀或作䰗,可知易、匜古音是相通
的。相關的證據還有"易"假爲"施",楊筠如注《尚書》時説:"易,
當讀爲施,《詩·何人斯》'我心易也',《韓詩》作'施',是其證矣。
《魯語》:'譬之如疾,吾恐易焉'易亦謂施。"②此外,惕亦借爲施,
《尚書·盤庚上》:"不惕予一人。"王世舜注:"惕,施的假借字,給
予的意思。"③總之,上古"易"與"也"及從它得聲的字是可以相
通的。

易的主要用法是"賜予",卜辭中已有:

---

① 趙平安《漢字表意分析中的五種技巧》,《語文學習與研究》1988年第8期。
② 楊筠如《尚書覈詁》"無俾易種于茲新邑"注。
③ 王世舜《尚書譯注》,四川人民出版社,1982年,第85頁。

(9) ……易多子……女(《珠》529)

(10) 庚戌(卜),貞:……易多母,屮貝一朋。(《後》
2·8·5)

　　這個意義後來寫作賜,或借錫表示。"賜予"義是從匜引申出
來的。匜爲注水器,故有"給予"之義,"給予"可以用於上對下,也
可以用於下對上,如《禹貢》:"九江納錫大龜。"《堯典》:"師錫帝
曰。"王世舜注:"古時下對上也稱錫。"①易的本義當爲"給予",引
申爲"賜予"。

　　可見,易和匜在形音義上都有聯繫,易是匜的分化字。在甲
骨文裏,繁體匜用作人名或族名[(5)(7)]、地名[(8)]、動詞[(6)]。
例(6)中的古匜字與後世的"賜"字相同,用的是匜的引申義。西
周德器(1)(2)(3)中匜字所使用的也是匜的引申義。

　　匜字最先作"象匜注水於盤形",這個匜字太複雜,在甲骨文
中使用面並不廣。後來又簡化爲"象匜之側立形"的匜,因爲"象
匜之側立形"的匜與其他器皿易混,所以使用面也不廣,而被新造
的"象流水下注形"的匜字所取代。

　　匜的本義當爲名詞,即注水酒的器皿,引申爲"給予""賜
予"。匜當"給予""賜予"講不見於任何典籍,僅存於甲骨文、金
文。匜在甲骨文裏用例不多,但用法卻不少。正因爲匜字一字
多義,所以截取匜形的一部分,分化出易字來,並且承擔它的部
分意義。

―――――――――――

① 　王世舜《尚書譯注》,第12頁。

(五) 參及相關諸字

歷史上,關於參的形義,有過四種有代表性的説法。第一種以《説文》爲代表。從小篆字形出發,釋爲"參(曑),商星也。從晶,㐱聲"。其他三種則從金文字形出發。其中第二種以林義光《文源》爲代表,釋爲"參並也,從人、齊……彡聲"。第三種以約齋《字源》爲代表,釋爲"象人頭上戴著珠寶的飾物,或又加彡,以示身上亦盛飾"。第四種以周法高主編《金文詁林》爲代表,釋爲"蓋象參宿三星在人頭上,彡聲"。

以上四種説法都不能令人滿意。

1. 參是簪的本字

西周金文裏,參的主要寫法如下:

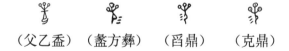

（父乙盉）　　（盨方彝）　　（舀鼎）　　（克鼎）

從字形看,參象人頭上戴簪笄之形。後來多於字的左下角加彡,和 作 、 作 一樣,都是爲了字形的勻稱美觀而增加羨畫。又於簪笄空首之中加點,也是古文字常見的作風。空首中加點的參,爲小篆曑所從出,被用爲參宿專字。至於空首中未加點的簡體,小篆寫作 ,被認爲曑的省體。[①]

---

① 《説文》晶部曑下説解。

　　参的本義指簪笄,這個用法後來用篸表示。沈約《江南曲》:
"羅衣織成帶,墮馬碧玉篸。"韓愈《送桂州嚴大夫同用南字》:"江
作青羅帶,山如碧玉篸。"篸都指簪笄而言。《集韻·侵韻》:"先,
《説文》'首笄也',或作簪、篸。"《字彙·竹部》:"篸,又與簪同。"参
與篸,如同其和箕、須和鬚、丞和拯、原和源,是本字和分化字的關
係。白居易《同諸客嘲雪中馬上妓》詩:"銀篦穩篸烏羅帽,花襜宜
乘叱撥駒。"篸用作"插住"。《説文》竹部:"篸,差也。"《廣韻·覃
韻》:"篸,所以綴衣。"《篇海類篇·花木類·竹部》:"篸,諸深切,
音斟。同鍼、針。"篸的"插住""參差"和"針"的意義,都是從簪笄
的特點引申出來的。簪能固發固冠,引申爲插住;簪長短不齊,引
申爲參差;簪形似針,故引申爲針。

　　簪笄的使用在我國源遠流長。早在石器時代,我們的祖先已
養成了戴簪笄的習慣。僅半坡遺址一處就出土了七百多件簪,已
足以説明這一點。以後的夏商周各朝也有大量簪笄出土,如殷墟
婦好墓出土商代古簪四百九十九件,長安灃西遺址出土骨簪七百
多件,等等。出土簪笄質地多樣,形制豐富。簪體以圓錐狀爲主,
另有圓柱形、丁字形的。簪頭富於變化,有圓頭式、扁頭式、方頭
式、針頭式、雕刻式等。在簪笄的使用上,男子"所以系冠使不墜
也",婦女則"十五而笄",直接將其插入髮髻使之不亂。持冠的簪
笄一般爲一到二枚,固髮的簪則可多可少,一枚、二枚、三枚、四枚
甚至更多一些均可。[1] 這可以上推到新石器時代。到了商代,尤
其是女性固髮已普遍采用這種方式。這從考古發掘和甲骨文相

---

① 　沈從文《中國古代服飾研究》,商務印書館香港分館,1981 年,第 10 頁;戴爭《中國古代
　　服飾簡史》,輕工業出版社,1988 年,第 52 頁。

關字形可以得到證明。但從參字的形體,從秦漢以後固髮的簪一般用三枚看(其中一枚較長,兩枚較短),先秦固髮之簪以三枚爲主。中間插上一枚,兩旁分別插上一枚,這種插法既實用又美觀,這大概是它能成爲主流的原因。因爲固髮之簪多用三枚,故參有"三"的意思。參不僅單用表示三,而且也以"三"義參與其他字的構成。如《説文》牛部:"犙(犙),三歲牛。"《急就篇》:"犙牸特轄羔犢駒。"顏注:"犙,三歲牛也。"《説文》馬部:"驂(驂),駕三馬也。"舊以參用爲三是假借,恐不確。

　　除了"三"義外,參的其他用法(主要依據《中文大字典》所列義項,並稍作歸并和補充)也多與簪笄有關。譬如:

　　簪的作用是固定頭髮,故參引申爲"并"和"齊"。

　　簪聳立在頭上,故引申爲"高"。《集韻·覃韻》釋參爲"山貌",釋毿爲"毛長也",二字所從參分別用"高"或其引申義。

　　簪的使用往往中間一枚,兩邊各一枚,故參引申爲"錯雜""交互"。《集韻·侵韻》:"鬖,髮亂貌。"《集韻·寢韻》:"糝,食有沙。"又:"磣,物雜砂也。"《集韻·感韻》:"縿,淺紺繒也。"《説文》米部糂之古文作糣,釋爲"以米和羹也"。以上諸字所從參都用該引申義。

　　簪除實用價值外,還有裝飾美化作用,故由參構成的"傪"《説文》人部訓"好皃"。

　　簪形似針,引申爲小,故從參之字有小義,如《方言》卷二:"摻,細也。"《集韻·豏韻》:"蔘,葷初生者。"

　　2. 先、兟、簪與參、笒的關係

　　《説文》立先部,收兟字。許慎於先下説:"先,首笄也。从人，匕象簪形。凡先之屬皆从先。，俗先，从竹，从替。"又於兓下解釋説："，朁朁鋭意也。从二先。"關於先字，向來依從許説，認爲是簪的本字。

　　其實，先字僅見於《説文》，在出土古文字資料和傳世古籍中都未見使用。根據段玉裁對字形的解釋，"乃象先之形也。先必有歧，故又曰叉，俗作釵"。[①] 則先爲人戴釵之形。釵爲簪之别種，是秦漢時期纔出現的，因此先字的出現不會早於秦漢。

　　兓見於散盤，作。[②] 銘文用爲朁，當曾講。"我朁付散氏田器"即"我曾付散氏田器"。朁字所从兓，不是先，而是旡或欠（古文字旡、欠同字），古文字裏旡可作（史次鼎次字所从）、（虞司寇壺吹字所从）、（《侯馬盟書》156·20既字所从）、（中山王壺歠字所从）、（野盗壺愛字所从）等形，正反無别，出頭與否無别。可見，在古文字系統中，所謂先，只不過是旡或欠的異體。旡象人張口出气之形，兓並列兩個旡，表示"詞之舒也"的意思。它也就是朁的本字，意符曰是秦漢時代加上去的。《説文》曰部："，曾也。从曰，兓聲。"又於曾下解釋説"詞之舒也"。可見《説文》對朁的解釋正合乎它的本義。

　　簪字从竹朁聲，出現必在朁字之後。那麽，究竟應當如何看待先、兓、簪與參、籈的關係呢？我們的看法是：簪笄的簪本作參，後來由於參的引申義太多，用加竹頭的籈來表示簪笄的意思。兓所从兩旡，與簪字本没有形義上的聯繫。朁字从兓从曰，是兓的

①　段玉裁《説文解字注》，第 406 頁。
②　容庚撰集，張振林、馬國權摹補《金文編》第 4 版，第 617 頁。

增累字,也與簪子形義無關。笒字从竹晉聲,是笒的異體。古代參、晉兩聲字每每通用,故笒可作簪。至於兂,是後人在簪字出現之後,在不知道笒的本義的情況下,借簪中的旡形,結合釵的特點而爲它新造的字。

　　目前所知的最早的笒、簪古形都是小篆。在傳世古籍中,二字東周時代都已出現。如果就字論字,誰先誰後難以分別。但如果把它們納入"字族",則可證明笒的出現比簪早。

　　笒用作簪義在秦漢以後。這種情況和《説文》把兂、簪解釋爲簪子的本字、把笒解釋爲"差也"有關係。我們知道,《説文》據小篆形體解字,雖然不盡可據,但對書面語言影響極大。秦漢以前文獻表示簪可能是簪、笒並用的,因爲人們認爲簪是本字,就把表示簪義的笒改成簪(拿傳世文獻與出土文獻互證,發現這類例子很多),並由此形成一種傾向,對後世用字產生影響,所以漢以後表示簪義用笒的用例也不多。

　　3. 甲骨文中的參字

　　過去所能找出的最早的參字只是西周時的金文,其實商代甲骨文中已有此字,作 (《前》7·25·4)、(《續》5·25·7)等形。此字舊不識,近來或釋爲"多言"的嚚的異體,[1]或釋爲嚴,[2]新出的《甲金篆隸大字典》則把它收在參下。我們認爲,《甲金篆隸大字典》的做法是對的,它確是參字的早期寫法,字形結構和早期金文參一樣,象人戴簪之形。在古文字裏管錐狀物的首端可畫成圓

---

① 裘錫圭《説"嚚""嚴"》,載《中華文史論叢》增刊《語言文字研究》下冊,上海古籍出版社,1986年。
② 連劭名《甲骨文字考釋》,《考古與文物》1988年第4期。

圈，如 （《存下》74 甲）；①也可作口形，如 （《京津》3255 龠字）。考古發掘表明，商周時代所出簪笄中，以圓錐狀爲主，故簪笄多爲圓首。因爲簪笄多爲圓首，故其首端既可畫成圓圈，又可寫作口。而且在古文字裏从口的字可以演變爲从圓圈，反之亦然。如單字本从兩圓圈，小篆變成兩口；②枲字本从三口，《侯馬盟書》从三個圓圈，③如此等等，都可以證明這一點。

到戰國秦漢時期，參字上部有三種寫法，或从三口，或从三個圓圈，或从三個三角。④ 當是分別繼承了甲骨文和金文的寫法。

甲骨文參字用爲國族名或人名。如：

(1) 己酉，參示十屯，允。（《合集》15515 反）

(2) ……廿屯，參示，犬。（《合集》17599 反）

(3) ……參示……（《合集》16110）

(4) ……參示……（《合集》17600）

就目前材料看，還没有發現參直接用作簪義的例子。一是因爲目前出土的古文字資料有限，且受到特定語言環境的制約；二是因爲參引申義太多，很早就爲參的本義造了分化字簪。但我們可以從參的字形、參與簪的分化關係、參的引申義與簪的關係、參

---

① 龠即簫之本字，象編管之樂器。
② 參見中國科學院考古研究所《甲骨文編》，中華書局，1956 年，第 53 頁；容庚撰集，張振林、馬國權摹補《金文編》第 4 版，第 78 頁。
③ 參看高明《古文字類編》，中華書局，1980 年，第 291 頁。
④ 參見高明《古文字類編》，第 495 頁；《漢語大字典》字形組《秦漢魏晉篆隸字形表》，四川辭書出版社，1985 年，第 498 頁。

與簪的語音關係等方面來證明。

甲骨文中還有▢（《前》7·7·2）、▢（《簠地》30）兩種字形。羅振玉釋喦。[1] 這兩個形體寫法微殊，而用法完全相同。請看下面各例：

> （5）……乞自～廿屯，小臣中示……茲。（《合集》5574）
> （6）乙丑婦姘示二屯自～……（《合集》6233）
> （7）……允乞自～廿。（《合集》9433）
> （8）……～乞廿。（《合集》9434）
> （9）……～廿……（《合集》9435）
> （10）辛丑乞自～廿……（《英》2000）
> （11）……乞自～廿……（《合集》9432）

其中，例（5）至（9）作▢，例（10）（11）作▢，都用爲國族名或人名，無疑是一個字。但在小篆裏它們已經分化爲兩個字。中豎没有歧開的分化爲▢，《説文》把它隸於品部，解釋説：“▢，多言也。从品相連。《春秋傳》曰：‘次于喦北。’讀與聶同。”另一個分化爲▢，《説文》收入山部，解釋説：“▢，山巖也。从山、品，讀若吟。”

甲骨文裏的喦、嵒都是毚的省體。[2] 從字形上説，毚字表意重

---

[1] 羅振玉《增訂殷虛書契考釋》，第 58 頁。
[2] 裘錫圭先生已經指出▢、▢、▢爲一字之異體，但他對形義的解釋與本文不同。見其《説“嵒”“嚴”》一文。

點在字的上部，人形只起烘托表達的作用，①所以參字可以省去人形作啚、啚。從使用情況看，參、啚、啚都表示國族名或人名，用法完全相同。而且從古音上看，它們都是在侵部。因此可以肯定，在甲骨文中，它們只是一個字的異體。《甲骨文字典》把啚、𝑌作爲一個字隸於啚字下，而把啚看作另一個字，是不妥當的。正確的做法是：先把它們都收在參下，然後又把啚、啚分別隸於品部和山部。這樣既可以反映出它們在甲骨文中的實際，又可以反映出它們在後世分化演變的情況。

4. 嚴字從參作

嚴，《説文》吅部：" 𝑌 ，教命急也。從吅，厥聲。"嚴字猷鐘作𝑌，楚王酓璋戈作𝑌，《汗簡》巖字所從作𝑌，陽華醴銘作𝑌，《六書通》古文礦字所從作𝑌。從嚴的古文字字形看，小篆嚴中的厂應是從參變來的，嚴字本從參作，敢是聲符。裘錫圭先生曾經指出了𝑌、嚴字形上的聯繫，是頗具卓識的，但他把𝑌隸定爲喿，認爲"象徵一個人有幾張嘴"，表示"多言"的意思，②則恐未確。

嚴在金文中有三種用法。用得最多的是"指神靈畏威之狀"，③如：

（12）嚴在上，異在下。（虢叔鐘）

（13）前文人其嚴在上。（井人鐘）

---

①　可參看拙文《漢字表意分析中的五種技巧》。
②　見裘錫圭《説"啚""嚴"》。
③　周法高《金文詁林補》，"中研院"歷史語言研究所專刊之七十七，第485頁。

（14）其嚴在帝左右。（馭狄鐘）

（15）嚴在上。（番生簋）

（16）先王其嚴在上。（默鐘）

（17）其嚴巤各。（秦公簋）

由這一意義引申出恭敬、敬畏義,如：

（18）嚴龔夤天命。（秦公簋）

（19）楚王酓璋嚴龔寅作鞾戈。（楚王酓璋戈）

（20）穆穆濟濟,嚴敬不敢怠荒。（中山王方壺）

嚴的第三種用法是作名詞。

（21）唯十月,用嚴㺇敔瘇,廣伐京師,告追于王。

（多友鼎）

這裏的"嚴㺇"就是《詩經·小雅·采薇》裏的"玁狁"。

　　嚴字本義已難以確定,但因嚴字从𠂤作意符,可以肯定與𠂤有一定的聯繫。這一點,從嚴字的用法,以及從嚴構成的字中可以得到證明。

　　𠂤有"高"義,嚴也有"高"義。嚴的高義貫穿在从嚴構成的字中。如《説文》人部："儼（儼）,昂頭也。"《説文》山部："巖（巖）,岸也。"《説文》石部："礹（礹）,石山也。"《集韻·銜韻》："齾齾,齒高。"這些从嚴的字都與高義相因。

嚴的各個義項(主要參照《辭源》所收義項)也可以用參的
"高"義和"并""齊"義統系起來。由"高"引申爲"險",《左傳》隱
公元年:"制,嚴邑也。"即用此義。由"險"引申爲"緊急","緊急"
引申爲"嚴厲""嚴格"和"戒夜"。"高"又引申爲"神靈之畏威之
狀",並進而引申爲"尊敬",引申爲"對父親的尊稱"。參有
"并""齊"義,沿這一意義引申,嚴有"整肅"和"穿戴裝束"的
意思。

參屬侵部清母,嚴屬談部疑母。侵談兩部相近,上古漢語中
兩部字每每通用。在顧炎武的古韻十部裏,侵談同屬第十部。可
見參嚴二字古音關係密切。

綜觀參嚴二字的形音義,可以肯定它們本來是一對同源字。

《説文》厂部收厰字,許慎解釋説:"厰,岸也,一曰地名。从
厂,敢聲。"厰字最早見於金文,用法和嚴相同。如:

　　　（22）其厰在上。（士父鐘）
　　　（23）王初各伐厰狁于罍盧。（兮甲盤）
　　　（24）搏伐厰狁于洛之陽。（虢季子白盤）
　　　（25）厰允廣伐西俞……汝以我車宕伐厰允于高陶。
（不其簋）

例(22)同於嚴的頭一種用法,例(23)至(25)同於嚴的第三種用
法。因爲厰字後出,所以用作第一種用法較少,而第三種用法
較多。

厰是嚴的省體,它們之間的關係如同其和丌、獸和嘼。《説

文》把厰解釋爲"从厂,敢聲"不合乎它的字源。王筠曾指出:"以吾言之,嚴亦與厰同文。許君以經典用嚴字,皆威嚴義,故入之叩部,説之曰'教命急也'。然其古文作嚴,何所取義?"[①]王説是十分正確的。

(六) 亞、鎧

鎧　金部:"鎧,酒器也。从金,亞象器形。亞,亞或省金。"

王筠《説文釋例》:"案亞象形,必古文,其形似壺之下半。壺有蓋、有頸、有腹,亞則無蓋也。"徐灝《説文解字注箋》:"按此字當先有亞,象形,然後加金旁。"華母壺的壺作 ,省去象徵壺蓋的"大",其形與亞相近,據此可知王筠的説法應當是可信的。鎧是侯部字,壺是魚部字,侯魚旁轉。壺是酒器,與《説文》對亞的解釋也吻合。

(七) 兩

兩　門部:"兩,登也。从門、二。二,古文下字。讀如軍陬之陬。"

———————————

①　王筠《説文釋例》,武漢古籍書店影印,1983 年,第 306 頁。

　　段玉裁、嚴可均、于鬯等據《六書故》引唐本《說文》和隹部籀文 改三爲二。于鬯《說文職墨》："从二門者，从上門也。上門者，上聞也。上聞則有進升之義，故訓爲登。"隹部："闈，今閹似鳹鵒而黃。从隹，兩省聲。，籀文，不省。"秦漢簡帛文字屢見閹字（《睡虎地秦簡》53·23，《老子乙本卷前古佚書》25 下等），均从門作。所謂兩，其實是門的異體。甲骨文門或作 （《前》4·16·1），金文或作 （門簋），古文字有在橫畫上加橫的習慣，兩可能就是在這類寫法的基礎上加橫畫而來的。又《古璽彙編》0170 有"上東閆"，依照同書 0169"上東門鉥"，知閆即門字，是在門中增加羨畫二，因此，兩可能是把閆中的二移到門上。門和兩不僅形體上有聯繫，而且語音也比較接近，意義也有關係。門有坎，進門需跨門坎，故兩可訓高。

（八）兩

　　　兩　㒳部："兩，平也。从㒳。五行之數，二十分爲一辰。㒳，兩平也。讀若蠻。"

　　金文作 （兩簋），從字形和語音看，應是軏的本字。車部："軏，車轅耑持衡者。从車，元聲。"又作軏，《集韻·月韻》："軏，或从兀。"先秦馬車均爲單轅，轅前縛橫木爲衡，衡上縛 （軛）以叉馬頸。在轅和衡相連接處有一個起固定作用的關鍵（活銷），就是軏。兩字下部㒳本象縛雙軛於衡，中豎爲車轅的象形，上部 是 的演變，是軏的俯視形。如同丁（釘）作 一樣。軏从元聲，元、

㒼同爲元部字,軜、㒼古音相近。

(九) 粦

　　粦　炎部:"粦,兵死及牛馬之血爲粦。粦,鬼火也。從炎、舛。"

此字金文作 ✦(尹姞鬲)、✦(㝬簋鄰字偏旁),象人行走時大汗淋漓的樣子,應是遴的本字。辵部:"遴,行難也。從辵,粦聲。《易》曰:'以往遴。'𨕲,或從人。"遴本作粦,增累爲𩁹(《粹》1543)或遴、𠈜,後遴行而𩁹、𠈜廢。

(十) 嘼

　　嘼　嘼部:"嘼,�犙也。象耳頭足厹地之形。古文嘼下從厹。"

該部下只收了一個獸字,解釋爲"守備者。從嘼,從犬"。談嘼的字源,必須從這個獸字説起。

甲骨文獸作 ✦(《寧滬》2·111),從單從犬,單是一種狩獵工具(相當於納西族過去使用的"飛石索"),犬也爲狩獵所必備。獸從單從犬表示狩獵,是一個會意字。後來爲了字勢的需要,單下加一口形,寫作 ✦(獸爵),小篆獸就是在這類寫法的基礎上形成的。

嘼的出現在獸之後,本來只是獸的省體。王子午鼎"闌闌獸

獸"，命瓜君壺作"東東畾畾"，獸、畾用法相同。後來用法分工，表示狩獵的動作用獸，獵取的對象用畾。

（十一）丌

　　丌　丌部："丌，下基也。薦物之丌。象形。凡丌之屬皆从丌。讀若箕同。"

　　該部收録迂、典、畀、巺、奠六字。其中迂是从辵丌聲的後起形聲字，畀本从収作，巺是巽的後起字。因此能够用來考察丌的字源的是典、巽、奠，該部之外還有一個其字。

　　典、巽、奠、其四字，原本都不从丌，後來增加羨畫，纔變成了丌。唐蘭先生在《古文字學導論》裏指出：

　　凡字末加一，一下又加、、或ハ，例如：

唐先生把這四個字的形成過程説得很清楚。

　　丌字原來只是某些字的羨畫，後來纔成爲一個独立的字，這個過程是和其字密切相關的。

　　從金文看，其衍丌大約出現在西周中晚期（如虢季子白盤的其和師寰簋的畀）。到了戰國時代，衍丌的其省寫作丌（如欽罍、子禾子釜），有的在上面加一横寫作亓。這樣丌、亓便成了其的省體。相應地，一些从其的字也改从丌、亓。如旗作（《古璽彙編》

2383），箕作🔺（箕鼎）、🔺（《古璽彙編》3018），期作🔺（《古璽彙編》2766）、🔺（《古璽彙編》2879），惎作忌（《古陶文香録》10·3）。

丌、亓作爲其的異體，有自己的形音義，實際上就已經獨立成字了。如果説這時候它與其還没有明確分工的話，到了丌、亓作爲姓氏用字以後，就成爲另一個成熟的單字了。

（十二）成

　　成　戊部：“🔺，就也。从戊，丁聲。🔺，古文成，从午。”

成字甲骨文作🔺（《續》6·13·7），西周金文作🔺（臣辰卣），秦漢簡帛文字一般作成。从戊从丨，戊是一種兵器，丨是指事符號，以兵器直立（閒置狀）表示没有戰事，本義當爲“和解、講和”。《詩經·大雅·緜》：“虞芮質厥成。”《左傳》桓公六年：“楚武王侵隨，使薳章求成焉。”即用此義。

沇兒鐘成作🔺，从午，由指事符號變來。《説文》从丁，和从午這類寫法有相似之處，也是由於訛變的緣故。

（十三）平

《甲骨文編》所收平字主要有四種寫法：

🔺（《明藏》469）　🔺（《甲》731）　🔺（《甲》828）　🔺（《粹》56）

相對而言，第一、二種爲繁體，第三、四種爲簡體。關於平的形義，《説文》血部解釋説："𠧗，定息也。从血，甹省聲。讀若亭。"段玉裁注："心部曰，息，喘也。喘定曰甹。"①現在看來，把甹解釋爲"定息（喘定）""从血，甹省聲"都是靠不住的。因爲"定息"義與甹的構形不相關涉，而"甹省聲"也只不過是用與甹具有部分相同形體的音近字來解釋字形結構的權宜之計，並没有令人信服的依據。近來有學者根據甲骨文第一種寫法説甹，謂"其上象皿中盛牲血形，其下从乎"。② 从皿从乎，也頗爲令人費解。

第二種寫法的上部與《殷契粹編》12 血字寫法相同，可以肯定是从血。第一種寫法中血點濺滿皿的四周，从血更爲明顯。第三、四種寫法中血省作皿，如同《殷契佚存》631 衁从皿作一樣。

甹的下部从示作。甲骨文示或作 𝗧、𝗧、𝗧，有時單獨使用，如《殷虚書契後編》上 1·2、鳳雛 H11 所出西周甲骨 223；有時作偏旁，如《龜甲獸骨文字》1·19·14 的福、《殷虚文字乙編》6419 的祀、《殷虚書契前編》6·3·7 的祐、《殷虚書契續編》6·11·6 的祝等。作偏旁的用例比單用更多。

甹字下部所从與上舉示字或示旁相同，同是示字的一種簡單的寫法。示的這種寫法與丂的異體 𝗧（《存》下 340）、𝗧（《乙》2316）相混，這就是小篆甹从丂作的原因。

甹字从血从示，象置血於示上，表示血祭，是一種祭祀的名稱。這是它在甲骨卜辭中的基本用法。在卜辭中，它或單獨使用，如：

（1）庚午……賓甹……（《合集》3680）

（2）乙未卜，其甹方羌一牛。（《合集》32022）

（3）庚戌卜，甹于四方其五犬。（《合集》34144）

（4）于南甹。（《合集》34149）

（5）丁亥卜，弜甹岳。

丁亥卜，甹岳燎牢。（《合集》34229）

（6）甲申，秋夕至，甹用三大牢。

甹于滴。（《屯》930）

或與其他詞連成詞語使用，如"甹摧""甹禍""甹風""甹雨""甹風雨""甹秋""甹疾"等：

（7）……申卜，貞：方帝甹摧，九月。（《合集》14370）

（8）丙午卜，古貞：旬甹禍。（《合集》5884 正）

（9）甲戌，貞：其甹風三羊三犬三豕。（《合集》34137）

（10）丁丑，貞：其甹雨于方。（《合集》32992）

（11）其甹風雨。（《屯》2772）

（12）貞：其甹秋，來辛卯酌。（《合集》33233）

（13）壬辰卜，其甹疾于四方三羌侑九犬。（《屯》1059）

甹作爲祭名在傳世文獻中尚有孑遺，寫作寧，甹、寧本一字。

　　楊樹達先生説：“《周禮・春官・小祝》云：‘寧風旱。’按周人有甹風之祭，此亦殷禮也。又《大宗伯》云：‘以疈辜祭四方百物。’鄭司農云：‘罷辜，披磔牲以祭，若今磔狗祭以止風。’按據此知漢人尚有止風之祭。”①陳夢家先生説：“甹風即止風。《周禮・小祝》‘掌小祭祀將事候禳禱祀之祝號……寧風旱’，寧風即卜辭之甹風。”②“甹風”即寧止風災的祭祀。在卜辭中，甹是一種有所甹止的血祭。“甹雨”爲寧止雨災的祭祀，“甹摧”“甹禍”爲寧止災禍的祭祀，“甹秋”爲寧止蟲害的祭祀，“甹疾”爲寧止疾病的祭祀。就語法功能而言，甹與奉十分相似。奉在卜辭一般用爲祭名，可以單用，也可以構成“奉年”“奉禾”“奉生”“奉田”“奉啓”“奉又”等短語。它們無論單用還是連用，後面都可以綴以祭祀對象和祭祀用牲，當連成短語時，“甹”和“奉”的具體内容和對象便可能同時出現。現在有的學者把“甹摧”“甹禍”“甹風”“甹雨”“甹秋”“甹疾”的甹僅僅理解爲甹止，而不當作祭名，是不够準確的。

　　後世寧行而甹廢。寧的兩個常用義“安定”“探望”都是從“有所甹止的祭名”引申出來的。

（十四）奥

奥　宀部：“ ，宛也。室之西南隅。从宀，弄聲。”

　　徐鉉等曰：“弄非聲，未詳。”徐鍇曰：“宛，深也，故从宀，古審

---

①　楊樹達《卜辭瑣記》，收入《楊樹達文集》之五，上海古籍出版社，1986年，第5頁。
②　陳夢家《殷虚卜辭綜述》，中華書局，1988年，第575—576頁。

字也。人所居,故从宀,會意也。"林義光《文源》:"按弄非聲。奧,
深也。从宋(審),从収。収,探索之象。"徐鍇、林義光皆説奧从宋
(罙)作,①是十分正確的。

從現有材料看,奧字出現比較晚,《漢印文字徵》7·14 作 ,
晉辟雍碑陰作 ,上部即罙字。

罙从穴从火,取象於古代的灶。在新石器時代的半坡遺址,
發現了許許多多的灶,都是在房子的中間挖一坑穴,與罙的構形
若合符節。

罙曾用爲形符,如公子土斧壺"公孫寁"的 ,公孫寁即齊惠
公之孫,公子樂堅的兒子寵。寁即竈之異體,从罙,告聲,可以反
證罙象灶之形。又傳世字書多訓罙爲"突"或"灶突",如《廣韻》:
"㸐,突也。罙與上同。"《字彙》:"㸐,灶突也。"《篇海》:"㸐,灶突
也。"㸐、㸐、㸐皆爲罙之異體。早期的灶並無灶突(煙囱),"灶突"
應爲罙的後起引申義,它在一定程度上反映出與本義的内在
聯繫。

奧从罙从収作,它的諸多意義和灶有關係。奧有灶義。《禮
記·禮器》:"燔柴於奧。"鄭注:"奧或作灶。"《風俗通·祀典》《孔
子家語·曲禮》奧作灶。奧又指室之西南隅隱奧之處。《釋名·
釋宮室》:"室中西南隅曰奧。"《爾雅·釋宮》:"西南隅謂之奧。"郭
璞注:"室中隱奧之處。"《新序》"隩隅有灶",《吕氏春秋》"隅奧有
灶",可見,因爲室之西南隅有灶,所以又稱此處爲奧。灶可取暖,
故奧有溫暖義,後分化爲燠、襖;灶穴在地下,故奧有深義;灶的四

---

① 参看"罙"下考釋。

周墊高（半坡遺址中有些灶在口部往往作一個較高出的圓唇，以防火苗外延；也有些灶有高的灶臺），故奧有高義。

（十五）規

規　　夫部：“，有法度也。从夫，从見。”

徐鍇《説文解字繫傳》曰：“言有可聞，行爲可見，言有規矩也。會意。”張舜徽先生《説文解字約注》：“規字从夫从見，謂諦視人體，取以爲法也。”皆據篆形爲説。

秦漢早期簡帛文字的規其實並不从夫作，如馬王堆漢墓帛書《老子甲本》20 的 、銀雀山漢簡《孫子兵法》50 的 ，都从矢。秦漢早期簡帛文字中的夫和矢區分比較嚴格，夫上面是一橫，矢上面是 或 ，因此簡帛文字中的規从矢是可以肯定的。規从矢作，在傳世文獻中也有反映，《戰國策·趙策一》：“先生之計大而矩高，吾君不能用也。”規作矩，《正字通·矢部》：“矩，規本字。”《説文》小篆規應是訛字。

規从矢从見會意。矢是直的象徵，有正直、端正義。《尚書·盤庚上》：“盤庚遷于殷，民不適有居。率籲眾慼，出矢言。”孔傳：“出正直之言。”《法言·五百》：“聖人矢口而成言，肆筆而成書。”李軌注：“矢，正也。”又《廣雅·釋詁一》：“矢，正也。”矢也是法度的象徵，故見矢如有法度。古人盟誓折矢，即取此意。

規的本義爲有法度，圓規的意思是由此引申出來的。這種引申與矩由曲尺引申爲法度正相反。

(十六) 便

最先對便字形體作出解釋的是許慎,他在《説文》中説:"㯷,安也。人有不便,更之。从人、更。"可見,許慎是從小篆字形出發,把便釋爲从更的會意字的。

小篆屬於較晚的古文字,形體多有訛變。許慎根據小篆形體探尋文字形義,往往出現錯誤。對便字的解釋就是一例。由於新的更早的古文字資料的出土,使得我們有機會來重新認識便的形義。

1975 年 2 月,在陝西岐山董家村的西周窖穴裏,出土了一件重要的青銅器朕匜。在該器中,便字先後出現四次,綜合它的寫法,有以下兩種類型:狌、狌。

從金文看,便字並非从人从更。甲骨金文裏的更字,是从攴丙聲的,與金文便字的右半部分有明顯的區別。小篆便字所以从更,是由於便字的右半部分訛變造成的。

那麼,便的形義究竟作何解釋呢? 我們先來看它在金文中的用法。朕匜中的四個便字一律當鞭解:

(1) 弋可,我義便女千。

(2) 今我赦女,義便女千。

(3) 今大赦女,便女五百。

(4) 乃師或以女告,則到,乃便千。

　　夐　昬部：“𢍰,營求也。从昬,从人在穴上。《商書》曰：高宗夢得説,使百工夐求,得之傅巖。巖,穴也。”

　　戴侗《六書故》：“人在穴上無義。𡕛當自爲一字,今亡其音義爾。”徐灝《説文解字注箋》：“从昬者,舉目遠眺之意,故引申之義爲視。《廣雅》云：‘夐夐,視也。’𡕛者,奐之省,古音夐與洄近,故从奐聲。《詩經・邶風・擊鼓》篇：‘于嗟洵兮。’《韓詩》作夐。”

　　奐和夐有一個相同的形體𡕛,故前人以“夐省”或“夐省聲”釋奐,以奐省聲釋夐。《説文》所收㲁之籀文𤲬,也从𡕛作,與奐、夐所从相同。

　　戴侗謂“𡕛當自爲一字”,慧眼獨具。𡕛爲兔之變形,演進的邏輯過程可構擬如下：

　　𤔔(兔卣)—𤔔(三體石經篆文)—𤔔(馬王堆漢墓帛書《春秋事語》95)—𤔔(《漢印文字徵補遺》10・2)—𤔔(睡虎地秦簡《效律》17)—𤔔

　　兔字《説文》失收,作偏旁時一般寫成𤔔,是比較晚起的字形,它和秦漢早期簡帛中的兔來源相同,寫法微殊。

　　奐字,師奐父盤奐所从作𤔔,侯馬盟書省作𤔔,《説文》篆文作𤔔。

　　夐字秦簡瓊(《法律答問》202)、譩(《封診式》36)所从作𢍰,《説文》小篆作𢍰。

　　一比較不難發現,奐、夐所从𡕛與兔實出一源。兔在奐、夐裏處於上半部,充作偏旁,出於結構需要發生了形變。若不追本溯源,很難找到它們之間的固有聯繫。

　　需要指出的是,免字單用和在奐、敻中作偏旁時,並不是同步演進的。這種現象漢字史上比比皆是,不難理解。

　　奐的本義爲"取奐",朱駿聲《説文通訓定聲》:"奐,疑即換字之古文。"承培元《廣潛研堂説文答問疏證》:"奐字俗作換。"張舜徽先生《説文解字約注》:"取奐二字,蓋漢人常語,故許君以之解字,猶今言交易耳。"奐字表示"取換",故從収;免爲聲符,與奐同爲元部字。

　　敻的本義爲遠。戴侗《六書故》:"敻是深遠敻絶之稱。"徐灝《説文解字注箋》:"此當以敻遠爲本義。從旻者,舉目遠眺之意……"《説文解字約注》:"敻之爲言迥也。《廣雅‧釋詁一》'敻,遠也';《釋詁二》'敻,長也';長與遠義近。"敻字從旻,免聲,敻、免同在元部。

　　敻字從皮省,免聲(參看鞄下考釋)。

(十八) 鞄

　　鞄　鞄部:",柔韋也。從北,從皮省,從敻省……讀若耎。一曰若儁。,古文鞄。,籀文鞄,從敻省。"

　　《説文解字約注》:"鞄篆既云從皮省,則其下自當從,不當作瓦,今本許書篆體作,乃傳寫者以形近致誤。"錢坫《説文解字斠詮》、段玉裁《説文解字注》皆改爲,改爲,至確。

　　鞄字上部從背,許慎謂"從北""從敻省"。徐鉉曰:"北者,反覆柔治之也。敻,營也。"朱駿聲《説文通訓定聲》:"北者,背也。與韋从舛同意。治革使柔,必矯戾其質性也。"諸家釋背,皆未中的。

　　背與甲骨文下列諸字當即一字:

　　　　　𦥑(《存》626)　　　𦥑(《前》4·44·6)

　　　　　𦥑(《乙》6686)

于省吾先生《甲骨文字釋林》把此字隸定爲兑,認爲"兑本象人戴羊角形之帽。古代狩獵,往往戴羊角帽並披其毛皮,以接近野獸而射擊之(詳《釋羌苟敬美》)。甲骨文兑字之作,即象此形。"

　　由兑到背演進過程一目了然:

　　　　　𦥑—𦥑—門—背

　　于省吾先生指出兑爲狩獵時所戴的一種帽子,可從。但說"兑與直兵之矛形近音同",缺乏例證,恐未確。兑字的音義當求之於韄。

　　《周禮·考工記》:"攻皮之工,函、鮑、韗、韋、裘。"注云:"鮑,讀爲鮑魚之鮑,書或爲鞄,《蒼頡篇》有鞄韄。"《説文解字約注》:"注所云《蒼頡篇》有鞄韄,蓋謂鞄字已見《蒼頡篇》耳。然則鞄爲柔革之工,韄乃柔革之事,二者雖近而實有別。連舉之者,逐類旁及之耳。非謂韄亦柔革之工之名也。"則韄之本義或謂"柔韋",或謂"柔革之事",難以斷定。要之,與皮革有關,故从皮(省略)爲意符。背象帽子之形,與韄的本義缺乏意義上的聯繫。如與矛音同,又不能充當韄字之聲符。韄字當作另解。

　　髦之籀文作 ![字形]，从皮省，免聲。髦、免同爲元部字。由 ![字形] 推之，背應爲㕯之異文，音義當同免（即冕）。

（十九）郎、蒇、聵

　　郎　邑部：" ![字形] ，汝南安陽鄉。从邑，蒇省聲。"

　　桂馥《説文解字義證》："蒇省聲者，當爲叡省聲。"王筠《説文解字句讀》："字通作蒯，左昭二十三年《傳》'攻蒯，蒯潰'注云：'河南縣蒯鄉是也。'"《包山楚簡》165 作 ![字形]，172 作 ![字形]（《包山楚簡》隸作郍，即郎字），《漢印徵》6·26 作 ![字形] 。

　　蒇　艸部：" ![字形] ，艸也。从艸，叡聲。"

　　《玉篇·艸部》："蒇，草中爲索。《左氏傳》云：無棄菅蒇。"今本《左傳》成公九年作"蒯"。《集韻·怪韻》："蒇，或作蒯。"《漢印徵》1·12 作 ![字形]、![字形]、![字形] 。

　　聵　耳部：" ![字形] ，聾也。从耳，貴聲。 ![字形] ，聵或从叡。"

　　蒇、聵皆从叡聲。《説文》漏收叡字，《爾雅·釋詁》："叡，息也。"《玉篇》："叡，叡息也。"《廣韻》："叡，太息。"《經典釋文》："叡，苦怪反。"郝懿行《爾雅義疏》："叡者，喟之假音也。"古璽文作 ![字形]

(《甲金篆隸大字典》第192頁)。

　郍、叝、蕵所从冎，印文作〔篆〕、〔篆〕、〔篆〕，繁簡有所不同。前人或釋尚，或釋冊之變體，皆不可信。要弄清冎的來源，必須從朋説起。朋貝的朋古作〔篆〕，加人旁作〔篆〕，成爲朋友的專字。〔篆〕(王孫鐘)字演變爲〔篆〕(《説文》所謂古文鳳)，爲朋。如〔篆〕(南彊鉦)演變爲〔篆〕(《説文》)，爲〔篆〕(馬王堆漢墓帛書《戰國縱橫家書》199)；〔篆〕(《説文》)演變爲〔篆〕(馬王堆漢墓帛書《天文氣象雜占》3・2)、〔篆〕(阜陽漢簡《蒼頡篇》26)；〔篆〕(《説文》)演變爲〔篆〕(魯峻碑)。後來朋行而〔篆〕廢，朋友的朋又加人旁，《説文》作〔篆〕，演變爲〔篆〕(《居延漢簡甲編》245)，爲佣。〔篆〕、〔篆〕與〔篆〕所从相近，〔篆〕與〔篆〕所从相近。可見，《説文》郍、叝、聲所从冎是與〔篆〕同一來源的變體。其演變序列如下：

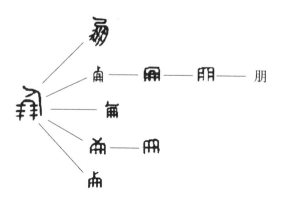

(二十) 肆

　　肆　聿部："〔篆〕，習也。从聿，希聲。〔篆〕，籀文肆。〔篆〕，篆文肆。"

肆字,睡虎地秦簡《日書乙種》191 作 𣏳 ,所从 𣏳 字見於郭店
楚墓竹簡《唐虞之道》18:"卒王天下而不㺅。"用爲疑。㺅屬之部
疑母,肆屬質部影母,古音較近。㺅當爲肆的聲符。

(二十一) 疑

疑　子部:"𤕦,惑也。从子、止、匕,矢聲。"

甲骨文作 𤕦 (《前》7·36·2),金文作 𤕦 (齊史疑觶),本象人
拄杖出行,抬頭望天有所疑惑的樣子。金文加止和牛,止表示出
行的動作,牛表示疑的讀音。宋育仁曰:"牛,古音讀如疑。"秦漢
時代疑作 𤕦 (廿六年詔權)、𤕦 (二世詔版),《說文》小篆就是在這
類寫法的基礎上形成的。當分析爲从㺅从止,子聲。子、疑同爲
之部字,讀音相近。

(二十二) 雁

雁　隹部:"𤸰,鳥也。从隹,瘖省聲。或从人,人亦
聲。𤸰,籀文雁,从鳥。"

此字應公觶作 𤸰,應侯鐘作 𤸰,徐令尹者旨㼌爐盤作 𤸰,本
从鳥或隹,厂聲。厂乃古膺字。[1] 隨著古膺字的形體發生變化,

---

① 林澐説,轉引自董蓮池《金文編校補》,東北師範大學出版社,1995 年,第 123 頁。

其表意作用漸漸喪失,所以又在原字上加🝈聲符。🝈和膚字同爲蒸部字。徐令尹者旨🝈爐盤的雁就是加🝈的結果。《説文》小篆的寫法是在爐盤寫法的基礎上演變而來的。

(二十三) 隆

隆　生部:"🝈,豐大也。从生,降聲。"

徐鍇《説文解字繫傳》:"生而不已,必豐大也。"隆,新嘉量作🝈,漢印文作🝈、🝈(見《漢印徵》6・14),並不从生,而是从土。可見《説文》篆形已有訛誤。

隆字从土,降聲,本義當爲高高的山丘。《孫子兵法・行軍》:"戰隆無登。"用的正是本義。由高高的山丘,引申爲高,《小爾雅・廣詁》云:"隆,高也。"這一意義行用甚廣,致使有人將它誤認爲本義。

(二十四) 迹

迹　辵部:"🝈,步處也。从辵,亦聲。🝈,或从足、責。🝈,籀文迹,从朿。"

睡虎地秦簡《封診式》67 迹作🝈,《日書甲種》35 背刺作🝈,所從爲秦文朿的寫法。馬王堆漢墓帛書《老子甲種》144 迹作🝈,从亦,與《説文》小篆結構相同。可見迹字形中的亦是朿訛變的結果。

(二十五) 亶

亶 亶部:"亶,度也,民所度居也。从回,象城亶之重,兩亭相對也。或但从口。"

此字金文作 ![字]（毛公鼎）、![字]（國差 ![字]），象兩屋相對,中含一庭之形。土部墉字古文作 ![字],毛公鼎亶通庸,説明亶、庸本爲一字。
亯部:"亯,用也。从亯,从自。自知臭,亯所食也。讀若庸。"[①]段玉裁《説文解字注》:"此與用部庸音義皆同。"此字拍敦蓋作 ![字],銘文曰:"隹(唯)正月吉日乙丑,拍乍(作)朕配平姬亯宮祀彝。"用的正是亯之本義。

班簋城作 ![字],而戰國陶文作 ![字]（《古陶文彙編》3·520）,表明亯原來只是亶的異寫而已,後借來作表示和祭祀有關的動詞。

(二十六) 縣

縣 系部:"縣,聯微也。从系,从帛。"

徐灝《説文解字注箋》:"紡絮成縷謂之縣。聯微者,言其微眇相續也。因引申爲縣長之稱。"張舜徽先生説:"縣當以絲絮爲本義,乃繭之未紡成縷者,即今語所稱絲縣也。其物聯綴敷廣不絕,

———————

① 從段玉裁校改《説文》。

揭之則薄如紙，疊之則厚可裝衣禦寒。古人亦稱緜爲帛，所謂五十非帛不暖也。緜與絮析言有別，蓋精者爲緜，粗者爲絮，故許以敝緜訓絮耳。中土自宋元以來，始有木緜，①故其字从木作棉者最爲晚出，古但作緜也。"②

緜的本義爲"絲緜"，它的小篆形體"从系，从帛"。從出土文物看，它始見於秦漢早期簡帛。馬王堆漢墓帛書《老子甲本卷後古佚書》103："緜緜呵若存。"《老子乙本卷前古佚書》222 下："緜緜呵其若存。"緜字分別作 𦅫、𦅫。《老子甲本卷後古佚書》424 帛作 帛，與上舉緜字所从迥別，知緜本不从帛。

秦漢早期簡帛文字中，縣字作 縣（《睡虎地秦簡》23·11）、縣（《春秋事語》36）之形，它本是會意字，象梟首之形。金文作 縣（縣妃簋），漸漸演變爲 縣，再變爲 縣（小篆）。

拿簡帛文字中的緜和縣對照就會發現它們僅一橫之差，寫法驚人地相似。緜和縣都是元部字，我們認爲緜原本是縣的借字，在很長一段時期内（漢印裏緜尚作 縣），緜是通過減少一橫畫來與縣區別的。大約從漢代開始，出現了从帛从系的緜，是在縣的基礎上，根據它所表達的意思"絲緜"進一步改造的結果。因此，緜在借字的基礎上曾經經歷了兩度改造。

由緜字字源的考證，可以聯想到一樁懸案。《方言》："黸瞳之子謂之矊，宋衛韓鄭之間曰鑠。"《楚辭·招魂》："遺視矊些。"洪興祖《楚辭補注》引《方言》："黸瞳之子謂之矊。"《説文》目部："矊，盧童子也。从目，緜聲。"《玉篇》將矊、矊二字並收，以矊爲矊之或

體。段玉裁《説文解字注》："按《方言》眜字,當是眜字之誤。"張舜徽先生《説文解字約注》："竊疑今本許書篆文作眜者,乃眜字之筆誤。"我們弄清了緜、縣的關係,就可以證明顧野王和段玉裁的説法基本上是正確的。

(二十七) 釁

釁 爨部:"釁,血祭也。象祭竈也。从爨省,从酉。酉,所以祭也。从分,分亦聲。"

戴侗《六書故》:"以鬯酒或血塗鼎釜及竈,彌其隙也。成廟成器皆釁之。"釁字,馬王堆漢墓帛書《養生方》149 作釁,文例爲:"釁冬各□□,革薢、牛膝各五抈(枼)。"這個釁與小篆釁的寫法不同,是在下列古文字的基礎上演變而來的:

釁(頌簋) 釁(秦公簋)

字象雙手持皿往頭上澆水之形,是沐的本字。由此看來,林義光《文源》説釁"古作釁"是正確的,但他説釁象人面上眉下鬚之形,"實與眉同字",則不確。金文中一般借爲"眉壽"的眉。有時也有其他的用法,如蔡侯申盤"穆穆釁釁",即"穆穆亹亹"。于省吾先生考證釁釁典籍訛作"亹亹",[1]是完全正確的。魏王基殘碑作

---

[1] 于省吾《壽縣蔡侯銅器銘文考釋》,《古文字研究》第一輯,中華書局,1979 年。

𩚛，可以證明這一點。《爾雅·釋詁上》：“𩚛𩚛，勉也。”《經典釋文》：“𩚛字或爲𪋺。”

傳世文獻中，𪋺和𩚛也是異體字。如《國語·齊語》：“三𪋺三浴之。”宋庠《國語補音》𪋺作𩚛。又《爾雅·釋艸》：“蘠蘼，虋冬。”《經典釋文》：“虋亦作𪋺字。”按即𪋺之省文。張舜徽先生《説文解字約注》説𪋺“俗書釁、𩚛、𪋺諸體”。可見其異體之多。

𪋺既爲沐之本字，字形和“血祭”本無關係。古籍中借𪋺表示“血祭”都應屬於假借。小篆𪋺字从酉作，是就百進行改造的結果，時間大約不會早於東漢。酉（即酒）和血祭有一定的聯繫，表明改造是扣著詞義進行的。由於𪋺在借字上進行了改造，因而許慎把它當作會意字來理解，就顯得很牽強。

（二十八）皋

> 皋　夲部：“皋，气皋白之進也。从夲，从白。《禮》：‘祝曰皋，登謌曰奏。’故皋奏皆从夲。《周禮》曰：‘詔來鼓皋舞。’皋，告之也。”

徐灝《説文解字注箋》：“气皋白之進未達其旨。”張舜徽先生《説文解字約注》：“此篆説解，但當云：气之進也。皋、白二字皆衍文。从夲，从白。白非黑白之白，乃自之省體。自即鼻也，亦省作𦣹。本書𦣹下云：‘此亦自字也。省自者，詞言之气从鼻出，與口相助也。’皋訓气之進也，故从𦣹，象气所自出；从夲，喻气之進疾也。故皋之本義，謂疾進而引其气以作聲耳。《周禮·樂師》：‘皋舞。'鄭注云：'皋之言號也。'《儀禮・士喪禮》：'皋某復。'鄭注云：'皋，長聲也。'皆其義已。字篆體訛从 ⿱ 而爲 ⿰，説者望文生訓，傅會於黑白之白，而原意晦矣。"漢印皋或作 ⿰，从自作，可證説小篆皋中的白"乃自之省體"有據，皋實際上是嗥的本字。

皋的出現是比較晚起的事情，它在秦漢早期簡帛文字中還没有形成專字，只寫作罪。譬如：

馬王堆漢簡醫書《雜禁方》1："又（有）犬善皋於亶（壇）與門，垽（塗）井上方五尺。"

馬王堆漢墓帛書《戰國縱橫家書》98："擇（釋）齊兵於熒陽、成皋。"

銀雀山漢簡《孫臏兵法》191："□人於齧桑而禽氾皋也。"

其中皋分别作 ⿰、⿱、⿰。儘管簡帛的整理者都把它隸定爲皋，而實際上它的寫法和罪没有什麼不同，只是借罪表示皋。這種情況在傳世古籍中也是很常見的。如《尚書・皋陶謨》："皋陶。"《困學紀聞》六引《列女傳》作"罪陶。"《左傳》僖公三十二年："夏后皋。"《路史・後紀》十四皋作罪。《左傳》哀公二十六年、《國語・吴語》："皋如。"《春秋繁露》九皋作罪。《荀子・大略》："望其壙皋如也，顚如也。"《列子・天瑞》《孔子家語・困誓》皋作罪。

皋的出現應與罪的異體（實際上是省略形式）有關。東周金文中罪作偏旁時或作 ⿰（邾子匜罪字所从）。秦漢早期簡帛文字或作 ⿱（張振林先生《秦隸單字選樣》第 137 頁擇字所从）。罪這兩

個異體和小篆臯的寫法很相似。可見,《說文》小篆臯是在罘之異
體的基礎上改造而來的,時間不會早於西漢早期。

在許慎所處的東漢時代,臯有兩種寫法,一種从 白,一種从
凵（漢印中臯字有从白、从自兩種寫法可證）,从許慎對臯的解釋
看,《說文》所錄的臯當本从 凵,至少它是把白當 凵 來理解的。

（二十九）宷

　　宷　采部:“⿱宀采,悉也。知宷諦也。从宀,从采。
⿱宀番,篆文宷,从番。”

徐鍇曰:“宀,覆也;采,別也;能包覆而深別之,宷悉者也。”段玉
裁《說文解字注》:“此與覈字从两敫同義。”張舜徽先生《說文解字約
注》:“宷之言深也,謂辨別事物至深邃也。”諸家皆依 ⿱宀采 形爲説。

　　在秦漢早期簡帛中,審主要作:

　　⿱宀采（《睡虎地秦簡》25・50）
　　⿱宀番（《老子乙本卷前古佚書》38 上）

　　字下所从和番不類,番一般作 番（馬王堆漢墓帛書《老子乙
本卷前古佚書》126 上）,一律从田,和審字所从有嚴格的區別,驗
之此前的古文字,古璽審作 ⿱宀采,番作 番,可以看出簡帛文字的寫法
是與之一脈相承的。

　　簡帛文字中的審,不是像《說文》分析的“从宀,从番”,而應分

析爲从 🔲 从曰(古璽文从口,从口與曰同義)。🔲 就是罙字。

從罙的演進序列可以看出,寀和罙的某些寫法是基本相同的。[1] 黃侃先生在《説文同文》中曾指出"寀同罙",是非常精闢的見解。寀、罙同是侵部書母字。在从口或从曰的審出現之前,所謂"悉"的意思應是借罙來表達的,後來纔在借字的基礎上加意符。《侯馬盟書》16·3 中有一字作 🔲,隸作寴。此字應理解爲从思寀聲,也是審的異體。這樣,小篆審的出現可能有兩個途徑,一是把曰改成田,一是把寴中的心省去。但無論經過哪種途徑,都經歷了被番同化的過程。因爲被同化,導致了審字的中筆屈首,相應地寀字中筆也改爲屈首。

(三十)朵

朵 木部:"🔲,樹木垂朵朵也。从木,象形。此與采同意。"

徐鍇《説文解字繫傳》:"今謂花爲一朵,亦取其下垂也。此下从木,其上几但象其垂形。"段玉裁《説文解字注》:"凡枝葉華實之垂者,皆曰朵朵。"朵字出現較晚,馬王堆漢墓帛書《老子乙本卷前古佚書·正亂》:"我將觀其往事之卒而朵焉,寺(待)其來[事]之遂刑(形)而私〈和〉焉。壹朵一禾(和),此天地之奇也。"字作 🔲,是在禾的穗上加一短畫,指示禾中下垂的部分。小篆作朵,應是

---

① 參看"罙"下考釋。

由這類寫法進一步演變的結果。

禾和朵同是歌部字，禾在匣母，朵在端母，古音相近，羅振玉《增訂殷虚書契考釋》說禾"上象穗與葉，下象莖與根"。這一解釋是正確的，它和朵之"枝葉華實之垂者"意義相近，表明禾、朵語義上的内在聯繫。從字形看，禾之異體或作 （禾簋）、（鄂君啟車節），與朵的寫法也很接近。因此，朵很可能是禾的同源分化字。

（三十一）盾

盾字小篆作 （《說文》小篆），古隸作 （睡虎地秦簡《效律》16·2），今隸作 （熹平石經《春秋》文十四年），小篆以下，演變序列十分明晰。關於它的字形分析，學者主要有形聲、會意、會意兼形聲三種意見。持形聲說的，分爲兩撥。或分析爲从目，厂聲，或斤省聲。[1] 或據甲骨文 （《甲骨文編》2·24）分析爲从厂、聲。以爲 是循字， 演變爲 ， 是循的古文，表示盾的讀音。[2] 持會意說的，或分析爲从斤从目，以爲厂象盾之側視形， 象盾之握，目象盾之用，[3]或據師旋簋 認爲斤由側面人形變來。[4] 會意兼形聲說以于省吾先生爲代表，也是從師旋簋 出發，認爲 中的屾是盾的象形，應分析爲从人、屾，屾亦聲。[5]

上述說法幾乎到了挖空心思的程度，但要麽是據訛變的篆文

---

① 丁福保《說文解字詁林》，臺北商務局，1966 年，第 1469—1471 頁。
② 林義光說，收入丁福保《說文解字詁林》，第 1469—1471 頁。
③ 丁福保《說文解字詁林》，第 1469—1471 頁。
④ 黃德寬《古文字譜系疏證》，商務印書館，2007 年，第 3733—3734 頁。
⑤ 于省吾《釋盾》，《古文字研究》第三輯，中華書局，1980 年，第 3 頁。

爲説,要麼是據誤釋的古文字爲説,雖然不乏閃光的東西,但都或多或少地存在一些問題。

現今知道,與篆隸盾有直接形體演變關係的盾字可以追溯到戰國早期。曾侯乙墓竹簡有字作✦(簡 3)、✦(簡 30)、✦(簡 101)之形,裘錫圭、李家浩先生注釋説:"'戟',即'瞂'字的或體,《玉篇·盾部》:瞂,扶發切,盾也。《詩》曰'蒙瞂有苑'。本亦作'伐'。鄭玄云:'伐,中干也。'戟,同上。據此,'戟'似應分析爲從'盾''伐'省聲。"[1]

另一字作✦(簡 78)、✦(簡 10)、✦(簡 103)之形,往往與鞻連用,裘錫圭、李家浩先生隸作韇。何琳儀先生解釋説:"韇,從韋,盾聲。韜之異文。《篇海》:'韇,同韜。'《説文》:'韜,劍衣也。從韋,舀聲。'隨縣簡韇,讀韜。《廣雅·釋器》:'韜,弓藏也。'"[2]蕭聖中先生認爲:"簡文'韇'當通'盾','鞻'從雍聲,'雍'在影紐東部,而'龍'在來紐東部,二字音近,'鞻韇'疑即《詩》'龍盾'。《詩》傳所解'畫龍其盾'似誤。據簡文,鞻韇與韇鞅等同記,當是馬器,頗疑是飾於馬面之當盧。"[3]劉信芳先生則認爲:"鞻韇有可能是車具,疑韇讀爲'軶',如'軶'亦作'韇',知從盾聲之'韇'可以讀爲'軶'。古代車制,車轂用圓木製成,是車承重運行的關鍵部位,故於車轂之末以革纏束,稱之爲'軶'或'約',亦即簡文所謂'韇'。"[4]韇在簡文中的用法,也許還有待進一步的探索,但把字隸作從韋

① 湖北省博物館《曾侯乙墓》(上),文物出版社,1989 年,第 506 頁。
② 何琳儀《戰國古文字典》,中華書局,1998 年,第 1334 頁。
③ 蕭聖中《曾侯乙墓竹簡釋文補正暨車馬制度研究》,科學出版社,2011 年,第 51 頁。
④ 劉信芳《曾侯乙墓竹簡劄記六則》,《中國文字學報》第四輯,商務印書館,2012 年,第 69 頁。

从盾，已是大家一致的意見。

　　曾侯乙墓竹簡戲和輤所从盾的寫法，顯然應是小篆盾的來源。換句話説，盾應是由□演變來的。

　　曾侯乙墓竹簡作爲偏旁的□，對於理解盾字的結構很有幫助。我們認爲盾是由象形盾和聲符允兩部分構成的。

　　象形盾最早的形態，見於甲骨文和早期金文。羅振玉在考釋小臣宅簋時首先釋出了金文中的盾字。他説：

> 　　此彝文字極精，前人未著録，文有曰“白錫小臣宅畫□戈九易金車馬兩”。□字不可釋。且丁尊且丁上、父乙尊父乙上並有□字。秉□父乙爵秉下亦有□字，《攈古録》著録秉□鼎秉下作□，册册父乙彝秉□字作□。父庚尊亦有□字。烏程周氏藏一卣，文曰“秉□丁”，又作□。父乙卣父乙上有□字，器文則作□。又爵文有作□者，且丁尊鼎、父乙尊並有□字，象人一手執戈，一手執盾形。洛陽近出乙戈盾鼎，其文合書作□。又有兩彝，一作□，一作□。合諸文考之，雖有□、□、□、□之殊，予以爲皆象形盾字也。[1]

羅先生實際上非常明確地指出了金文中填實的□和空廓的□都象盾形，都應釋爲盾。于省吾先生也有類似的意見，他説：

> 　　甲骨文的盾字作□、□、□、□，均作長方形或方形。

① 　羅振玉《遼居乙稿》，1931 年石印本，第 25—26 頁。

商代金文的 □ 字習見(《金文編》附録),象一手持戈,一手持盾形。其所持之盾作 □、□、□、□ 等形。商代金文和西周早期金文的盾字作 □、□、□、□……等形,《金文編》均誤入於附録。以上所引早期古文字中盾字的形體和前引安陽出土的實物相驗證,脗合無間。①

于先生聯繫甲骨,結合考古資料,進一步確定了 □、□ 等形都應釋爲盾。

羅、于兩位先生的釋法主要是從形體出發的。而從音上明確這類字形爲盾的是林澐先生。他從戜簋的 □ 中找到了語音上的支撑。戜簋 □ 用爲盾,于省吾先生認爲是"豚甲"合文,豚讀爲盾。②《金文編》隸作豚讀爲盾。③ 林澐先生認爲,□ 是盾的增累字,左下所從爲 □(盾之象形)的演化,豚爲聲符。□ 所注的豚聲正好説明了 □ 的讀音。④

從此以後,把 □、□ 釋爲盾的象形字便成了定論。

象形的盾字後來分兩路演變。一路演變爲十,如林澐先生所舉的古和戎字:

古	□ 父己盉	□ 盂鼎	□ 墻盤	□ 中山王壺
戎	□ 卣文	□ 盂鼎	□ 師同鼎	□ 多友鼎

① 于省吾《釋盾》,《古文字研究》第三輯,第 3 頁。
② 于省吾《釋盾》,《古文字研究》第三輯,第 4 頁。
③ 容庚編著,張振林、馬國權摹補《金文編》(第四版),中華書局,1985 年,第 669 頁。
④ 參林澐《説干、盾》,《古文字研究》第二十二輯,中華書局,2000 年,第 93—95 頁。

另一路演變爲🌀。西周中期師旂簋有字作🌀,左下于省吾先生、劉昭瑞先生都以爲象盾之形,無疑是正確的。上部于先生以爲从人,劉先生以爲厥聲,釋爲鼳。① 在認眞比對字形後,我們肯定劉先生的看法是可取的。厥在月部見母,圭在支部見母,月部見母字和支部見母字可以通用。如㨤通�,②即其例。釋🌀爲鼳,音理無礙。🌀所从🌀中部作兩橫,與篆隸从目一致。竪筆下半省去,符合象形盾的演變軌迹。我們看🌀的異體,知道其中🌀可作🌀、🌀,也可作🌀、🌀,上下兩短竪可以省去。③

曾侯乙墓竹簡盾字盾形和🌀相似,只是中部作一橫,竪筆移位到右側而已。中部作一橫和某些象形的盾寫法一致,竪筆移位到右側是爲了字勢的需要。

分析出了🌀中的象形部分,剩下的部分就容易解決了。

甲骨文允作:🌀(《合集》6057 反)　金文作:🌀(班簋,《集成》4341)

🌀中的🌀與甲骨文、金文允字相似,可釋爲允。

允和盾古音很近,兩聲字可以通用。如《漢書·敘傳》:"成帝季年,立定陶王爲太子,數遣中盾請問近臣,稱獨不敢答。"顏師古注:"盾讀曰允。《百官表》云:'詹事之屬官也。'"《望山楚簡》2·2有"龍枕",整理者認爲枕當爲楯,"似當指車闌,即車廂

①　劉昭瑞《說錫》,《考古》1993 年第 1 期。
②　高亨《古字通假會典》,齊魯書社,1989 年,第 446 頁。
③　王心怡《商代圖形文字編》,文物出版社,2007 年,第 255 號,第 115—116 頁。

的欄杆"。① 由於允、盾古音很近,允可作盾的聲符。

　　盾本爲象形字,但形聲的結構也很早就出現了。西周中期的戜簋,即在盾形基礎上加豚聲作。② 遁的異體作遜,③盾、豚作聲符通用,故豚可以作盾的聲符。和一樣,盾也是在象形盾的基礎上加聲符,只是所加聲符不同而已。比較而言,允字字形簡單,符合簡化原則,所以後來從允聲的一路流傳下來。

　　屈指算來,曾侯乙墓竹簡發表已經二十餘年了,但盾字的結構一直得不到合理的解釋。這原因是多方面的。其中重要的一條,就是對曾侯乙墓竹簡文字的特點認識不夠。曾簡文字是迄今爲止書寫年代最早的竹簡文字,保留了不少早期的寫法。如冑作(簡 1)、(簡 122),鄆作(簡 142)、(簡 203),郊作(簡 33)、(簡 68),箙作(簡 2)、(簡 29),韔作(簡 1)、(簡 102)等,比一般戰國文字的寫法要古得多。允字戰國文字一般作(郭店簡《成之聞之》25)、(郭店簡《成之聞之》36)之形,與小篆的寫法比較接近,與曾簡盾字所從相差較遠,所以不敢果斷地加以認同。

(三十二) 稽

　　花園莊東地甲骨中有一個作

---

① 湖北省文物考古研究所、北京大學中文系《望山楚簡》,中華書局,1995 年,第 114—115 頁。
② 參林澐《説干、盾》,《古文字研究》第二十二輯,第 93—95 頁。
③ 高亨《古字通假會典》,第 132 頁。

(183・11)

(266・1)

(266・3)

之形的字。整理者釋爲采，解釋説："新見字。象人采摘禾穗之形，屬整體會意……《説文》：采'禾成秀也，人所以收。从爪、禾'。該字正合此意。"①姚萱博士從辭例的角度否定了這一説法，認爲該字表示的"都是'到''及''至'一類的意思"，把它改釋爲"及"。②我覺得姚萱博士對該字用法的理解是正確的，但對字形考釋則有可商。甲骨文"及"字有繁簡兩體，分別作、之形，當中都有人形，與此字从禾有明顯區別。二字不可能是同一字。我認爲此字可能是稽的初文。

稽字秦漢時期作：

（睡虎地秦簡《爲吏之道》5）

（馬王堆漢墓帛書《經法》004）

（新嘉量二）

據劉釗先生研究，"'稽'字構形的演變過程是：本來作从禾从又，是個會意字，也就是从禾从又的'秖'應該是'稽'字的初文。後來在初文上加'旨'聲，變成了形聲字'稽'，所從之'又'又訛混

---

① 中國社會科學院考古研究所《殷墟花園莊東地甲骨》，雲南人民出版社，2003 年，第六册，第 1632 頁。
② 姚萱《殷墟花園莊東地甲骨卜辭的初步研究》，綫裝書局，2006 年，第 115—120 頁。

成與其形音皆近的'尤'".[1] 劉釗先生指出"秕"爲稽之初文是十分正確的。

西周金文中有一字作:

（《集成》5411・1）

（《集成》5411・2）

（《集成》5411・2）

劉釗先生認爲"從結構上看,這個字有與'稽'字存在某種聯繫的可能".[2] 態度十分謹慎。此字雖是摹本,但結構依然清晰。當分析爲從秕,旨聲,可視爲稽的較早的寫法。

我們知道,甲骨文卂可以寫作 𠂤,也可以寫作 𠂤、𠂤 之形。因此,從形體上講,把《花東》這個字看作稽的初文是非常合適的。秕字大約本來從卂從禾,卂省作又,遂從又從禾,由於攴又通作,又從攴從禾作。從尤從禾的寫法則是在從又從禾寫法基礎上訛變而來的。這樣看來,"秕"中的"禾"原本只是禾的異體而已。古文字中的禾象禾結穗之形。字形向來有兩種寫法:一種禾穗向左,一種禾穗向右。後來禾穗向左的成爲主流。甲骨文秕字從禾,《銀雀山漢簡》882稽從禾,尚存古意。但是秦漢時代絕大多數的稽所從之秕禾穗已經向右。許慎已經不知道禾的真正含義,解釋爲"木之曲頭止不能上也"。又爲了統繫相關諸字,把它設立爲

---

[1] 劉釗《"稽"字考論》,載《中國文字研究》第六輯,廣西教育出版社,2005年。

[2] 劉釗《"稽"字考論》,載《中國文字研究》第六輯。

部首。

　　從稽的初文可以推知稽的本義。《尚書·梓材》:"惟曰:若稽田,既勤敷菑,惟其陳修爲厥疆畎。"蔡沈《書集傳》:"稽,治也。"楊筠如《尚書覈詁》:"按稽乃'耤'之假,《廣雅》:'耤,種也'。《集韻》:'耤,一作穧。'"王念孫《廣雅疏證》引《玉篇》云:"耤,種麥也。"《集韻·脂韻》:"耤,麥下種也。"大約本指種,特指種麥。稽的本義應爲種,和埶構形相似。《尚書·梓材》即用本義。

　　《花東》卜辭稽用爲"至",如:

　　　　(1) 其稽五旬□。

　　　　　　三旬。

　　　　　　弗稽五旬。(266)

　　　　(2) 乙丑卜,[臽]□宗,丁稽乙亥不出獸(狩)。

　　　　　　乙丑卜,丁弗稽乙亥其出。子屮(占)曰:庚、辛出。(366)

　　　　(3) 癸巳卜,自今三旬又(有)至南。弗稽三旬,二旬又三日至。

　　　　　　亡其至南。

　　　　　　出自三旬乃至。(290)

解釋爲"至",辭例十分通暢。類似用法,傳世文獻也不乏其例。如《莊子·逍遙遊》:"之人也,物莫之傷,大浸稽天而不溺。"陸德明《經典釋文》引司馬云:"稽,至也。"《莊子·徐無鬼》:"大信稽之。"成玄英疏:"稽,至也。"《晉書·后妃傳論》:"南風肆狡,扇禍稽天。"唐杜審言《南海亂石山作》:"漲海積稽天,群山高嶪地。"這些用法和甲骨文的用法一脈相承。

(三十三) 盈

盈　皿部:"盈,滿器也。从皿、夃。"

徐鉉等曰:"夃,古乎切。益多之義也。古者以買物多得爲夃,故从夃。"[1]《慧琳音義》十二引作:"器滿也。从皿从夃,夃亦聲。"[2]字形結構解釋很早就有會意和會意兼形聲兩種版本。

要弄清盈字是會意還是形聲,必須從夃字説起。

《説文》夊部夃字,大徐本:"夃,秦以市買多得爲夃。从乃从夊,益至也。从乃。《詩》曰:'我夃酌彼金罍。'"[3]小徐本無"从乃"二字。[4]"从乃从夊,益至也",《通志》引作"从夊从乃,乃益至也"。[5]《六書故》云:"盈从此。乃,古文及字。唐本《説文》曰:'益至也。从乃,蓋至也。'"[6]後世或取"从乃从夊"之説,[7]解釋爲"相及而至";[8]或取"从乃从夊"之説,解釋爲"徐徐而益至也"。[9]過去據小篆爲説,對夃字的解釋大抵如此。

① 許慎《説文解字》,第 104 頁。
② 轉引自李圃《古文字詁林》第五册,上海教育出版社,2002 年,第 212 頁。
③ 許慎《説文解字》,第 114 頁。
④ 徐鍇《説文解字繫傳》,中華書局,1987 年,第 105 頁。
⑤ 轉引自桂馥《説文解字義證》,上海古籍出版社,1987 年,第 459 頁。
⑥ 戴侗《六書故》,上海社會科學院出版社,2006 年,第 177 頁。
⑦ 王筠《説文句讀》,第 692—693 頁。
⑧ 湯可敬《説文解字今釋》,嶽麓書社,1997 年,第 738 頁。
⑨ 段玉裁《説文解字注》,第 237 頁。

近年來，由於戰國簡帛文字的新資料，使我們對夃字有了更多的認識。

1.〔▢〕，根據相關卜筮祭禱簡文例的比勘，可以釋爲粘。[①]

2. 郭店簡《六德》16 的〔▢▢〕，據文例可以讀爲股肱。[②] 這類從肉旁的股字又見於秦家嘴楚簡、[③]清華簡等處。[④]

3. 上博簡《周易》9 中〔▢〕，馬王堆帛書《周易》與它相對應的字作盈，[⑤]清華簡《繫年》123 簡中盈字異體作〔▢〕。[⑥]

根據有關綫索，多位學者主張把〔▢〕、〔▢〕、〔▢〕分別隸作羢、腸、汲。[⑦] 但是對於夃字的來源，有不同的理解。

我在《關於"夃"的形義來源》一文中，主張夃是股的本字：

　　所謂夃其實就是股的初文。本爲指事字，是在側面人形股的部位加指事符號"o"，表示股的意思。指事符號寫得草率一點變作〔⊏〕。秦文字繼承了甲骨文一類草率的寫法。楚文字中指事符號作〔▢〕，是草率寫法的進

① 孔仲温《望山卜筮祭禱關"癥痍"二字考釋》，載《第一届國際訓詁學研討會論文集》，1997 年 4 月 19—20 日，第 819—831 頁；劉信芳《望山楚簡校讀記》，《簡帛研究》第三輯，廣西教育出版社，1998 年，第 35 頁。

② 此說由我在 2000 年提出，由廖名春先生率先引用。參看廖名春《郭店楚簡〈六德〉篇校釋》，《清華簡帛研究》第一輯，清華思想文化研究所，2000 年，第 74 頁。

③ 蘇建洲《釋楚文字的"股"字》，復旦大學出土文獻與古文字研究中心網站，2013 年 1 月 27 日。

④ 清華大學出土文獻研究與保護中心編、李學勤主編《清華大學藏戰國竹簡（叁）》，中西書局，2012 年。

⑤ 季旭昇《上博三周易比卦"有孚盈缶""盈"字考》，簡帛研究網，2005 年 8 月 15 日。

⑥ 清華大學出土文獻研究與保護中心編、李學勤主編《清華大學藏戰國竹簡（貳）》，中西書局，2011 年。關於〔▢〕字，一般分析爲從水從盈，我認爲應分析爲從皿從汲。上博簡《周易》汲字，應如有的學者所說，分析爲〔▢〕之省形。

⑦ 季旭昇《上博三周易比卦"有孚盈缶""盈"字考》；侯乃峰《說楚簡"夃"字》，簡帛網，2006 年 11 月 29 日。

一步演變。人形上从⊂的寫法近於"止",从♀的寫法近於"女","女"和"止"往往訛混。由於字形變化,原來的表意意圖不顯,便在旁邊加形符月(肉)。加旁後的增累字分六國系和秦系。包括楚系在内的六國系,秦"書同文"時被廢。秦系傳承了下來,母字被殳同化,成爲从月(肉)殳聲的形聲字。秦系股的增累字中母字被同化,主要是近於"止"的形體訛變爲"又","止""又"訛混古文字數見不鮮。①

這一解釋比較好地説明了𣪠和𣲷从殳的緣由——作聲符,因而爲許多學者所信從。但是對於盈字爲什麽从殳,我們未能給予充分的説明。

爲了解決這一問題,袁瑩專門寫了一篇文章——《説"殳"字的兩個來源》,②指出指事字"脛"是殳字的另一個來源。應該説,異源合流的現象在漢字演變中是普遍存在的,但説盈所从殳來源於指事字脛,目前看來,很大程度上還只是一種推測。

有的學者堅持盈所从殳是企字訛變的説法。③ 這種説法和袁説一樣,都是爲了從音理上解決盈爲什麽从殳的問題。其實也只是一種揣測。

---

① 趙平安《關於"殳"的形義來源》,《中國文字學報》第二輯,商務印書館,2008 年,第21 頁。
② 袁瑩《説"殳"字的兩個來源》,《簡帛語言文字研究》第五輯,巴蜀書社,2010 年,第120—132 頁。
③ 此説最早由何琳儀、程燕等學者提出,陳劍等加以推闡,爲楊蒙生所取。參楊蒙生《釋"殳(股)"小史》,《出土文獻》第四輯,中西書局,2013 年,第 172—176 頁。

有的學者認爲盈所从可能是姓字之省。 可是迄今爲止，我們還没有見到這樣寫法的姓字。

還有的學者從古文字一字異讀的角度來理解盈中的夃，認爲它可以讀夃（古乎切），也可以讀盈（以成切）。

前面提到，盈有會意和會意兼形聲兩種説法。會意兼形聲的説法比較晚出，並没有什麽堅確的依據。何況，會意兼形聲本質上也還可以看作會意。

盈應該是一個會意字。現在我們終於明白，夃其實是以假借義參與盈字的構成。

王力先生在《同源字典》裏，論證沽、酤、賈是一組同源字。這三個字都屬魚部見母，都有“買賣”的意思。夃與沽、酤、賈聲韻相同，可以通假。

盈和贏都是耕部喻母字，音近可以通假。 二字都有“有餘”“多出”的意思。表示這一意義時，過去一般把它們看作通假字。如《九章算術·盈胸》：“今有共買物，人出八，盈三，人出七，不足四。”實際上盈和贏完全符合同源字的條件，也可以看作一對同源字。

《左傳》僖公二十七年“蔿賈尚幼”，杜預注：“蔿賈，伯贏，孫叔敖之父。”蔿賈名賈字贏，贏通贏，名字意義相因。

---

① 李零《死生有命，富貴在天——〈周易〉的自然哲學》，生活·讀書·新知三聯書店，2013年，第 103 頁注 2。
② 何景成《試釋甲骨文的“股”》，《古文字研究》第二十八輯，中華書局，2010 年。
③ 王力《同源字典》，商務印書館，1982 年，第 124—125 頁。
④ 高亨《古字通假會典》，齊魯書社，1989 年，第 49 頁。
⑤ 高亨《古字通假會典》，第 50 頁。

　　由上面的論證可以知道，及的假借義"買賣"和盈的"有餘"
"多出"義是有關係的。明白了這一點，春秋晉荀盈字伯及，[①]《説
文》曰"秦以市買多得爲及"，《玉篇》引《論語》曰"求善價而及諸"，
就很好理解了。原來，這些及用的都是假借義。

　　會意字的部件多以形表意，因此部件的形義與字義往往密切
相關。這是我們對會意字的基本認識，特別是古文字階段的會意
字尤其如此。但是應該看到，即使在先秦時代，有的部件的形義
與字義無關，部件通過字形記録的假借義參與構形。這就要求我
們説文解字時既要忠實於字形，又不能拘泥於字形，要多一些語
言學的眼光。

　　很希望有人對先秦時期以假借義參與構形的會意字作一系
統整理，使我們對先秦時期會意字的認識有一個新的提升。

（三十四）箴

戰國文字中有一個用爲"箴"的字，寫作：

　　、（～尹、～令，鄂君啟車節，《集成》12110—
12112）
　　、（～尹、～令，鄂君啟舟節，《集成》12113）
　　、、（～尹，曾侯乙墓竹簡 152、171、211）
　　（～尹，新蔡葛陵簡零 271）

①　朱駿聲《説文通訓定聲》，武漢市古籍書店，1983 年，第 858 頁。

（右佐～，戰國燕國箭鏃刻銘,《集成》10452）

〔,左佐～,戰國燕國箭鏃刻銘,《集成》
10453（《集成》11902 重出）〕

之形。

　　一般隸定爲戠。釋爲箴,最早是商承祚先生考釋鄂君啟節時
提出來的。他在羅長銘先生釋緘的基礎上指出:

　　　　戠,羅氏釋爲"緘",形近而義未諦。毛公鼎緘字作
　　羬,郜公鼎諴字作諴,各省去咸字的一部分。此諴所从
　　之"仐",既非"午"字,又非"才"字,而爲"竹"字之省。因
　　此,不能寫訂爲"戠"或"戠",乃是从竹的"箴"字。[1]

　　由於釋箴的説法有一定字形依據,又能説通文例("箴佐"即
教誨輔佐,"佐箴"與" 箴佐"同義,[2]" 箴佐"在燕國箭鏃刻銘中作
官名。"箴令""箴尹"等官名可與古書對照,是可以坐實的),目前
已爲絕大多數學者所接受。

　　羅長銘先生指出戠字的寫法最早可以追溯到春秋晚期金
文,[3]作:

————————

①　商承祚《鄂君啟節考》,《商承祚文集》,中山大學出版社,2004 年,第 315 頁。原載《文
　　物精華》第二集,文物出版社,1963 年。

②　宋華强《楚文字資料中所謂"箴尹"之"箴"的文字學考察》,《古文字研究》第二十九輯,
　　中華書局,2012 年,第 606 頁。

③　殷滌非、羅長銘《壽縣出土的"鄂君啟金節"》,《文物參考資料》1958 年第 4 期。

（余命汝～佐卿，叔夷鎛，《集成》285·4）

（余命汝～佐正卿，叔夷鐘，《集成》274·2）

之形。在古文字中，戍、戊、戈作爲偏旁，有繁簡演變關係，有些字的異文，可從戍，也可從戊或戈，因此羅先生的指認是很正確的。[1]陳劍先生懷疑此字應讀爲箴，也是可以信從的。[2]

因此從來源來看，𢧵字本來不是從戈，也不是從戊，而是從戍的。

西周金文有字作：

（毛公鼎，《集成》2841）

之形，一般釋爲緘，把戍看作咸的省聲。

咸在甲骨金文中極常見，由戍、口兩部分組成，罕見省去口形者。從溯源的立場來看，𢧵應分析爲從糸從弌。弌可能是一個會意字，從其繁體緘來看，本由糸、戍兩部分構成。戍是斧鉞類武器，[3]從糸從戍，表示"緘"的意思。古漢語中"緘"主要有名動兩種用法，表示"捆東西的繩子"或"封緘"。國之大事，在祀與戎，用一種常見的兵器和繩子的組合來表示"緘"的意思，其實是不難理解的。

---

① 宋華强《楚文字資料中所謂"箴尹"之"箴"的文字學考察》，《古文字研究》第二十九輯，第603—604頁。

② 宋華强《楚文字資料中所謂"箴尹"之"箴"的文字學考察》，《古文字研究》第二十九輯，第606頁轉引。

③ 葉玉森謂象古兵器之形，高鴻縉謂"戍爲廣刃之勾兵，形似斧"，參看陳初生《金文常用字典》，陝西人民出版社，2004年，第1178頁。

弎也作爲構字部件出現。如都公誠鼎（《集成》2753）和《集篆古文韻海》2·29 ，應分析爲从言弎聲或戚聲，是作爲聲符使用的。

上海博物館藏戰國楚簡《君子爲禮》簡 10 有字作：

（昔者仲尼～徒三人）

之形。整理者隸定爲"箴"，未加説解。[1] 蘇建洲先生指出此字與鄂君啟節、包山簡中的"戠"字形體相近。[2] 宋華强先生指出這纔是貨真價實的箴字。[3] 我們認爲這個字確實應該看作箴字，是戠的流變。

戠上的个多數學者看作竹的省略，其實不然。陳劍先生把它看作意符，[4]是可取的意見。宋華强先生以爲尖（鐵）的本字，我則認爲很可能是"達"的本字，像春秋戰國時期達字所从的子聲符，也是"達"的初文，象治病的針砭。[5] 勸諫也是某種程度的治病救人，因此个（達）在表示勸諫的箴（箴）字中作意符。由於个的形體和竹字所从很相似，被誤解爲竹之省略，後來繁化爲竹字頭。

---

① 張光裕《〈君子爲禮〉釋文注釋》，馬承源《上海博物館藏戰國楚竹書（五）》，上海古籍出版社，2005 年，第 260 頁。
② 蘇建洲《初讀〈上博五〉淺説》，簡帛網 2006 年 2 月 18 日。
③ 宋華强《楚文字資料中所謂"箴尹"之"箴"的文字學考察》，《古文字研究》第二十九輯，第 605 頁。
④ 宋華强《楚文字資料中所謂"箴尹"之"箴"的文字學考察》，《古文字研究》第二十九輯，第 607 頁。
⑤ 趙平安《"達"字"針"義的文字學解釋——從一個實例看古文字字形對詞義訓詁研究的特殊重要性》，《語言研究》2008 年第 2 期。

這種演變，和古文字中作相似。緐，《説文》解釋爲"馬髦飾也。从糸，每聲"，段玉裁注曰："馬髦，謂馬鬣也，飾亦妝飾之飾，蓋集絲條下垂爲飾曰緐，引申爲緐多，又俗改其字作繁。"蘇，《説文》解釋爲"![字形]，白蒿也，从艸，緐聲。"這種寫法也見於《秦漢印典》1·10·147(作![字形])，文獻一般寫作蘩。《詩·召南·采蘩》"于以采蘩"陸德明釋文："蘩，本亦作蘇。"所謂蘇字，其中的艸，實際是就著每上類似屮形的裝飾繁化的結果。漢印中的蘩作、，也能幫助説明這一點。這類現象在古文字中其實是不鮮見的。

因爲箴上的竹係基於誤解的繁化，所以在箴的早期用法中，找不到它和竹有關的用法。[①]

戜在春秋戰國時期是表示勸諫的箴的本字，是一個从个、弒(緘)聲或咸聲的字。它既可以單用，也可以作爲構字部件來用，作構字部件時，形體往往省略成弋。[②] 如：

![字形] （郾侯庫畏天愛人，戜教□□，[③]郾侯庫彝，《集成》10583）

![字形] （肎戜，荆門左塚3號楚墓漆桐）[④]

---

① 箴主要有縫衣工具、治病工具、插刺、規勸等用法，表示竹名的箴(jiǎn)是箴的省體，與箴(zhēn)是同形字，詳《集韻》。
② 陳劍把弋看作是戜的省略(説見宋華强《楚文字資料中所謂"箴尹"之"箴"的文字學考察》，《古文字研究》第二十九輯，第607頁)，十分正確。
③ 釋文從董珊《戰國題銘與工官制度》，第79頁。
④ 黃鳳春、劉國勝《記荆門左塚楚墓漆桐》，載張光裕《第四屆國際中國古文字學研討會論文集》，香港中文大學中國語言及文學系，2003年。

（一周戔,《仰天湖楚簡》36）

（□味飈戋亓（其）□,子彈庫楚帛書朱欄墨書

殘片）①

上述字例,第一、二例宋華强先生讀爲箴,②第三例劉國勝先生讀

爲械,③最後一例徐在國先生釋爲鹹。④ 前三例用爲一級字符,可

以分别看作从口从人,戔省聲或戋省聲,最後一例用爲二級字符,

是在聲符中作子聲符,可分析爲从夕,戔省聲或戋省聲。戔（戋）、

絨（鹹）兩系字讀音都與"咸"有關,後來往往成系統地被"咸"所取

代。情況與戰國文字中古文"犢"與"賣"相似。

(三十五) 曼

對"曼"字的形音義最早進行解釋的是許慎,他在《説文解字》

中説:",引也。从又,冒聲。"這個解釋依據傳世古籍中曼的字

義和小篆曼的字形爲説,十分用心,但與實際情況相差甚遠。

根據新出土的古文字和文獻資料,我們認爲,曼字應分析爲

从冃（或冄）受省聲,是冕的異體字。

1. 曼的構形本義

與小篆曼字結構相仿的字形始見於東周,作（郭店楚簡《老

---

① 李零《簡帛古書與學術源流》,三聯書店,2004 年,圖版六。
② 宋華强《楚文字資料中所謂"箴尹"之"箴"的文字學考察》,《古文字研究》第二十九輯,
　第 606 頁。
③ 劉國勝《楚喪葬簡牘集釋》,科學出版社,2011 年,第 130、136 頁。
④ 徐在國《楚帛書詁林》,安徽大學出版社,2010 年,第 946 頁。

子乙本》12)和 （鄔字偏旁，趙國尖足小布，《貨系》1210）之形。説明小篆曼作 是有根據的，反映了某一歷史階段的真實情況。

在西周金文中，曼寫作 （曼龏父盨蓋，《集成》4431）。郭沫若先生以爲从受、冃聲，受是曼之初文。[①]他是把曼和受看作一個字的不同寫法，是初文和後起字的關係。朱德熙先生在郭沫若先生的基礎上，區别曼、受爲兩個不同的字，對受的構形作了嚴密的考證，指出受即尋字，見於《廣雅·釋詁四》，在㨛、顨、團等字中作偏旁。字从受（後作尋）作。[②]戰國晉系文字中既有鄔又有鄔（鄴），前者爲趙國貨幣，後者爲魏國貨幣，分别表示不同的地名，[③]證明朱先生的處理是很正確的。

但是，郭沫若先生没有説明受如何變成曼，朱德熙先生也没有説明受的構形本義是什麽。這些問題還需要進一步討論。

現在多數學者都承認，東周時代的 、 以及小篆的 都是 字演變的結果。其中上面部分加了一筆，下面部分是把受字當中的爪形省掉了。清華簡《筮法》43：“乾祟：純、五，寔（滅）宗。”寔原作 。整理報告把它看作从宀曼聲的字。[④]曼字甲骨金文多見，都是从目从攴作，未見从又者。下明明从又从目，字上从宀。宀下三撇可以看作飾筆，也可以看作爪形和宀的右半共用。因此這個字應該是从宀受省聲的字。曼是元部明母字，滅是

① 郭沫若《卜辭通纂》，科學出版社，1983 年，第 154 頁背 726 片釋文。
② 朱德熙《古文字考釋四篇》，《古文字研究》第八輯，中華書局，1983 年；又收入《朱德熙古文字論集》，中華書局，1995 年，第 151—156 頁。
③ 湯志彪《三晉文字編》，作家出版社，2013 年，第 978—980 頁。
④ 清華大學出土文獻研究與保護中心編、李學勤主編《清華大學藏戰國竹簡（肆）》，中西書局，2013 年，下册第 115 頁注［一］。

月部明母字,可以通用。[1] 整理報告釋字不確,但括注是可取的。
清華簡《攝命》1"余弗造民庚(康),余亦窓(曼)窮亡可事(使)",[2]
窓作▢,下面部分爲受省聲。這和▢省變爲曼情形是一樣的。
清華簡《子儀》8"强弓可縵(挽)",[3]縵原作▢,應是《繫年》▢之類
寫法的省略,省掉了聲符中最下面部分的又。斀字的情況特殊一
些,本作▢,見於《越公其事》:"三(四)方者(諸)侯亓(其)敢不賓
于吳邦? 君女(如)曰:'余亓(其)必斀(滅)醫(絕)雩(越)邦之命
于天下,勿兹(使)句踐(踐)屬(繼)蒸(燎)于雩(越)邦巳(矣)。'"
(簡6-7)[4]斀字右邊从攴,左邊下部是土旁。左邊部分可以分析
爲从土▢省聲,省掉了下面的又,也可以分析爲▢下加上一橫,
把土看作訛變的産物。以後一種可能性最大。[5] 無論如何,整理
小組把它括注爲滅是正確的。可見,▢字由於形體複雜,常常發
生變化,而以省變居多。有時候省掉字中的爪,有時候省掉字下
的又。

　　由於曼來源於▢,因此我們探討曼的構形理據和曼的本義
必須結合▢字進行。

　　▢字上部所从▢顯然象帽子之類的物件。具體所象,各人

①　高亨《古字通假會典》,齊魯書社,1989年,第226—228頁。
②　清華大學出土文獻研究與保護中心編、李學勤主編《清華大學藏戰國竹簡(捌)》,中西書局,2018年,下册第110頁。
③　清華大學出土文獻研究與保護中心編、李學勤主編《清華大學藏戰國竹簡(陸)》,中西書局,2016年,下册第128頁。
④　此例蒙王挺斌提示,謹此致謝。
⑤　上博柒《凡物流形》"仰而視之,△而□之"(甲本簡23,乙本簡15),△字原不識,分別作▢、▢之形,一般認爲應讀爲俯或伏(禤健聰《戰國楚系簡帛用字習慣研究》,科學出版社,2013年,第104—105頁)。劉洪濤先生認爲這個字應釋爲"府"字異體,下部是从"又"加一橫畫羨筆(見其《上博竹簡〈凡物流形〉釋字二則》,《簡帛》第六輯,上海古籍出版社,2011年,第291—297頁)。▢下土旁的來源與《凡物流形》府字相似。

理解或有不同。^① 可隸作冃。戰國文字往往在其上增加一横作
冃，小篆在一部分字中寫作冃，另一部分字中寫作冃。許慎在《説
文》中區别冃和冃爲兩個不同的字，分别解釋爲"冂，重覆也。从
冂、一"和"冃，小兒蠻夷頭衣也。从冂；二，其飾也"。並將其列爲
部首，分别統轄屬字。冃部所屬的三個字——同、青、冡，其中兩
個本來都不从冃。同字所从冃是宋代以來一直稱爲"舠"的器物
的象形字。^② 青是殻的左半部分，一般認爲是某種樂器的象形。
只有冡是個例外。冡是蒙的古字，甲骨文作🔲，^③戰國楚文字作
🔲(《包山楚簡》2·94，《包山楚簡》1 號牘🔲字偏旁相近)，晉文字
結構相似，^④从冃从豕，秦文字从冃从豕，^⑤可見冡本來就是从冃或
冃構形的。冃部統轄四個字——冕、冑、冒、最，所从都與帽子之
類的物件有關。冕本只作免，商代甲骨文作🔲(《合集》33069)，西
周金文作🔲(免簋，《集成》4240)，象人著冕之形，後來在字上加飾
筆寫作免。郭店簡《唐虞之道》："孝，仁之免也；禪，義之至也。"免
即用爲冕，屬本形本義的遺留。《唐虞之道》是具有齊系文字風格
的寫本，是齊系文字用字風格的反映。^⑥ 字變成免以後，由於字形
不復象形，又加冃作爲形符，寫作冕。在漢字發展早期階段，免所

---

① 孫常叙《釋🔲——兼釋各云、般🔲》，《古文字研究》第十五輯，中華書局，1986 年；收
　入《孫常叙古文字學論集》，上海古籍出版社，2016 年，第 1—18 頁。
② 王子楊《甲骨文字形類組差異現象研究》，中西書局，2013 年，第 198—241 頁。
③ 關於冡字的來源，目前尚有爭議。有學者認爲甲骨文中的🔲是冡的初文。參孫常叙
　《釋🔲——兼釋各云、般🔲》，《古文字研究》第十五輯；收入《孫常叙古文字學論
　集》，第 1—18 頁。
④ 徐在國、程燕、張振謙《戰國文字字形表》，上海古籍出版社，2018 年，第 1106 頁。
⑤ 徐在國、程燕、張振謙《戰國文字字形表》，第 1106 頁。
⑥ 馮勝君《論郭店簡〈唐虞之道〉〈忠信之道〉〈語叢〉一～三以及上博簡〈緇衣〉爲具有齊系
　文字特點的抄本》，北京大學博士後研究工作報告，2004 年 8 月。

从〇是一個獨立使用的字,西周金文中的便(用爲鞭)就是用它作聲符的。① 不過〇作聲符很少見,而且作爲單字很早就不通行了,因此爲免造增累字時,不是加〇旁,而是加冃旁。〇和冃雖同類,但不同字,這一點是非常明確的。胄字商代甲骨文作🜲(《合集》4078)、🜲(《合集》36492),西周甲骨文作🜲(H11：174),西周金文作🜲(虡簋,《集成》4167),小篆作🜲,是一個从冃(或冄)由聲的字。冒字商代甲骨文作🜲(《合集》10405 反)、🜲(《合集》10406 反),②西周金文作🜲(九年衛鼎,《集成》2831),戰國竹簡作🜲(清華簡《楚居》7)、🜲(《包山楚簡》2·131),小篆作🜲,秦簡作🜲(睡虎地秦簡《秦律十八種》147),確實是从冄(或冃)从目的。最字出現比較晚,小篆作🜲,秦簡作🜲(睡虎地秦簡《日書甲種》5)。一从冄,一从冃。冃部字表明,冄、冃無別,且都與帽子之類的東西有關。古文字中還有一種與冄(或冃)有關的字,就是冠字。商代甲骨文作🜲(《合集》6947 正)、🜲(《合集》10976 正),戰國文字作🜲(《包山楚簡》2·259),小篆作🜲,也說明冄、冃無別,都是帽子之類的東西。《說文》把冠字放在冖部,實在是一種誤解。小篆的冠,應該是冃和元共用筆畫,仍然應當放在冃部爲宜。

這樣看來,🜲字的上面部分,應即冄,也就是冃,確實應該是帽子一類物件的象形。過去一般把它看作冒(帽)的初文,是很正

---

① 趙平安《金文考釋四篇》,《語言研究》1994 年第 1 期;收入趙平安《金文釋讀與文明探索》,上海古籍出版社,2011 年。

② 孫常叙《釋🜲🜲——兼釋各云、般🜲》,《古文字研究》第十五輯;收入《孫常叙古文字學論集》,第 1—18 頁。

確的。也有學者認爲應讀爲冕,但並没有什麽根據,不可信。[1] 過去或釋爲曼的 ■(寓鼎,《集成》2718)應改釋爲揖,大多釋曼的 ■(鄧孟壺,《集成》9622)應改釋爲媚。

2. 曼的聲符

《説文》以爲曼字从冒聲。段玉裁注:"此以雙聲爲聲也。"[2]苗夔《説文聲訂》指出:"冒非聲。《詩》'下土是冒',與'好''報'韻。蔓、慢等字皆从曼聲。知曼不得以冒爲聲也。當从又冒會意,删聲字。"[3]冒、曼雖然聲母相同,但一在幽部,一在元部,主要元音不同,古籍罕見相諧者。因此把 冃(冐、冒)看作 ■ 的聲符是不妥當的,應看作形符爲宜。

上面已提到郭沫若和朱德熙先生對 ■ 字的考證。郭沫若先生認爲其所从受就是"曼余目以流觀"的曼,朱德熙先生認爲其所从就是文獻中的 寽,後加偏旁作揇。朱先生引《顔氏家訓·書證》:"《禮·王制》云'羸股肱'。鄭注云'謂揇衣出其臂脛'。今書皆作攌甲之攌。國子博士蕭該云'攌當作揇,音宣。攌是穿著之名,非出臂之義。'案《字林》,蕭讀是,徐爰音患,非也。"此處揇應是引、擼一類的意思。把兩位先生的意見綜合起來,就基本可以達成正確的意見了。那就是,受是"曼余目以流觀"的曼的本字,引申表示引、擼等意思。只不過"曼余目以流觀"的曼未用本字,而是用借字,"揇衣出其臂脛"也未用本字,而是用增累字而已。《廣雅·釋詁四》釋寽爲"循",《集韻·仙韻》訓寽爲"以手循也",

① 季旭昇《説文新證》,福建人民出版社,2010 年,第 203 頁。
② 段玉裁《説文解字注》,第 459 頁。
③ 丁福保《説文解字詁林》,第 3454 頁。

大約是由引義進一步引申出來的意義。

　　受是元部心紐，曼是元部明紐，韻部相同，聲紐相通，①受可以作曼的聲符。⊟ 應該是一個从冃受聲的字，字義應該與帽子一類的東西有關。

　　3. 曼、冕關係

　　值得注意的是，作爲 ⊟ 的變體的曼，在戰國楚簡中，往往表示冕的意思。

　　上博簡《武王踐祚甲》："武王齋三日，耑（端）備（服）曼，蹦堂幾（階），南面而立。"曼即用爲冕。②

　　清華簡《虞夏商周之治》："周人弋（代）之用兩，教民呂（以）宜（儀），百（首）備（服）乍（作）曼（冕）。"整理報告注［一一］："冕，周冠名。文獻或作'弁、覓'。《説文》：'覓，冕也。周曰覓，殷曰吁，夏曰收。'"③

　　郭店簡《成之聞之》："君衰襓而立於阼，一宫之人不勝其敬。"襓字裘錫圭先生疑當爲襓，讀爲冕。④　襓字原作 🔲，从示旁。示旁疑爲糸旁省變，字應隸作緩，是曼的加旁字。曼之作緩，猶免之作絻。《説文》絻是冕的異體。

　　上博簡《吴命》："又（有）軒轅之賞，或又（有）釜（斧）戉（鉞）之悢（威）。"轅，復旦大學出土文獻與古文字研究中心研究生讀書會

---

①　黄焯《古今聲類通轉表》，上海古籍出版社，1983 年，第 268、275 頁。
②　馬承源《上海博物館藏戰國楚竹書（七）》，上海古籍出版社，2008 年，第 152—153 頁；趙平安《上博簡釋字四篇》，《簡帛》第四輯，上海古籍出版社，2009 年。
③　清華大學出土文獻研究與保護中心編、李學勤主編《清華大學藏戰國竹簡（捌）》，中西書局，2018 年。
④　武漢大學簡帛中心、荆門市博物館《楚地出土戰國簡册合集（一）·郭店楚墓竹簡》，文物出版社，2011 年，第 76 頁。

讀爲冕。① 鞔大約本作曼,受軒字影響,類化爲鞔。

　　這樣看來,至少在楚簡中,曼字確實可以表示冕的意思。

　　曼和冕古音很近,古書多通假之例,②因此過去從通假角度來理解曼、冕的關係,自有其道理。但是如果綜合考慮曼的字形和用法,我們認爲,還是把曼字看作冕的異體字,分析爲從冃受省聲爲好。

　　4. 曼字出現的時代

　　由 演變爲曼是比較晚纔完成的,從目前資料看,可能要晚到春秋或戰國早期。③ 清華簡《繫年》106 簡有緂作 ,用爲人名,整理者隸作緂,注釋説:"緂用,《左傳》作'洩庸'。洩,喻母月部;緂,明母元部,韻部對轉。"④整理者的注釋是正確的。這個緂字所從曼,仍然寫作從冃受聲。郭店簡《性自命出》45 緂作 ,用爲慢。⑤ 兩相比較,顯然 比 更古老。郭店簡的抄寫年代屬戰國中期偏晚。清華簡的抄寫年代與之相仿佛。已有學者指出"《繫年》的内容是比較古老的"。⑥ 簡文記"吳緂庸以師逆蔡昭侯",事

---

① 復旦大學出土文獻與古文字研究中心研究生讀書會《〈上博七·吳命〉校讀》,復旦大學出土文獻與古文字研究中心網站,2008 年 12 月 30 日。

② 高亨《古字通假會典》,齊魯書社,1989 年,第 155—156 頁;白於藍:《戰國秦漢簡帛古書通假字彙纂》,福建人民出版社,2012 年,第 772—773 頁。

③ 蒙石小力博士提示,董蓮池《新金文編》(作家出版社,2011 年)第 331 頁收録了見於《西清古鑒》師曼仲簠的"曼"字,作 ,器物時代標記爲西周早期,與小篆結構相同。從冃字和又字的寫法看,此字摹刻有誤,似不足爲據。

④ 清華大學出土文獻研究與保護中心編、李學勤主編《清華大學藏戰國竹簡(貳)》,第 185 頁注[九]。

⑤ 武漢大學簡帛中心、荆門市博物館《楚地出土戰國簡册合集(一)·郭店楚墓竹簡》,文物出版社,2011 年,第 114—115 頁。

⑥ 蘇建洲《〈清華大學藏戰國竹簡(貳)·繫年〉考釋四則》,《簡帛》第七輯,上海古籍出版社,2012 年,第 69 頁。

件發生在春秋晚期,《繫年》所據可能有更早的寫本,早於戰國中期的寫本。

(三十六) 芻

　　芻　艸部:",刈艸也。象包束草之形。"

　　《説文通訓定聲》:"象斷草包束以飼馬牛者也。"①解釋字形結構都據小篆爲説。此字甲骨文作(《合集》121)、(《合集》11407)之形,以第一種寫法爲主,第二種寫法爲副,正反不拘。西周金文作(散氏盤,《集成》10176),接續甲骨文第一種寫法。到了戰國時期,芻字有(《望山楚簡》1)、(《包山楚簡》95)、(公芻權)、(《睡虎地秦簡》24·25)等寫法,仍有正反不拘者,一般從兩屮,也有從三屮者。屮也有簡化爲十者,但最大的變化還是又旁,已經接近《説文》小篆的寫法了。羅振玉在《增訂殷虛書契考釋》中解釋芻字初形時説"從又持斷草",②是基本正確的。芻的初文象以手取草之形。草跟木作爲意符相通用,所以又從木作。結合芻的構形和用法看,芻的本義當爲取草料喂牲口。《周禮·地官·充人》:"芻之三月。"用的就是本義。割草的用法應該是它的引申義,在文獻中出現比較晚。現在一般工具書都是受《説文》影響,把刈草當作本義,是不正確的。

　　清華簡《晉文公入於晉》"以孤之舊(久)不戛(得)緜(由)式

① 朱駿聲《説文通訓定聲》,第 365 頁。
② 羅振玉《增訂殷虛書契考釋》,藝文印書館,1984 年,第 36 頁。

(二)厶(三)夫=(大夫)以攸(修)晉邦之祀,命肥薦羊牛、豢犬豕,具畬(黍)稷醴=(醴酒)以祀"(簡 2-3),①其中薦作🖼,用的也是本義。這個薦的寫法顯然上承甲骨文和西周金文而來。和甲骨文、西周金文比起來,不僅中所處的位置發生了變化,而且多了一個中,從三中。另外又的第二筆收筆向左斜曳,形成包圍結構。從又與甲骨文、西周金文相似;從三中,又的第二筆收筆向左斜曳,形成包圍結構,與戰國文字相似。這些都是承上啓下的特徵。考慮到以往戰國竹簡中從三個中的薦都隸作薦,而且薦字出現較晚(在出土文獻中,以《漢印徵》🖼爲首見),是薦的俗字,因此🖼字還是直接隸作薦爲好。

(三十七) 冑、冑

    冑   冃部:"冑,兜鍪也。从冃,由聲。🖼,《司馬法》冑从革。"

從甲骨文和西周金文看,下象兜鍪之形,上從由聲。甲骨文冑作🖼,也作🖼,很早就在兜鍪下加"目"旁作🖼(虎簋,《集成》4167),表示是人所佩戴的東西。戰國早期的侯馬盟書繼承了虎簋的寫法。戰國時期也有把"目"換成"人"形作🖼(中山王方壺,《集成》9735)者,或者兜鍪省簡,加上"革"旁作🖼(曾侯乙墓竹簡)的。戰國文字🖼(天星觀楚簡)、《説文》小篆或體🖼就是在這類基

礎上省簡而來的。西周晚期師同鼎胄字出現了一種特殊寫法，作
（師同鼎，《集成》2779，寽戎金～卅）之形，把聲符由移到字的下
面。這種寫法也見於清華簡《越公其事》，作（簡3，身被甲～）、
（簡20，羅甲緱～）之形，所從冃形體略有訛變。從目前的資料
看，上從冃下從由的寫法非常罕見，上限是西周晚期，下限在《越
公其事》，但《越公其事》文本複雜，年代不易確定。

　　胄　月部：“ ，胤也。從肉，由聲。”

　　段玉裁注：“與甲胄字別。”[1]這種用法的胄先秦時代已經出
現，但在古文字資料裏出現很晚。目前所見，最早用爲胤胄的胄
見於中山王圓壺　　［竹（簹）～亡（無）彊（疆）］，[2]下面不從肉，而
是從側面人形，和　是繁簡關係，實際上是用甲胄的胄表示胤胄的
胄。從肉的胄見於嶽麓秦簡《占夢書》18正貳，讀爲抽。不是本
用，雖然從肉作，但不見得就是胤胄的胄。綜合上面兩種情況來
看，胤胄的胄很可能先是借甲胄的胄來表示的，後來又利用胄從
肉的異體分化出胤胄的胄，一字分化出兩個字。

　　（三十八）豈

　　豈　豈部：“ ，還師振旅樂也。一曰欲也，登也。
從豆，微省聲。凡豈之屬皆從豈。”

---

① 段玉裁《説文解字注》，第171頁。
② 林宏明《戰國中山國文字研究》，臺灣古籍出版有限公司，2003年，第322頁。

"微省聲",段玉裁據徐鉉本散下注語改爲"散省聲"。①

　　微　彳部:"⿰彳微,隱行也。从彳,散聲。《春秋傳》曰:
'白公其徒微之。'"

　　散　人部:"⿰⿱人散,妙也。从人,从攴,豈省聲。"

　　徐鉉曰:"豈字从散省,散不應从豈省。蓋傳寫之誤,疑从岜
省。岜,物初生之題尚散也。"②《説文》以豈从"微省聲",微从"散
聲",而散从人从攴"豈省聲"。唐蘭評論説"如環無端,叫人莫知
所從",③道出了大多數學者讀《説文》時的感覺。在早期古文字
中,微只寫作散。散、微是古今字的關係。散从攴,从長髮的側面
人形,或以爲會意字,或以爲形聲字。散字形古今變化不大。把
散分析爲从攴岜聲應該是正確的。岜在郭店簡、上博簡中往往單
用,與微與美通假,説明它可以獨立成字,應該有更早的淵源。綜
合形音義來看,我們認爲它很可能是耆的本字。耆字戰國時期纔
出現,但先秦文獻已廣泛使用,應該出現很早。其字象老者側面
之形,突出長髮和單瘦的形象。散在微部明母,耆在脂部群母,韻
部聲母都很近。豈字出現較晚,但在戰國文字中,不僅單用,而且
已大量用爲偏旁。從古文字字形看,豈字从豆,上部構意不明。
《説文》把豈和微聯繫到一起,是因爲到了戰國文字(包括小篆)階
段,兩個字字形確實有相同的地方,而且兩個字音也很近,一時找

①　段玉裁《説文解字注》,第207頁。
②　許慎《説文解字》,第149頁。
③　唐蘭《中國文字學》,上海古籍出版社,1979年,第108頁。

不到更好的説法了。應該説豈从微省聲確實有點繞，但若説豈从
屵省聲，確是完全可能的。

（三十九）竨

竨　立部："竨，待也。从立，須聲。𢢐，或从
夗聲。"

因爲从立，《説文解字繫傳》解釋爲："立而待也。"[1]從目前資
料看，這個字最早見於清華簡《越公其事》，作𢢐之形，只是部件
位置略有不同而已。《越公其事》簡 64—65 共出現三個表示等待
的竨字，如："及昏，乃命右（左）軍監（銜）梡（枚）鰊（溯）江五【六
四】里以須，亦命右軍監（銜）梡（枚）渝江五里以須，夌（夜）中，乃
命右（左）軍右軍涉江，鳴鼓，中水以竨。"[2]前兩個寫作𢢐、𢢐，不
从立，只有最後一個从立作。查包山簡、郭店簡、上博簡等戰國楚
簡表示等待的須也都作須，戰國晚期至秦代的秦系簡牘也是如
此。傳世文獻中表示等待的須一般也只作須，《説文句讀》："經典
率借須爲竨。"[3]可以肯定，表示等待的竨原來借鬚髮的須（有時也
借需）表示，立旁是後來纏加上去的。從現有資料看，小篆的竨可
能是來源於戰國楚文字的。這也可以看作書同文吸收六國文字
的一個例證。

---

① 徐鍇《説文解字繫傳》，第 207 頁。
② 清華大學出土文獻研究與保護中心編、李學勤主編《清華大學藏戰國竹簡（柒）》，第
　 145 頁。
③ 王筠《説文句讀》，第 1435 頁。

(四十) 閉

閉　門部："閉，闔門也。从門，才，所以距門也。"

　　段玉裁"闔門也"下注："闔下曰'閉也'，與此爲轉注。又閡下曰'閉門也'。按《左傳》'高其閈閎'，疑閈乃閉字之誤。"又"才所以距門也"下注："从門而又象撐距門之形，非才字也。博計切。十五部。玉裁按：才不成字，云所以距門，依許全書之例，當云才象所以距門之形乃合。而無象形之云，則當是合二字會意。考王逸少書《黄庭經》三用閉字，即今閉也，而中从午。蓋許書本作从門、午，午所以距門。春字下曰'午，杵省也'，然則此午亦是杵省。距門用直木如杵然。轉寫失真，乃昧其本始矣。"①張舜徽《説文解字約注》："才，象鍵閉之形，即今俗所稱木鎖也。《禮記·月令》：'修鍵閉。'正義引何氏云：'鍵是門扇之後，樹兩木穿上端爲孔；閉者，謂將扃關門以内孔中。'是其義已。今俗猶多用之，門開時，是物分在兩扇，隱而不見，門闔則合而爲用。故閉字从門中有才，訓闔門也。"②楊樹達以爲字从門、才，才即材之初文，本訓草木出生，引申之義爲木材。距門之關以木爲之，猶閑之从木也。③ 李學勤先生主編《字源》："金文閉，門中本不是'才'字，而是象用來關門

---

① 段玉裁《説文解字注》，第 590 頁。
② 張舜徽《説文解字約注》卷二十三，第 14—15 頁。
③ 楊樹達《積微居小學述林》，科學出版社，1955 年，第 83—84 頁。

的鍵之形。"①學者們大多同意把閉理解爲會意字，②把其中的才理解爲象鍵一類的東西。但才究竟是不是字，具體所指爲何，意見並不統一。《説文》把閉解釋爲動詞，這類用法古書多見，如《吕氏春秋·君守》："中欲不出，謂之扃。外欲不入，謂之閉。既扃而又閉，天之用密。"古代漢語往往名動同形，解釋爲動詞是完全可以理解的。

閔　門部："閔，閉門也。从門，必聲。《春秋傳》曰：'閔門而與之言。'"

段玉裁注："引申爲凡閉之稱。《載馳》《閔宫》傳曰：'閔，閉也。'"《左傳》莊公三十二年："見孟任從之閔。"《詩經·魯頌·閔宫》正義引閔作閉。郭店簡《老子》乙 13："閔其門，塞其兑，終身不愍。"郭店簡《老子》甲 27："閔其兑，塞其門，和其光，同其塵。"郭店簡《語叢四》4："口不慎而户之閔（閉），惡言復己而死無日。"上博簡《用曰》3："｜其有成德，閔（閉）言自關。"清華簡《芮良夫毖》22："民之關閔，如闔枝不閔（閉）。"《史記·韓信盧綰列傳》："綰愈恐，閉匿。"《漢書·盧綰傳》閉作閔。楊樹達認爲，閔是閉的後起形聲字。③ 閔一般从門作。在左塚漆桐裹，閔字作从户，必聲。是因爲門、户通作的緣故。

---

① 李學勤《字源》，天津古籍出版社，2012 年，第 1043 頁。
② 也有學者認爲閉字从門七聲。參看黄德寬《古文字譜系疏證》，商務印書館，2007 年，第 3409 頁。
③ 楊樹達《積微居小學述林》，第 83—84 頁。

　　閟還有一個異體作閟,見於清華簡《攝命》:

　　　　王曰:"熒(攝),敬哉,母(毋)閟(閟)于乃佳(唯)迲
　　　(沖)子少(小)子,母(毋)遮(遞)才(在)服,難(勤)𧵒
　　　(祇)乃事。"(簡 4 - 5)①

原字形作𣓀,從門從北。戰國文字中,北經常用爲必。② 無疑,𣓀
應該看作閟的異體。整理小組的意見是正確的。

　　閉、閟、閟爲一字異體。閟、閟都是形聲字,閟從必聲,閟從北聲。
探討閉的構形本義,應緊扣才、閉的字形,也可以參考閟的字形。

　　文獻中閉有門閂的意思。《管子·八觀》:"宮垣關閉不可以
不脩……宮垣不備,關閉不固,雖有良貨,不能守也。"《吕氏春
秋·異用》:"仁人之得飴,以養疾侍老也;跖與企足得飴,以開閉
取楗也。"閉都是門閂的意思。《禮記·月令》:"修鍵閉,慎管籥。"
鄭玄注:"鍵,牡;閉,牝也。"孔穎達疏:"凡鏁器入者謂之牡,受者
謂之牝。"這裏的閉是門閂的一部分。閉大約有統言、析言之别。
本來應該是門閂的一部分,引申表示整個門閂。

　　閉(幫紐質部)訓牝(並紐脂部),屬於聲訓。聲訓反映了閉的
語源,也暗示了閉的形制。

　　閉字最早見於金文,作

　　　閉(豆閉簋,《集成》4276)

之形。在簋銘中共出現三次,其所从才和同篇才(用爲在)寫法無異。[①]　由此可見,閉所从才早期的寫法及其後來的演變脈絡,和單獨使用的才完全相同,沒有理由不把它和才字統一起來看。我們認爲,金文閉所从才比較好地呈現了閉的特點。[②]　整個字是一個襯托象形字。[③]　門起襯托作用,才爲閉之象。[④]

結合閉和閟的字際關係看,朼應是在才(象形閉,幫紐質部)的基礎上加上聲符匕(幫紐脂部),看作象形閉的形聲字。

甲骨文金文才作✝(《合集》449)、✚(《合集》22708)✚(旂鼎,《集成》2670)、✚(豐作父辛尊,《集成》5996)之形,[⑤]和象形閉的寫法完全一樣,是由 ▽ 和 │ 兩部分組成的。最初可能就是指 ▽ 這一部分,泛指 ▽ 和 │ 的合體。泛指應該很早就發生了。甲骨金文的才和象形閉的寫法是完全相同的。不僅如此,从才構形的字有一部分意義也與閉有關係。

---

① 戰國、秦代的閉所从才還保持著類似的寫法。參看王輝、楊宗兵、彭文《秦文字編》,2015 年,第 907—908 頁。吳大澂《説文古籀補》卷十二曾釋此字爲閉。但是對比甲字和此字所从還是有所不同,甲字西周金文寫成縱橫兩畫,兩畫比較勻齊,而此字所从兩畫結合部比較粗,具有才的特徵。因此現在基本上把它釋爲閉,很少人把它看作閘字。參看李圃《古文字詁林》第九册,上海教育出版社,2004 年,第 537 頁。

② 段玉裁提到王逸少書《黃庭經》三用的閉字,睡虎地秦簡《日書乙種》从門从牛的閉字,其中午、牛都是才的變體。

③ 趙平安《漢字表意分析中的五種技巧》,《語文學習與研究》1988 年第 8 期;《漢字與繪畫在表意技巧上的相互融通》,《語文建設》1996 年第 7 期。

④ 需要指出的是,金文中有一個閉的省體,寫法與閉近似,過去或釋爲閘,或釋爲閉,都是錯誤的。此字見於四十二年逑鼎(《文物》2003 年第 6 期)、陞簋(《銘圖》5138)。有關論述,參看劉洪濤《釋虢季子白盤銘"經纓四方"》,《中國文字研究》第二十四輯,上海書店出版社,2016 年,第 45—49 頁;高佑仁《〈湯處於湯丘〉札記六則》,《文字、文獻與文明——第七屆出土文獻青年學者論壇暨國際學術研討會會議資料》,中山大學古文字研究所,2018 年 8 月,第 169—173 頁。

⑤ 這一類的寫法,到秦代都沒有發生根本性的變化。參看王輝、楊宗兵、彭文《秦文字編》,2015 年,第 907—908 頁。

　　才 才部:"才,艸木之初也。从丨上貫一,將生枝
葉。一,地也。凡才之屬皆从才。"

所謂"艸木之初"顯然是就小篆訛形爲説,是靠不住的。[1]

　　材 木部:"材,木梃也。从木,才聲。"
　　財 貝部:"財,人所寶也。从貝,才聲。"

　　才的本義是才能或有才能的人,材的本義表示木材,財的本
義表示財物,它們實際是一組同源詞,核心意思都是表示某種特
定用途的,有用的東西。閉到才的引申關係,和表鎖鑰的管引申
爲主管的管,閥門的閥引申爲軍閥、財閥的閥相似。因此閉和才
的意義是相因的。

　　在 土部:"在,存也。从土,才聲。"

　　段玉裁注:"存,恤問也。《釋詁》:'徂、在,存也。在、存……
察也。'按《虞夏書》在訓察。謂在與伺音同,即存問之義也。在之
義古訓爲存問,今義但訓爲存亡之存。"從實際使用的情況看,在
最早是用才表示的。西周金文中出現了才(大盂鼎,《集成》
2837)、才(啟作且丁尊,《集成》5983)、才(鸞簋,《集成》4046)
之類的寫法,是在才(從紐之部)上加士(崇紐之部)聲,這幾例都

---

[1] 現代古文字學者絕大多數還是依從許慎的説法。少數不同看法純屬推測,幾乎沒有人
　　相信。參看李圃《古文字詁林》第六册,第30—38頁。

是表示存在的在的意思。春秋金文寫作 （杕氏壺，《集成》9715），是西周金文進一步發展的結果，也是表示存在的意思。很顯然，在中的土是士訛變的結果。存字出現很晚，戰國文字中，一般借薦（定紐支部）表示。① 在清華簡《子產》中，還用才表示。如簡3"此胃（謂）才（存）亡才（在）君"，整理報告注釋［一〇］："上一'才'字，讀爲'存'，《説文》'存'從'才'聲。"②存也是表示在的意思。睡虎地秦簡《秦律十八種》161"官嗇夫節（即）不存"、《爲吏之道》5貳"過（禍）去福存"，《法律答問》98"典、老雖不存"，存都是表示在的意思。存既然本來表示在的意思，所從子不應理解爲意符，而應看作聲符。才、子都是之部字，聲母都是齒音，古音很近。在《子產》作者那裏，存大約還是在之部的。③ 表示存在的在、存也和閉的意義相因。這樣看來，閉和才字形和意義都有關聯。但是，閉是幫母質部字，才是從母之部字，聲韻都不近。這類形義都有聯繫，而讀音沒有聯繫的字，在早期文字中不乏其例，屬於一形多用的現象。最著名的例子像古文字中的王，本爲斧鉞的象形，是王者的象徵，用以表示王，同時也可以表示士。士、王形、義相關，但讀音不同。④ 林澐先生把這類現象看作轉注。⑤ 這是早期文

---

① 白於藍《戰國秦漢簡帛古書通假字彙纂》，第378頁。
② 清華大學出土文獻研究與保護中心編、李學勤主編《清華大學藏戰國竹簡（陸）》，第27頁。
③ 孫玉文先生認爲，存可能是在的孳生詞，當存剛從在發展出來時，它跟在讀音無異。這一推論和我們的考察相符。參看《從諧聲層級和聲符異讀看百年來的上古複輔音構擬》，《第四屆文獻語言學國際學術論壇論文集》，北京文獻語言與文化傳承基地、北京語言大學文獻語言學研究所，2018年，第455頁。
④ 林澐：《王、士同源及相關問題》，原載吳榮曾《盡心集——張政烺先生八十慶壽論文集》，中國社會科學出版社，1996年，第1—11頁；又收入《林澐學術文集》，中國大百科全書出版社，1998年，第22—29頁。
⑤ 林澐《古文字轉注舉例》，《第三屆國際中國古文字學研討會論文集》，香港中文大學，1997年，第787—810頁；又收入《林澐學術文集》，第36—43頁。

字中普遍存在的現象。

　　現在總結一下本文的觀點：我們認爲才是閉的初文，也是才的初文，它們屬於一形多用的關係，亦即轉注的關係。閉跟才、材、財意義上有聯繫，跟在意義上也有關係。這樣解釋，在釋形上符合統一性的原則，在用字習慣上符合早期文字的特點。應該是優於舊説的。

　　龔橙曾説："（閉）古文當作才，象木植上下入樞，後加門以爲別。"馬敍倫説："此字或如龔説初文爲才，象楗在閉之形。然似爲閟之初文。故今皆以闔門訓閉。鄭所謂閉牝也者，自有其字而今失之，猶楗牡也者，亦得有象形之文，今亦無之也。"[①]現在看來，龔橙和馬敍倫先生，雖然是就小篆字形爲説，也未經什麼論證，帶有很大的猜想成分，但只眼獨具，已沿著正確的道路邁進了一步，應當予以充分的肯定。

　　閉字當門閂講，還可以從後世的用法折射出來。《吕氏春秋·君守》：

　　　　魯鄙人遺宋元王閉，元王號令於國，有巧者皆來解閉。人莫之能解。兒説之弟子請往解之，乃能解其一，不能解其一，且曰："非可解而我不能解也，固不可解也。"問之魯鄙人，鄙人曰："然，固不可解也，我爲之而知其不可解也。今不爲而知其不可解也，是巧於我。"故如兒説之弟子者，以"不解"解之也。

---

① 李圃《古文字詁林》第九册，第 551 頁。

高誘注："閉，結不解者也。"這個用法，也比較接近閉的本義，可以看作閉的引申的用法。

（四十一）屚

> 屚　雨部："屚，屋穿水下也。从雨在尸下。尸者，屋也。"

《説文解字繫傳》"屋穿水下也"作"屋穿水入也"。[1] 段玉裁從小徐本，於"屋穿水入也"下注釋説："今字作漏。漏行而屚廢矣。漏者，以銅受水刻節也。"於"从雨在尸下。尸者，屋也"下注釋説："尸部屋下云尸象屋形。會意"。[2]

> 漏　水部："漏，以銅受水，刻節，晝夜百刻。从水，屚聲。"

段玉裁注："百節各本作百刻，今依《韻會》所據小徐本訂。晝夜以百節之，故爲刻者百，因呼百刻矣。《周禮・挈壺氏》：'凡喪，縣壺以代哭者，皆以水火守之，分以口夜。'注云：'以水守壺者，爲沃漏也。以火守壺者，夜則視刻數也。分以日夜者，異晝夜漏也。漏之箭，晝夜共百刻，冬夏之間有長短焉。'《文選》注引司馬彪曰：孔壺爲漏，浮箭爲刻，下漏數刻，以考中星、昏明星焉。按晝夜百

---

① 徐鍇《説文解字繫傳》，第 229 頁。
② 段玉裁《説文解字注》，第 573 頁。

刻,每刻爲六小刻,每小刻又十分之,故晝夜六千分,每大刻六十
分也。其散於十二辰,每一辰八大刻,二小刻,共得五百分也。此
是古法。《樂記》:百度得數而有常。注云:百度,百刻也。《靈樞
經》:漏水下百刻,以分晝夜。"①段注將後面部分改爲:"从水、屚。
取屚下之義。屚亦聲。"注云:"此依《韻會》而更考定之如此。屚,
屋穿水下也。故云取屚下之義。盧后切。四部。今字皆假漏
爲屚。"②

　　從現有資料看,漏應是漢代出現的文字,實物資料較早出現
於干章銅漏壺,作𣲴,武威醫簡作漏。

　　《説文》小篆屚的寫法,見於睡虎地秦簡,作屚等形,它與後
世隸楷相接續,是一種可靠的字形。就屚、漏的關係而言,先有屚
後有漏,漏是屚的增累字、分化字,已成共識,無需多論。

　　就篆隸字體而言,許慎對屚的解釋,以及段玉裁對許慎的注
釋也都是很正確的。

　　屚的本義應該是漏雨的意思。睡虎地秦簡《效律》22、《秦律
十八種》164"倉屚朽禾黍",《爲吏之道》33 叁"屚屋塗堅",《秦律十
八種》176"入禾,發屚倉",銀雀山漢簡《守法守令等十三篇》864
"恐處藏之空屚",用的都是本義。

　　問題是,尸何以象屋形,頗令人費解。

　　在《説文解字》尸部字中,和屋有關的有四個字:居和屐的引
申義與屋有關,屋和層的本義與屋有關。

---

①　段玉裁《説文解字注》,第 566 頁。
②　段玉裁《説文解字注》,第 566 頁。

居　尸部：“居，蹲也。从尸古者，居从古。𧽯，俗居从足。”

金文作（居簋，春秋，《總集》4·2677）、作（鄂君啟車節，戰國，《集成》12110），簡帛文字作（《包山楚簡》2·32）、作（睡虎地秦簡《秦律十八種》83），確實从尸作。現在一般把它看作蹲踞本字，應該是正確的。[1]　其中“古”字，學者多以爲後面漏“聲”字，本爲居之聲符，可從。[2]

屏　尸部：“屏，伏皃。从尸，辰聲。一曰屋宇。”

金文作（大鼎，西周中期，《集成》2808）、作（大簋蓋，西周中期，《集成》4298），作（大簋蓋，西周中期，《集成》4299），顯然不是从尸，而是从（《合集》14294），即《説文》的勹，古文字學家以爲就是象形的伏字。[3]《説文》分析爲“伏皃”，是它的本義。後來从尸作，應該是訛變的結果。[4]　這樣看來，屋宇義應是它的引申義。

探討尸爲什麽可以表示屋，居、屏可以不論，只需關注屋和層就可以了。

① 翟春龍《“居”字形義辨疑》，《漢字文化》2012 年第 5 期。
② 丁福保《説文解字詁林》，第 3777—3780 頁。
③ 于省吾《甲骨文字釋林》，中華書局，1979 年，第 374 頁；裘錫圭《甲骨文字考釋（八篇）》，《古文字研究》第四輯，中華書局，1980 年。
④ 劉釗《古文字構形學》，福建人民出版社，2011 年，第 165 頁。

層 《説文》尸部:"層,重屋也。从尸,曾聲。"

徐鍇本不收層字,古書往往只寫作成、曾。層在先秦古文字中没有出現,一般認爲是一個後起字。有學者甚至認爲是新附字誤入正文者。① 因此層字對探討屋字从尸意義不大。

剩下的就只有屋字了。

屋 尸部:"屋,居也。从尸。尸,所主也。一曰尸,象屋形。从至。至,所至止。室、屋皆从至。屋,籀文屋从厂。屋,古文屋。"

段玉裁注:"屋者,室之覆也。引申之凡覆於上者皆曰屋。"屋的本義爲屋蓋、屋頂,引申表示房屋。其構形應結合本義來理解。與古文屋類似的寫法,見於戰國竹簡,作壹(《望山楚簡》2·15),也見於戰國古璽,作壹(《璽匯》3143)。參照屋的古文來看,屋字有一種構形是从室从丰[非丰(jiè),非丰(fēng)]的。丰表示室上的覆蓋之物。籀文屋大約本來也是从室的。② 古文字中厂、宀通作,如宅、寓可以从广,即屬此類。此類現象在古文字中十分常見。③ 因此籀文屋中的屋可以看作室的省體,尸可以看作覆在室

① 王煦《説文五翼》,清光緒八年(1882)上虞觀海樓刻本,第97頁;李學勤《字源》,第748頁。
② 《説文》广部:"屋,礙止也。从广,至聲。"段玉裁注:"石部曰:礙者,止也。凡屋礙當作此字。今俗作窒礙。非也。《七發》曰:發怒屋沓。言水初發怒,礙止而湧沸也。又右扶風有盩屋縣。山曲曰盩,水曲曰屋。"屋是窒礙的室的本字,本作屋,省簡作屋。屋字籀文从厂作,與屋不同。
③ 湯餘惠《戰國文字編》,福建人民出版社,2001年,第493—514頁。

上的東西。⿸字省變就成了⿸。古文和籀文兩種屋字構形方式相類而略有不同。

金文中⿰（應侯視工簠乙蓋銘，西周中期，《保利藏金（續）》第126 頁）、⿰（應侯視工簠乙器銘，西周中期，《保利藏金（續）》第126 頁）、⿰（散氏車父壺，西周中期，《集成》9669）、⿰（散車父壺，西周中期，《集成》9697）、⿰（儠匜，西周晚期，《集成》10285）所從⿰、⿰本爲一字，只是繁簡不同。裘錫圭先生認爲，古文 ⿰ 以此爲聲，"疑此字即'握'之初文。也可能'屋'與'握'本由一字分化"，[①]頗具啟發性。按照我們的理解，⿰是古文 ⿰ 的初文。⿰演變爲⿰，和甲骨文⿰、⿰（《花東》502）演變爲⿰（郭店簡《老子》甲本 26）⿰（《貨幣大系》2479）路徑是一樣的。都是在原字上加至旁，下面部分由宀演變爲室。

由於屋的意義與房屋有關，字形後來又省變爲⿸，被分析爲從尸從至，尸就自然被理解爲象房屋之形了。

尸被理解爲象房屋之形，從秦簡用字已能看出端倪。雲夢秦簡廡作⿸（《日甲》21 反）、里耶秦簡作⿸（8－780），嶽麓秦簡作⿸（一·爲吏 59）。廡是"堂下周屋。從广，無聲"。广是"因广爲屋"，與房屋有關的偏旁。嶽麓簡寫作從尸，說明尸、广通用。這應是人們在尸和广之間產生意義聯想所致。由於广可以表示房屋，尸也就被當作表示房屋的偏旁了。

後來出現的从尸表示房屋的字，也是受到屋字的影響的緣故。如前文提到的層，就是其中的一例。

----

① 裘錫圭《應侯視工簠補釋》，《文物》2002 年第 7 期；收入《裘錫圭學術文集·金文及其他古文字卷》，復旦大學出版社，2012 年，第 145 頁。

　　至於漢代以後,一些从尸的字寫作从广、从厂,則是純粹的書
寫省變,與尸表示房屋義無關。性質不同,不可相提並論。

　　從上面的論證看,在戰國晚期以後的秦系文字裏,尸形確實
可以表示與房屋有關的意思。屝字从尸表示房屋,應該是可信
的。但是,從尸形表示房屋的大背景看,从尸从雨的寫法出現也
不會太早。應在籀文和古隸之間。

　　在《清華大學藏戰國竹簡(捌)》中,有一篇《邦家處位》,説:
"或忎(恩)觀(寵)不邌(襲),詒(諂)詑(媚)無甯(屝),亓(其)誙
(徵)而不竝吳(惻),人而不足甬(用)。"(簡 7-8)①其中甯作

(簡 7)

之形,這個字我認爲就是屝字,幸得整理小組同仁采納。所謂"詒
(諂)詑(媚)無甯(屝)"就是諂媚之人得到普遍重用的意思。亦即
郭沫若先生描寫的"黄鐘毁棄,瓦釜雷鳴"的狀況。這樣理解,文
例也很通暢。

　　這個甯字从宀。《説文》宀部:"宀,交覆深屋也。象形。"實際
上就是尖頂房屋的側視形。②楚文字中的這個甯與秦系文字中的
屝,構形意圖是很相似的,都是表示"屋穿水下也"。因此完全可
以加以認同。

　　探索《説文》小篆的字源,關係到文字學、詞彙學和古代歷史
文化的研究,是一項十分重要的工作。做好這項工作,需要利用

----

① 清華大學出土文獻研究與保護中心編、李學勤主編《清華大學藏戰國竹簡(捌)》。
② 許慎《説文解字》,中華書局,1963 年,第 150 頁。

較早的可靠的古文字、古文獻資料,理清字的演進序列,分辨字的本義、引申義和假借字,作整合的考慮。因此,它也是一項複雜繁難的工作。目前看來,這方面還有很多問題没有解決,還大有用武之地。我們應當携起手來,多下功夫,作出更多更好的成績。

索　引

A

安　47,96—97,125—126

奧　268—270

傲　120

B

邦　103

暴　174

卑　17—18,21

奔　189

祕　60

必　233

畀　226

閉　319—326

《"畀"字補釋》　226

鞭　272

弁　172

便　271—273

髟　15—17

兵　4—5,116—117

并　103

博　119—120,235

薄　131

C

采　178

蔡　111

參　176,251—261

岑　164

曾　189

差　115

陳劍　126,303—305

陳夢家　241,268

敞　157

矗　98

丞　107

稱　163

成　265

茬　155

遲　60,62

出　118,176

芻　314—315

处、處　90

《楚文字資料中所謂“箴尹”之

　“箴”的文字學考察》　302—

　306

刺　143

茱、莉　93

恩　55—56

從　147

籧　217—218

D

達　10—11,88

《“達”字“針”義的文字學解

　釋——從一個實例看古文字

　字形對詞義訓詁研究的特殊

　重要性》　304

大　106

單　156,184,188—189

悳　5

得　133

氐　118

帝　127—128

《帝乙時代的非王卜辭》　225

典　135

疊（疉）　63

丁福保　288,311,328

董珊　305

動　97

週　110

斗　11—14

梪　60,62—63

盟、鎝　261

都　161—162

毒　119

度　105

斷　152

盾　288—293

奪　158—159

朵　287—288

E

尼　55,56

惡　165

而　164,177

二　174

F

發　230

乏　36

罰　142

戲　289

返、仮　68

蘇　218

《仿唐寫本説文解字木部箋異》　192

芬、芬　91

樊　223

糞　38

豐　236

馮勝君　309

奉　103,188

夫　98—99,172

尃　6,119

福　110

富　146—147

蕾、蒩　92—93

复　97,171

復　97

腹　141

G

概　218

蓋　131

敢　8

剛　142

高　100

高鴻縉　303

高佑仁　322

膏　141

臯　284—286

臭〈臭〉　7

槀　101

橐　101

縞　101

告　119

祜　60

更　157—158

龏　183

公　5—6,114—115

抔　60,61

筍　133—134

菰　221—222

古今音變　54—55

鼔、鼓　94

股　298—299,300

穀　163

《古文字構形學》　328

《古文字考釋四篇》　30,307

《古文字論集》　226,228,230,
232,233,234,235,236

《古文字轉注舉例》　324

誤　217

共　237—240

《關於"仅"的形義來源》
298—299

歸　132

規　270

瑰　112

癸　6,173

毁　234

稟　281

郭寶鈞　247

郭沫若　42,233—234,245—
246,307,311,331

果　177—178

H

圅　185

漢篆　50

漢字演進序列　1

蒿　102

鄙　100—101

郝　162

鎬　101

浩　150

和　120—121

合　146

何景成　300

黑　148—149

衡　134

弘　33—35,235—236

侯　105

侯乃峰　298

後起理性　177

學　32—33,181—182

爟　83—84

奐　273—275

皇　99,227—228

黃德寬　288

黃鳳春　305

霍　112—113

藿　113

J

丌　264—265

箕　143—144

稽　293—297

《"稽"字考論》　295

吉　155—156,227,233

亟　151

極　104

疾　120,163—164

旡　254

迹　116,280

祭　111

季旭昇　298,331

叚　184

駕、馴　44—45

監　137

兼、鎌　93

建　98

皆　37

建、逮　93—94

金　103

《金文考釋四篇》　310

金祥恒　248

矜　26,222

津　150

盡　182

荆　55,56,130—131

景　180—181

井　145

阱、穽　90—91

九　169

久　228

廐　234

樂　219

銄　173

軍　186

K

龕　222

康　100

《考古》　225,228,235,241,
　　292

《考古學報》　225

《考古與文物》　225,230,242,
　　255

孔仲温　298

夸　6

郵、薇、聲　277—278

蘛　131

葵　129—130

聲　277

L

坴　116

藍　220

豊　232

李家浩　235,289

李零　300,306

李孝定　225,243,246

李學勤　2,48,225,272,319—320

《豊豐辨》　232,236

立　99

厤　60,61—62

利　173—174

吏　105

隸　157

聯　236

連劭名　255

量　137

良　160

网、兩　224

廖名春　298

林宏明　316

林澐　10,15,227,232,236,237,279,291,293,324

柳　38

六　116

劉國勝　305,306

劉洪濤　308,322

劉桓　229

劉信芳　289,298

劉昭瑞　235,292

劉釗　225,229,237,294—295

臨　117

粦　263

陵　168—169

隆　280

婁　21—23

扇　326—332

漏　326—327

臚　55

魯　37—38

臠、纞　44

亂　97—98

羅長銘　302

羅振玉　243，257，288，290，314

M

買　161

萳　262

曼　306—314

矛　26—29

芾　183

寐　117

眛　158

萌　131

緜　281—283

免　272

冕　306，312

明　136

墨　168

莫友芝　192

牟　37

穆、穌　44

N

耏、耐　91，177

男　180

逆　108—109

年　182

牵　225

甯　55

寧　265—268

奴　138

弩　138

虐　232

P

攀　60，61

旁　183

橐　233

丕　55，57

辟　189

闢、闠　89

平　113

《平山中山王墓銅器銘文的初步研究》　225

苹　113—114

屏　147

庱　184

Q

七　5

戚　10

期　145

奇　145

緥、褺　87,88

祁慶富　230

豈　316

啟、攺　124,174

气　181

牽　230

舁、𦥑　90

强　235

强運開　272

喬　23—24,26

竊　236

秦篆　40

秦建明　228

寠　172—173

青　159

殸　172

睘　158

秋　108

萩　108

裘錫圭　2,11,47,225,226,
228,230,232,233,234,235,
236,255,257,258,312,328,
330

㻦、齲　88—89

泉　166

雀　180

R

然　181

囟　144

毳　221,275—277

閏　178

篸　251—261

删　179

S

卅　36

散　141—142

騷　148

嗇　135—136

鵤、鶪　43

沙　87

商承祚　302

上　9

《上博簡釋字四篇》　312

舍　159—160

罙　240—243,287

神　111

寀　115,286—287

升　14

《史密簋"眉"字説》　225

識　156

使　104

矢　164

士　226

《士王二字同形分化説》　227，
　237

市　38

是　104

謚　219

《釋"虫"》　234

《釋"柲"》　234

《釋"弘""强"》　235，236

《釋"虐"》　232

《釋"勿""發"》　230

《釋盾》　288，291

《釋甲骨文"久"字》　228

《釋甲骨文"彝"字》　231

《釋庶》　231

《釋"弋"》　228，233

受　55，59，134

畱　263

授　55，59

壽　137

叔　233

庶　231

豎　115—116

逑　129

雙　175

《説飄風》　15

《説戚、我》　10

《説文》未收的小篆異體　96

《説"嚚""嚴"》　255，257，258

《説干、盾》　291，293

《説緐》　226

《説字小記》　233

思　165

斯　120

牭　132

宋華强　302，303，304，306

宋鎮豪　230

蘇　129

歲　132

潯　220

孫常敍　232，309，310

孫海波　272

孫玉文　324

T

龘　175

《談史密簋銘文中的"屇"字》
　225

湯可敬　297

湯餘惠　235

唐蘭　272

輶　290

體　140

天　106—107

廷　190

甹　265—268

同　55,58,109,185

桐　109—110

銅　55,58

圖　8

徒　121

屍　225

屯　128—129

鼀　229—230

W

外　229

《王、士同源及相關問題》　324

王子楊　309

往、迋　94

巍　55,56—57

微　175

渭　149—150

皍　229

温　166

《文物》　225,241,272

巫　174

屋　329

於(烏)　8

吴　235

無理性　177

朢、望　94—95

X

奚　149

犧　60—61

習　43—44

璽　173

鞻　234

碬　222

蕭聖中　289

毉　184

音　135

偕　37

卨　229

爨　283—284

興　156—157

夏　273—275

羞　55,59

脩　141

歺、朽　89

頡　4,318

宣　107

銷　139

興　55,58

Y

喦　257

嚴　258

顔　110

晏　162

猒　32

央　118

鞅　118

楊蒙生　299

繇　226

姚萱　294

要　9

野　55,59—60,108

葉玉森　303

匜　245—250

黔　149

宜　100,136

疑　10,279

翼、冀　42—43

彝　231

以　107

弋　228

亦　175

易　245—250

義、羛　68,87

肄　278

繹　167—168

懿　220—221

因　106

殷滌非　302

《殷虛卜辭綜述》　268

《殷墟花園莊東地甲骨卜辭的
　初步研究》　294

荑　221

引　55,57—58

歓　182

英　154—155

雁　279

嬰　167

《應侯視工簋補釋》　330

盈　297—301

永　167

攸、汝　69,117

酉　169

䚻、誘　91

于豪亮　58

于省吾　23, 225, 231, 233, 276,283,288,291,292,328

圅　47—48

禺　147—148

貪　29—32

袁瑩　299

原始理性　177

曰　144

約、紵　42

約齋　272

蕭　130,134—135

允　243—245

Z

在　138—139,237

贊　35—36

畨　151

造　133

則　117,231

責　160—161

增　151—152

曾憲通　185,226

翟春龍　328

詹鄞鑫　228,231

《戰國文字中所見有關廄的資料》　234

章　112

璋　112

張世超　225

張玉春　229

朝　14—15

兆　83—84

趙平安　249, 299, 304, 310, 312,322

者　102

觶、觗　68

龇　148

璡　218

致　104

質　160

辠　7

中　114

芇　114

《中國語文》　228

諸　102

燭　137—138

箸　102

《篆文中多古文説》　1

雛、隼　89

縱　151

族　146

辠、罪　45—46

遵　121

凵　184

折　172

貞　185

箴　301—306

兩　261—262

陟　180

敊　219

周永珍　242

胄　7,315—316

冑　316

朱德熙　30,47,225,234,307

《朱德熙古文字論集》　307

後　　記

　　20 世紀 80 年代中晚期，爲了研究隸變的需要，我曾把《説文》小篆放在出土古文字資料的背景上，逐個考察它在演進序列中所處的位置，這對後來撰寫《隸變研究》，在方法上有很大的影響。同時，也使我得到了其他方面的收益，產生了以此爲基礎，寫成專書的念頭。

　　縱觀傳統的《説文》研究，極重視校勘和注疏，有關著作浩如煙海。隨著古文字學的勃興，學者們開始結合出土古文字來研究《説文》。但是，把《説文》小篆作爲傳世文字資料的一種，放在出土古文字的背景上，作系統的分析考察，卻並不多見。實際上，《説文》的研究，最基礎最關鍵的應該是字形的研究，許慎對每一個字形音義的剖析，立足點都是小篆的形體。因此，一開始我就把這項研究定位在形體上。到 1991 年，不知不覺，竟草成了厚厚一摞手稿。

　　爲了避免方向性的錯誤，我曾先後向許多專家學者請教，如黃綺、程垂成、謝質彬、張振林、曾憲通、陳煒湛、唐鈺明、周光慶、趙誠、李學勤、裘錫圭、王寧等先生，他們都認爲這是一項有意義、值得做的工作,給我增添了不少信心。

1994 年,我曾給研究生開設"《説文》小篆研究"課程,利用這個機會,對原稿進行了第一次全面的"加工改造"。

1997 年,蒙臧克和先生厚意,把這部書稿列入其主編的"漢字研究新視野叢書"中,納入廣西教育出版社 1998 年出版計劃,我便著手進行第二次增删修改的工作。由於各種事務的干擾,進展十分緩慢。臧先生與出版社多次來函來電,詢問進展。假如沒有他們的督促,這部書稿真不知道什麽時候纔能拿出來。

早在 1995 年春天,81 歲高齡的黄綺先生欣然爲我題寫了這本書的書名。

梁天俊先生應邀繕寫了書中的古文字。

對各位先生的指教和幫助,我謹表示衷心的感謝。

願讀者朋友們對我的這份"作業",多多提出寶貴意見。

最後還需説明兩點:

一、書中所引書籍往往采用簡稱,如《甲骨文合集》簡稱《合集》,《殷虚文字綴合》簡稱《合》,《明義士所藏甲骨》簡稱《安明》,《睡虎地秦墓竹簡》簡稱《睡虎地秦簡》,《漢印文字徵》簡稱《漢印徵》,《漢印文字徵補遺》簡稱《漢印徵補遺》等。簡稱基本依從學術界的習慣。爲節省篇幅,書後不另出簡稱與全稱對照表。

二、第七章中《我們對小篆字源研究的嘗試》裏的某些内容,過去在一些刊物或會議上公開發表過,書中只是截取了原文的一部分,讀者如有興趣瞭解詳細情況,可參看有關文章,它們是:

①《釋易與匜——兼釋史喪尊》,《考古與文物》1991 年第3 期。

②《釋罙》,《考古》1992 年第 10 期。

③《金文考釋四篇》,《語言研究》1994 年第 1 期。

④《釋參及相關諸字》,《語言研究》1995 年第 1 期。

⑤《説文小篆字源考辨》,陸宗達先生九十周年誕辰紀念會暨《説文解字》學術研討會論文,1995 年,北京。

⑥《"允""兒"字源考》,《古漢語研究》1996 年第 2 期。

⑦《秦至漢初簡帛文字與假借改造字字源考證》,《簡帛研究》第二輯,法律出版社,1996 年。

⑧《夬的形義和它在楚簡中的用法——兼釋其他古文字資料中的夬字》,《第三屆中國古代文字學國際學術討論會論文集》,香港中文大學,1997 年。

請讀者朋友們留意。

趙平安

1998 年 10 月

修訂版後記

《〈説文〉小篆研究》初版至今已經二十餘年了。該書出版以後，受到學界師友不小的關注。2000年，我曾應邀到劍橋大學李約瑟研究所就該書做過專題報告。2003年，張標先生在《20世紀〈説文〉學流別考論》(中華書局，2003年)一書中，把它作爲20世紀下半葉《説文》"形體研究"的代表作，用數頁的篇幅進行重點介紹。這使我感到十分惶恐，也産生了修訂完善的强勁動力。於是，我利用在中國社會科學院歷史研究所、北京師範大學文學院、中國人民大學國學院、清華大學人文學院爲研究生開設"《説文解字》研究"課程的機會，陸續進行補充修訂。

現在呈現在大家面前的這個修訂版，較之初版，已有明顯的變化。主要表現在以下幾個方面：

一、改正了初版中明顯的錯誤。

二、替換了原來手寫的古文字字形。

三、在第四章後面增加了三個附録。

四、大幅擴充了第七章的內容。

五、爲方便使用，新增了索引。

　　第七章增加的内容，有些在刊物上公開發表過，書中往往只是截取其中的一部分，如需查找全文，請參看：

①《説"盾"》，《吉林大學社會科學學報》2014 年第 1 期。

②《釋花東甲骨中的"痒"和"稽"》，《古文字論壇》第一輯，中山大學出版社，2015 年。

③《"盈"字何以從"及"》，《出土文獻》第六輯，中西書局，2015 年。

④《"箴"字補釋》，《青銅器與金文》第一輯，上海古籍出版社，2017 年。

⑤《"曼"的形、音、義》，《出土文獻》第十三輯，2018 年。

⑥《説"閉"——兼及與"才"相關諸字》，《出土文獻研究》第十七輯，中西書局，2018 年。

⑦《説字小記（八則）》，《出土文獻》第十四輯，中西書局，2019 年。

⑧《補"扇"——兼説相關諸字》，《漢字漢語研究》2019 年第 1 期。

　　這次修訂再版，由徐冬梅同學（陳雙新教授的研究生）録文，由劉大雄、劉曉晗同學編製索引，由陳陶然同學更換圖版，出力甚多。責任編輯毛承慈女士精心編校，避免了不少錯誤。前輩大家王寧先生慨然賜序，增光添彩。作者十分感謝。

趙平安

2021 年 10 月

於清華大學